Christine Breier

AMÉNAGER DES MASSIFS FLEURIS AU FIL DES SAISONS

DU RÊVE À LA RÉALISATION

delachaux et niestlé

Sommaire

Connaissances de base – plantation des vivaces 7

Plates-bandes belles et faciles 8

Les modules : une aide à la planification et à la création de la plate-bande 8
La palette des plantes 10
Installation du jardin et facteurs d'implantation 12
Les milieux de vie des vivaces 14
L'aspect des plantes 18
Forme des plantes, échelonnement des hauteurs et principe des vivaces 20

Bien planifier – du module au massif 23

Planifier et créer soi-même sa plate-bande 24

Les dimensions du massif 25
Fonction et forme du massif 25
Entretien et coûts 26

Planifier avec les modules 28

Bien lire les descriptifs 28
Déterminer la forme et les dimensions du massif 29

Pas à pas : adaptation des modules à vos besoins individuels 32

La plantation 34

Le bon moment 34
Positionnement et plantation des végétaux 35

Un vaste choix de modules 39

Plates-bandes de prairie luxuriantes 40

Module 1 :
Magenta ton sur ton 46
Variation du module 1 « magenta ton sur ton » 50

Module 2 :
Une variété de tons chauds 52
Variation du module 2 « une variété de tons chauds » 56

Module 3 :
Des végétaux assoiffés de soleil 58

Plates-bandes de gravier envoûtantes 62

Module 1 :
Un élégant jeu de couleurs 68

Module 2 :
Un soupçon de Méditerranée 72
Variation du module 2 « un soupçon de Méditerranée » 76

Module 3 :
Fleurs sauvages 78
Variation du module 3
« fleurs sauvages » 82

Plates-bandes d'ombre discrètes 84

Module 1 :
D'ombre et de lumière 90
Variation du module 1
« d'ombre et de lumière » 94

Module 2 :
Ombre sèche 96

Module 3 :
Vivaces indigènes 100
Variation du module 3
« vivaces indigènes » 104

Pour les puristes – moderne et réduit 106

Module 1 :
Plate-bande d'ombre 110

Module 2 :
Implantation ensoleillée 114
Variation du module 2
« implantation ensoleillée » 118

Plates-bandes de graminées conviviales 120

Module 1 :
Paravent moderne 126

Module 2 :
Île pittoresque 130
Variation du module 2
« île pittoresque » 134

Module 3 :
Jeu de couleurs solaire 136
Variation du module 3
« jeu de couleurs solaire » 140

Mixed-border style 142

Module 1 :
Bordures fleuries 146
Variation du module 1
« bordures fleuries » 150

Module 2 :
Élégante blancheur 152
Variation du module 2
« élégante blancheur » 156

Module 3 :
Bleu et jaune 158

Description des plantes complémentaires 162

Index 174

Définition des symboles

- ☼ ensoleillé
- ◐ semi-ombragé
- ● ombragé

Connaissances de base - plantation des vivaces

PROPOSANT UNE GRANDE VARIÉTÉ de couleurs et de formes, les plantes vivaces permettent de multiplier les possibilités d'aménagement des plates-bandes. Leur aspect, qui évolue au fil des saisons, contribue à dynamiser les massifs. Associées à des plantes ligneuses, les vivaces apportent de la magie au jardin et surprennent toute l'année. Les informations que vous trouverez dans cet ouvrage à propos du choix des plantes et de leur implantation vous aideront à aménager la plate-bande de vos rêves.

Plates-bandes belles et faciles

Vous souhaitez depuis longtemps aménager vous-même une plate-bande de vivaces dans votre jardin, mais vous n'avez jamais osé vous lancer ? Vous rêvez de massifs chatoyants, mais vous n'avez pas envie d'y consacrer trop de temps ? Dans les deux cas, les modules qui vous sont proposés dans cet ouvrage vous seront d'une aide précieuse. Présentés de manière thématique, ils fournissent toutes les informations nécessaires à la planification et à l'implantation de plates-bandes faciles à entretenir.

Un aménagement organisé : les modules de plates-bandes sont un bon point de départ pour tous ceux qui souhaitent orner leur jardin de massifs esthétiques et fleuris capables de tenir longtemps, mais qui ont peu d'expérience et de temps pour le faire.

QUAND IL S'AGIT D'AMÉNAGER une plate-bande dans son jardin, nous nous laissons presque toujours guider par nos préférences et nos souhaits en matière de choix de végétaux. Pour donner forme à vos idées et à vos représentations, nous vous recommandons de procéder en planifiant les choses. Vous éviterez ainsi des échecs décourageants et onéreux qui surviennent souvent quand les plantes sont achetées sur un coup de tête et disposées n'importe où dans le jardin.

Prenez en compte dès le départ vos souhaits et préférences en matière de jardin et de plate-bande. Avec le système que nous vous proposons, la répartition des plantes vivaces et ligneuses que vous aurez choisies pour votre plate-bande sera représentée sur un plan à l'échelle. Ce plan vous sera très utile pour mettre au point la liste d'achats des végétaux et répartir ces derniers sur la plate-bande. Plus tard, vous pourrez vous y référer à tout moment afin de voir où les plantes ont été disposées dans le cas où vous auriez besoin de les replanter ou de retrouver leurs noms si vous les avez oubliés.

Les modules : une aide à la planification et à la création de la plate-bande

Dans les jardineries et chez les pépiniéristes, le foisonnement de plantes est impressionnant. Rivalisant de beauté, elles donnent envie de toutes les acheter et il est difficile de résister. Comment est-il possible d'intégrer chacun de ces végétaux dans un ensemble cohérent ? De nombreux magazines de jardinage présentent des photos splendides de massifs de vivaces en fleurs. En les admirant, la première question qui vous vient sans doute à l'esprit est : comment faire pour aménager une aussi jolie plate-bande dans mon jardin ? Or, nombreux sont ceux qui se sentent complètement dépassés. Dans cet ouvrage, vous trouverez toutes les solutions adaptées. Grâce au principe des modules, vous serez guidé pas à pas et disposerez de tous les

éléments pour aménager la plate-bande la plus adaptée à vos goûts et à votre jardin.
Conçus avec la plus grande rigueur, les modules offrent aussi bien aux débutants qu'aux jardiniers chevronnés les « ingrédients » nécessaires à l'aménagement de beaux massifs. Ils vous permettront de disposer de concepts efficaces, que vous pourrez décliner à volonté selon l'implantation de la plate-bande et les exigences du jardin. À vous de voir si vous souhaitez reprendre le module tel quel, si vous préférez l'agrandir en le reproduisant plusieurs fois, ou si vous envisagez de l'adapter dans ses dimensions et sa forme à vos besoins.
Les modules sont classés par thèmes en adoptant des principes d'aménagement éprouvés et respectent les exigences d'implantation des vivaces. Les plates-bandes de prairie, les jardinets de gravier composés de plantes peu exigeantes, les massifs de graminées pittoresques et les vivaces ornementales des élégantes plates-bandes d'ombre n'attendent que vous pour s'épanouir dans votre jardin.
Les débutants pourront chercher le module qui leur convient, avec le plan qui correspond, et se lancer sans tarder dans l'aménagement de leur massif. En outre, les modules pourront tous s'adapter individuellement, même a posteriori, à la situation de n'importe quel jardin et proposer des variantes grâce aux plantes complémentaires qui leur sont adjointes. Cela permet également aux férus de jardinage de se faire plaisir. En tenant compte des modules et en suivant les différentes étapes mûrement élaborées, vous parviendrez à un résultat pleinement satisfaisant, tant du point de vue esthétique que de celui de la tenue.
Pour aménager vos plates-bandes au mieux, vous aurez également accès à une mine de connaissances sur les plantes et leurs milieux de vie, ainsi que sur l'installation du jardin et ses facteurs d'implantation (sol, climat et exposition). Les informations concernant certains aspects conceptuels et les règles à respecter dans le choix des végétaux aideront les jardiniers expérimentés dans la composition des plates-bandes et l'adaptation des modules à leurs besoins individuels. Pour en savoir plus à ce propos, référez-vous aux pages 10 à 21.

CI-DESSUS Pour réaliser une bordure mixte idéale, semez une composition cohérente qui comprend de hauts iris, des juliennes des dames, des roses et des fleurs d'été annuelles.

La palette des plantes

Pour l'aménagement de plates-bandes, le choix des plantes est immense. Il comprend aussi les nouveaux cultivars qui viennent s'ajouter continuellement. Afin d'y voir plus clair, on divise ces végétaux selon leur mode de vie en trois grands groupes : les plantes ligneuses, les vivaces et les fleurs d'été. Pour composer une plate-bande, il faut prendre en compte à la fois la grande richesse de formes de ces végétaux et l'effet résultant du jeu des couleurs, des structures et des pourtours des fleurs et des feuilles. Ces aspects confèrent au massif son caractère changeant au fil de l'année. Alors que les plantes ligneuses constituent une composante plutôt statique dans le jeu des formes, les vivaces assurent la dynamique de la plate-bande en l'animant par leur métamorphose permanente.

CI-DESSOUS Toutes les nuances de violet : dans ce massif, les plantes ligneuses telles que l'érable du Japon 'Bloodgood' et le rhododendron 'Tamarindos' associés aux vivaces offrent une composition florale vivante et harmonieuse.

Plantes ligneuses

Ce groupe rassemble les arbres et les arbustes. Chaque année, leurs pousses, qui plus tard fabriqueront du bois, donnent naissance aux bourgeons à partir desquels la plante produit de nouvelles pousses, fleurs et feuilles. Sous nos latitudes, la plupart des plantes ligneuses ont un feuillage caduc. Mais certaines espèces comme le laurier-cerise *(Prunus laurocerasus)* sont persistantes. La plupart des conifères, tels que les épicéas ou l'if commun *(Taxus baccata)* gardent leur feuillage en hiver. Ces arbres se distinguent par un tronc et un houppier. Ils atteignent parfois une hauteur considérable et un diamètre important au niveau de la couronne. Certains comptent plusieurs troncs qui leur confèrent une vraie richesse ornementale. Des méthodes de culture appropriées permettent de limiter le développement du tronc. C'est ainsi que l'on peut obtenir des érables ou des acacias mesurant 80 cm au lieu de 200 cm.
Les arbustes, dont font partie les rosiers, ne développent pas de troncs dignes de ce nom, mais donnent chaque année naissance à de jeunes pousses, généralement à partir de la base. Ils ne dépassent pas 1 à 6 m. Certains arbustes se distinguent par leur port évasé qui embellit au fil des années sans nécessiter de rabattage particulier. C'est le cas du cornouiller du Japon *(Cornus kousa)* et du magnolia à fleurs de lis *(Magnolia liliiflora)*. Ils peuvent être disposés isolément dans le massif et sont considérés comme des ligneuses solitaires. Les arbustes nains à fleurs tels que la spirée du Japon *(Spiraea japonica)* ne dépassent pas 1 m de haut et s'intègrent facilement aux plates-bandes de vivaces. La plupart des arbrisseaux, comme le pérovskia *(Perovskia)* et le caryoptéris *(Caryopteris)* sont des plantes résistantes qui se ramifient dans leur partie inférieure et dont les nouvelles pousses donnent des fleurs. Pour stimuler les bourgeons, il faut procéder à un rabattage vigoureux avant le printemps.

Plantes vivaces

Les vivaces comme les pivoines *(Paeonia)* ou les hostas *(Hosta)* sont des plantes herbacées qui ne fabriquent pas de bois. Leur aspect se modifie au fil de l'année. Les graminées, les fougères, ainsi que les plantes bulbeuses sont elles aussi des vivaces. En hiver, leur partie aérienne dépérit. Ces plantes subsistent jusqu'au printemps suivant grâce à leurs organes souterrains et protégés du froid, à partir desquels elles se développent à nouveau. Nombre de ces végétaux qui fleurissent à la fin de l'hiver ou au printemps, notamment les perce-neige *(Galanthus)* et les narcisses *(Narcissus)*, ont des organes souterrains particuliers appelés bulbes. Chargé en réserve d'eau et en nutriments, ce bulbe leur permet de fleurir avant l'arrivée du printemps. Après la floraison, les plantes emmagasinent des nutriments dans leur bulbe. Leur feuillage se dessèche et elles disparaissent ensuite de la surface du sol jusqu'au printemps suivant. Sur la plate-bande, on les dispose entre des vivaces qui bourgeonnent plus tardivement afin qu'il n'y ait pas de zones nues.

Certaines vivaces survivent à l'hiver grâce à leurs feuilles aériennes. C'est le cas des hellébores *(Helleborus)* ou des heuchères *(Heuchera)*, que l'on qualifie de vivaces persistantes. Cependant, le cycle de vie de la plupart des vivaces se caractérise par un bourgeonnement au printemps, suivi d'une période de floraison et de leur dessèchement à l'automne.

Fleurs d'été

Ce groupe comprend les plantes à fleurs qui, sous nos latitudes, ne peuvent se développer qu'à la belle saison. Citons notamment les dahlias et les capucines qui résistent mal au froid. Leur bulbe peut être déterré en hiver. Il s'agit le plus souvent de plantes annuelles qui ne fleurissent qu'en été et produisent des graines avant de dépérir. On les renouvelle chaque année par semis. C'est le cas des giroflées, des mufliers et des vesces. Parmi les bisannuelles, certaines plantes, comme les violettes, qui germent dès l'automne et fleurissent l'année suivante, font également partie des fleurs d'été. Cette catégorie de plantes permet de renouveler la plate-bande et de couvrir les zones nues d'un massif que l'on vient d'aménager.

L'importance du nom des plantes

Quand on achète des plantes, il est important d'acquérir très précisément l'espèce choisie. Des rudiments en botanique sont donc indispensables. Chaque plante a un nom scientifique, ou latin, et un nom vernaculaire, ou français. L'appellation scientifique se compose du nom du genre, dont la première lettre est en majuscule, suivi de celui de l'espèce, libellé en minuscule. Genre et espèce sont toujours écrits en italique. Par exemple : *Geranium sanguineum* pour géranium sanguin. Le géranium d'Arménie *(Geranium psilostemon)* est une autre espèce du genre *Geranium*. Nombreuses sont les vivaces qui sont des cultivars, variétés obtenues en culture. Elles se distinguent par leur couleur ou leur forme. Pour les identifier, on ajoute au terme scientifique le nom de la variété. Il existe notamment un cultivar du géranium sanguin qui prend le nom de 'Elsbeth'. *Geranium sanguineum* 'Elsbeth' correspond donc à son nom scientifique ou botanique.

CI-DESSOUS Les dahlias fleurissent au cœur de l'été et en automne. Ils se marient parfaitement aux vivaces. Ici, ils sont associés à des échinacées, des origans et des alliums.

Installation du jardin et facteurs d'implantation

Le secret des jolies plates-bandes ne réside pas uniquement dans une composition harmonieuse des couleurs, des hauteurs et des formes. Il importe aussi de tenir compte des exigences des végétaux en termes d'implantation. Seules les plantes qui vivent en harmonie avec leurs voisines peuvent s'épanouir pleinement. Cette notion de l'implantation des plantes selon leurs milieux de vie est apparue au début du siècle dernier en Allemagne. Elle fut reprise beaucoup plus tard en Angleterre sous le nom de « New German Style ». Aujourd'hui, elle est à nouveau très tendance, et à juste titre. Dans le cas des vivaces pour massif, dont l'entretien est très exigeant, ou des mixed-border anglaises (bordures mixtes), qui réunissent des plantes en tenant compte essentiellement de leur harmonisation esthétique, il convient de choisir avec soin l'implantation adaptée en termes d'exposition, de sol et d'humidité.

L'exposition – de l'ombre à la lumière

L'intensité, la durée et le moment d'ensoleillement sont des facteurs d'implantation déterminants qui permettent de définir le choix des plantes. En fonction de la situation du jardin et de son orientation, mais aussi selon les éléments végétaux et architectoniques tels que les haies, les arbres et les murs, l'exposition varie considérablement. Dans les zones ombragées, la lumière du soleil parvient indirectement et en moindre intensité. L'ombre profonde et sèche qui règne toute l'année sous les houppiers denses des arbres, notamment sous les feuillus persistants et les conifères, est considérée comme problématique. En revanche, les faces nord des bâtiments, des murs ou des haies sont des lieux d'implantation très adaptés aux plantes qui ont besoin d'ombre. Les jardins qui sont à l'abri des rayons du soleil sont certes lumineux, mais ils ne reçoivent la lumière directe que lors de brefs moments. Le jardin semi-ombragé est caractérisé par une alternance de phases d'ombre et de lumière de durées variables, que le soleil éclaire environ la moitié de la journée. Le moment où il brille a une importance notable. L'ensoleillement du matin ou du soir est plus adapté aux vivaces d'ombre que les heures chaudes de la mi-journée ou de l'après-midi. Nombreuses sont les vivaces d'ombre qui tolèrent une exposition plus ensoleillée quand l'humidité du sol et de l'air est élevée et qu'elles sont protégées du vent. Par ailleurs, les plantes avides de soleil s'adaptent aussi aux courtes phases d'ombre. Quand le soleil brille plus de la moitié du jour et toujours à la mi-journée, on parle d'une exposition ensoleillée.

Le sol

Avant de planifier la plantation de vos végétaux, évaluez la nature du sol de votre jardin. Des plantes qui bénéficient d'un substrat adapté se développeront beaucoup plus facilement. La caractéristique de base est la granulométrie de la terre, c'est-à-dire le type de particules qui la composent. On distingue trois catégories de sol : léger, intermédiaire et lourd. Ainsi que trois groupes correspondant à la taille des particules : sable, limon et argile. Le sable est la matière la plus grossière et l'argile le substrat le plus fin.

Test du toucher

Le test du toucher permet d'évaluer approximativement la nature d'un sol. Munissez-vous d'une petite boule de terre légèrement humide. Si vous pouvez la faire rouler sur le dos de la main et former un petit boudin présentant une surface lisse et brillante, cela signifie que sa teneur en argile est élevée et qu'elle provient d'un sol argileux et lourd. Si la boule de terre s'effrite quand vous la manipulez, c'est qu'elle correspond à un sol sableux et léger. Pour une terre intermédiaire, on sent les particules de sable et la boule finit par s'effriter.

Le type de mélange de ces particules détermine l'aptitude du sol à conduire l'eau et à l'emmagasiner, ainsi que son aération, son degré de pénétration, sa teneur en nutriments et donc sa fertilité. Dans une certaine mesure, il est possible d'influer sur la qualité du sol afin d'élargir la palette des plantations. On peut appauvrir légèrement un sol argileux et riche en nutriments en le mélangeant à du sable grossier ou à du gravier fin de manière à ce qu'il puisse accueillir des vivaces qui préfèrent les sols perméables et pauvres. On peut à l'inverse enrichir un sol pauvre avec de l'humus. Cette matière organique permet de nourrir les organismes présents dans le sol, de réguler sa teneur en eau et en nutriments. Dans le meilleur des cas, la teneur en humus est de 5 à 10 %. On peut considérer que plus le sol est foncé, plus sa teneur en humus est élevée. Pour savoir si la teneur en nutriments de votre sol est équilibrée, envoyez un prélèvement de terre pour le faire analyser (page 179, Adresses). Le pH sera également calculé et vous recevrez des conseils vous permettant d'améliorer la nature de votre sol et de le fertiliser.

Le pH

Ayant une grande influence sur la qualité et la fertilité d'un sol, le pH caractérise son degré d'acidité. S'il est inférieur à 7, le sol est acide ; au-delà de cette valeur, la terre est calcaire. Dans ce domaine, les plantes ont des exigences multiples. Certaines préfèrent les sols plutôt acides, avec un pH entre 4 et 6. C'est notamment le cas des hortensias *(Hydrangea)* et des rhododendrons, ainsi que de beaucoup de vivaces d'ombre. D'autres préfèrent les sols plutôt alcalins avec un pH entre 7 et 8. Cela est valable pour les rosiers et les arbrisseaux méditerranéens, mais aussi pour de nombreuses vivaces qui aiment la sécheresse et le soleil.

Le pH d'un sol neutre est de 7. Pour favoriser au maximum la croissance des plantes, il convient d'avoir un sol légèrement acide à neutre.

CI-DESSUS Dans un jardin, les expositions peuvent être multiples : selon les saisons et le degré d'ensoleillement, les transitions sont souvent fluides entre les zones ombragées, semi-ombragées et ensoleillées.

CI-DESSUS Sous les plantes ligneuses poussent également beaucoup de vivaces au feuillage séduisant et aux fleurs délicates, comme les fougères, les hellébores et les perce-neige, qui fleurissent généralement en fin d'hiver.

Les milieux de vie des vivaces

La répartition des vivaces selon leurs milieux de vie se réfère aux conditions dans lesquelles vivent les plantes sauvages dans la nature. Elle sert de base au « New German Style » pour l'emploi des plantes nécessitant peu d'entretien et leur implantation. La plupart des modules de plates-bandes présentés dans cet ouvrage se réfèrent à ce mode d'emploi des plantes et sont de ce fait très faciles d'entretien. Pour chaque module, vous trouverez des indications sur le milieu de vie souhaitable et sur les conditions d'implantation. En outre, nous ne nous limitons pas à la présentation des plantes adoptées dans ces modules, nous avons ajouté des végétaux adaptés à chacun d'entre eux et à leurs conditions d'implantation. Ceux-ci vous permettront, sans grandes connaissances préalables, de diversifier facilement vos plates-bandes en fonction de vos préférences. N'oubliez jamais que les plantes sont des êtres vivants qui ne fonctionnent pas toujours comme on le souhaiterait. Il peut donc vous arriver de vous heurter à des échecs. Si c'est le cas, ne vous laissez pas décourager, mais apprenez à observer attentivement les plantes afin de mieux les connaître, les accepter et les évaluer avec justesse. Si l'un des végétaux ne semble pas vouloir s'adapter pour des raisons qui vous échappent, choisissez-en un autre parmi les plantes complémentaires que nous vous proposons.

Les milieux de vie tels que nous les trouvons souvent dans nos jardins sont : ligneux (L) et lisière des plantes ligneuses (LP), espaces ouverts (EO), plate-bande (PB) et terrains pierreux (TP). Chacun de ces milieux témoigne d'un certain degré d'humidité du sol. Ils sont donc eux-mêmes divisés en trois groupes : sec (1), frais (2) et humide (3). Sur le bord d'un étang, les rives et berges (RB), avec zone marécageuse (1) et roselière (2), ainsi que le milieu aquatique (MA), sont définis par quatre zones de profondeur.

Les transitions entre les milieux de vie sont le plus souvent fluides, et beaucoup de vivaces sont étonnamment adaptables. Certaines poussent dans des conditions très différentes. D'autres en revanche ne pardonnent pas les erreurs dans le choix de leur implantation.

Ligneux (L)

Ce milieu de vie s'étend dans la proximité directe des arbres et des arbustes. Les vivaces qui poussent ici supportent l'ombre et apprécient les sols relativement meubles, humifères, neutres à légèrement acides, qui se sont constitués au fil des années à partir des feuilles que les plantes ligneuses ont perdues. L'ombre est ici de rigueur presque toute l'année. Il faut attendre le printemps pour que les rayons du soleil atteignent le sol, juste avant la pousse du feuillage des arbres, offrant des conditions idéales aux plantes à fleurs précoces et printanières. Nombreuses sont les vivaces ornementales qui s'adaptent très bien à ce milieu. C'est le cas notamment des pulmonaires *(Pulmonaria)* des waldsteinies *(Waldsteinia)* et des dryoptères *(Dryopteris)*. Les modules de plates-bandes d'ombre 2 et 3 tirés du chapitre « plates-bandes d'ombre » sont des exemples de plantations adaptées à ce milieu de vie.

Lisière des plantes ligneuses (LP)

La lisière des plantes ligneuses est étroitement liée au milieu de vie ligneux (L), mais celle-ci présente en outre de multiples transitions vers les espaces ouverts (EO). Les arbres et les arbustes dominent le paysage et servent de cadre à des vivaces attractives. En fonction de l'exposition, il existe des zones ensoleillées, semi-ombragées ou abritées du soleil. La nature du sol varie elle aussi considérablement. De nombreuses vivaces, qui tolèrent des expositions changeantes, une légère pression des racines et la chute des feuilles, sont adaptées à ce milieu semi-ombragé. Ses représentantes classiques sont les hostas *(Hosta)* et les actées à grappes *(Cimifuga)*.

CI-DESSUS, À GAUCHE

Les fleurs roses des astrances apportent une grande luminosité à la « lisière des plantes ligneuses » semi-ombragée et créent un joli contraste avec les panicules des *Astilbes chinensis* 'Purpulanze'.

CI-DESSUS, À DROITE

Voici un bel exemple de nature luxuriante pour le milieu de vie « espaces ouverts secs » : origan pourpre 'Marjolaine', ail pourpre, hélénie et graminées pittoresques forment une belle composition.

CI-DESSUS Les rudbeckias, les hélianthes, les phlox et les solidages sont des vivaces à fleurs typiques des prairies nord-américaines. Ces plantes se développent idéalement dans des espaces ouverts humides et ensoleillés.

Ensoleillées et sèches, les lisières des plantes ligneuses sont le royaume des géraniums sanguins *(Geranium sanguineum)* et des digitales *(Digitalis)*. Le module 1 tiré du chapitre « plates-bandes d'ombre » illustre une plantation à la lisière semi-ombragée des plantes ligneuses sur un sol qui n'est pas trop sec.

Espaces ouverts (EO)

Les vivaces parfois exigeantes de ce milieu de vie préfèrent une exposition ensoleillée et fuient les grandes plantes ligneuses. Elles tolèrent cependant la compagnie d'arbustes isolés, indispensables pour animer la composition. Là encore, la nature du sol peut être très variable, qu'il soit extrêmement perméable, sec et pauvre ou très humide, argileux et riche en nutriments.

Espaces ouverts secs (EO 1-2)

Les vivaces qui poussent dans les espaces ouverts secs sont peu exigeantes. Elles bénéficient d'expositions ensoleillées et de sols bien drainés, perméables et pauvres en nutriments. Les sols limoneux ou argileux lourds, dans lesquels l'eau s'infiltre difficilement, ne sont pas adaptés, car ils répondent mal aux besoins des vivaces.

Les espaces ouverts secs conviennent aux plantes et arbrisseaux méditerranéens, tels que la lavande *(Lavandula)*, le pérovskia *(Perovskia)*, de même qu'aux vivaces et aux plantes bulbeuses qui apprécient le soleil et la sécheresse, comme les centranthes *(Centranthus)* et les alliums *(Allium)*. Les plantes de ce groupe se caractérisent par leur feuillage gris ou argenté, parfois légèrement duveteux, qui les protège de l'évaporation. Nombreuses sont les graminées, vivaces de prairie et vivaces sauvages indigènes qui privilégient ce type de milieu. Les modules 1 à 3 tirés des « plates-bandes de gravier », les modules 1 et 2 traités dans les « plates-bandes de graminées », ainsi que le module 3 des « plates-bandes de prairie » sont de beaux exemples de plantations variées et faciles d'entretien de ce milieu.

Espaces ouverts frais à humides (EO 2-3)

Les vivaces de ce milieu de vie apprécient les expositions ensoleillées, mais elles ont besoin de sols profonds, sableux-argileux et riches en nutriments capables de retenir l'eau. Dans les sols lourds et argileux, il est préférable d'ajouter du sable grossier et du compost avant de procéder aux plantations. Les sols très légers et sableux qui s'assèchent vite sont inadaptés. Ces plantes s'épanouissent dans les dépressions humides, à proximité d'une nappe phréatique et recherchent aussi bien le soleil que la mi-ombre. C'est le cas des vivaces ornementales, comme les ligulaires *(Ligularia)* et les plantes ombrelles *(Darmera)*, mais aussi des vivaces de prairie humide, tel le géranium des prés *(Geranium pratense)*. On peut également citer les vivaces typiques des berges, comme les eupatoires *(Eupatorium)* ou les iris des marais *(Iris pseudacorus)*, ainsi que les vivaces provenant des prairies nord-américaines, notamment les monardes *(Monarda)* et les rudbeckias *(Rudbeckia)*, ou encore les asters d'automne de Nouvelle-Angleterre *(Aster novae-angliae)*. Les modules 1 et 2 des « plates-bandes de prairie » et le module 3 des « plates-bandes de graminées » présentent des exemples de plantations adaptées à ce milieu.

Plate-bande

Le milieu de vie « plate-bande » est considéré comme un type d'implantation « artificiel ». C'est là que s'épanouissent les exigeantes vivaces pour massif, dont les nombreuses variétés arborent de grandes fleurs aux couleurs somptueuses, comme les phlox paniculés *(Phlox paniculata)* et les pieds-d'alouette *(Delphinium)*. Ces plantes ont besoin de soins et apprécient les sols riches en nutriments, à la fois meubles et profonds, qui ne s'assèchent pas trop rapidement. Beaucoup de vivaces pour massif préfèrent les expositions ensoleillées. Cependant, certaines espèces de mi-ombre qui se développent dans le milieu de vie « lisière des plantes ligneuses » (LP) trouvent ici leur compte, notamment les hostas *(Hosta)* et les astilbes *(Astilbe)*. Les trois modules tirés du chapitre « Mixed-border style » illustrent bien ces plantations exigeantes.

Terrains pierreux (TP)

Pour un développement optimal, les vivaces de ce milieu de vie ont besoin du contact direct avec les pierres et le gravier. Il peut s'agir d'éléments architectoniques, comme des murs, des chemins, des escaliers ou encore des surfaces de gravier, des plaques rocheuses ou des éboulis naturels. L'aubriète *(Aubrieta)* est caractéristique de ce type de milieu rocailleux.

Rives et berges (RB) et milieu aquatique (MA)

Le milieu de vie « rives et berges » se divise en deux zones. À proximité de la surface de l'eau s'étendent souvent des roselières (RB 2) humides et inondées. Là se développent des vivaces qui tolèrent un niveau d'eau bas, comme les iris d'eau japonais *(Iris laevigata)*. Les populages des marais *(Caltha palustris)* sont à l'aise dans les zones marécageuses (RB 1). La plantation des végétaux de ce milieu est fonction de la profondeur de l'eau. Dans les endroits peu profonds (20-40 cm), les pousses des vivaces aquatiques se développent au-dessus de la surface de l'eau. La zone des nénuphars s'installe à partir de 70 cm de profondeur.

CI-DESSOUS Cette mixed-border associe harmonieusement de superbes misères en fleurs et des géraniums en mettant en scène la très belle viorne du Japon.

L'aspect des plantes

Les multiples facettes des plantes sollicitent tous nos sens. La forme, la couleur et le parfum du feuillage et des fleurs, ainsi que leur évolution en termes de volume et de hauteur jouent un rôle important dans l'aménagement d'une plate-bande.

Tenez compte de la période de floraison

Nous rêvons tous d'une plate-bande luxuriante toute l'année. La réalité est souvent différente. Un massif peut cependant s'orner de couleurs à chaque saison si l'on choisit ses plantes avec soin. Prévoyez un temps fort pour votre plantation, que ce soit le printemps ou l'automne. Vous aurez ainsi des périodes de floraison marquées, même si elles sont limitées. Toutefois, si la plate-bande est constamment dans votre champ de vision, elle doit pouvoir être attractive toute l'année. La plupart des vivaces, comme les pivoines *(Paeonia)*, ne fleurissent que quelques semaines. Certaines, comme la sauge des bois *(Salvia nemorosa)*, fleurissent une seconde fois quand elles ont été rabattues après la première floraison. On dit qu'elles sont « remontantes ». Très peu d'entre elles fleurissent sans interruption du printemps à l'automne. C'est le cas du géranium vivace 'Anne Thomson' *(Geranium)*.
Pour avoir une belle composition de couleurs, il est préférable que les vivaces fleurissent en même temps. Un calendrier des floraisons présentant un choix de vivaces adapté à l'implantation du jardin vous sera d'une aide précieuse. Il vous permettra d'inscrire dans la couleur qui convient le début de la floraison et sa durée. Vous aurez ainsi une vue d'ensemble et pourrez repérer les vivaces (et leurs couleurs) qui fleurissent à la même période. Dans ce livre, pour chaque module, nous avons présenté un calendrier des floraisons.

CI-DESSOUS Tout est permis : les douces fleurs jaune-vert de l'alchémille se marient au feuillage bleu-vert bordé de jaune de l'hosta.

Couleurs des fleurs et du feuillage

Les plantes offrent une multitude de couleurs naturelles. Nos goûts et nos préférences font ressortir des teintes qui nous parlent et nous séduisent davantage.
Ceux qui préfèrent se fier à des règles précises trouveront dans l'enseignement des couleurs de solides points de repère. Dans le cercle chromatique, les trois tons de base que sont le rouge, le bleu et le jaune, ainsi que les teintes secondaires, telles que l'orange, le vert, le violet et toutes les déclinaisons qui résultent de leur mélange, s'organisent comme dans un arc-en-ciel. Sur l'une des parties du cercle viennent se placer les couleurs froides, comme le bleu, le vert, le violet et le turquoise. Sur l'autre partie s'agencent les tons chauds, du jaune au rouge en passant par l'orange. Les couleurs chaudes qui confèrent de l'énergie produisent plus d'effet quand elles occupent le premier plan, ce qui peut pénaliser les petits jardins. Les tons froids et nobles sont mieux valorisés en arrière-plan.

Ils confèrent de la profondeur et permettent au jardin de paraître plus grand qu'il ne l'est. La quantité, la dimension et la forme des fleurs déterminent également l'effet produit. Pour intensifier l'effet visuel, regroupez les vivaces d'une même couleur afin de structurer et d'organiser le massif.

Le feuillage est lui aussi caractérisé par toute une palette chromatique qui s'étend du vert tilleul au vert foncé en passant par le jaune-vert ou le gris-vert. Les plantes dont le feuillage et les tiges sont de couleurs différentes dynamisent le massif. La palette s'étend du rouge bordeaux aux tons jaunâtres, gris ou argentés en passant par le noir foncé. Les feuillages tachetés, marbrés ou panachés produisent des effets visuels intéressants et prennent le pas sur l'impression produite par la couleur des fleurs. La teinte des feuilles peut se retrouver dans celles des fleurs ou, au contraire, former un contraste avec elles. Si vous souhaitez associer des feuillages aux tons similaires, diversifiez leurs formes et leurs surfaces afin de conférer à la plate-bande la structure et le dynamisme nécessaires.

Variez les couleurs

Les modules présentés dans cet ouvrage constituent un bon point de départ pour l'agencement des couleurs. Vous trouverez des plantes complémentaires dans le calendrier des floraisons. La déclinaison chromatique peut résulter de l'échange d'une ou plusieurs plantes du module contre des variétés qui fleurissent différemment. Il existe aussi des possibilités de jouer sur les couleurs en agrandissant les modules. Les jardiniers les plus expérimentés pourront choisir d'autres vivaces, à condition que celles-ci correspondent au milieu de vie.

Formes des fleurs et du feuillage

Pour un effet optimal dans le jeu des formes, structurez l'ensemble en fonction de la hauteur des plantes. Certaines inflorescences sont plus esthétiques quand elles flottent au-dessus des autres, comme des vivaces sphériques au-dessus d'ombelles. D'autres au contraire sont davantage mises en valeur quand elles sont de la même hauteur que leurs compagnes. Les hampes florales qui ondulent au-dessus de la plate-bande attirent le regard vers le haut et constituent des éléments verticaux. Les inflorescences sphériques ou semi-sphériques aux contours définis peuvent structurer l'ensemble quand elles ont la dimension adaptée. À l'inverse, les ombelles et composées, grandes et plates, sont comme suspendues au-dessus du massif. En outre, les ombelles et les panicules allongées sont vaporeuses quand elles sont regroupées et contrastent joliment avec des plantes aux formes plus austères. Les volutes de fleurs, quant à elles, s'expriment pleinement quand elles sont en grand nombre.

Généralement, le feuillage apparaît bien avant les premières fleurs et subsiste après la floraison. Les grandes feuilles aux formes simples sont élégantes et statiques, tandis que les petites feuilles structurées dynamisent l'ensemble. La surface des feuilles, qu'elle soit brillante, rugueuse ou veloutée, a elle aussi son importance. Les plantes au feuillage persistant sont très précieuses pour la plate-bande en hiver.

CI-DESSOUS Les fleurs aux formes sphériques sont du meilleur effet. Les inflorescences rondes des boules azurées se marient très bien aux hampes florales du véronicastrum.

CI-DESSUS Les capitules dorés de l'achillée forment une bande à travers le massif. En tant que vivace structurante, elle donne le ton au cœur de l'été et apporte son caractère particulier à la plantation.

Forme des plantes, échelonnement des hauteurs et principe des vivaces

L'harmonie, le contraste, le rythme et la répétition sont des principes importants. Des contrastes forts dans les formes, les couleurs et les contours dynamisent la plate-bande, tandis que les plantes qui ont toutes les mêmes caractéristiques esthétiques lui confèrent calme et harmonie.

Formes

Les formes des plantes apportent à la plate-bande son aspect caractéristique.
Le nombre et le positionnement des végétaux, qui ont ou non la même forme ou la même hauteur, déterminent l'effet produit dans l'espace.

- Des vivaces et graminées hautes et dressées attirent le regard si elles sont disposées isolément dans le massif. Servant de référents, elles insistent sur la dimension verticale et confèrent à l'ensemble un dynamisme enviable.
- Des plantes aux formes trapues et arrondies sont plutôt statiques et calmes. Les ifs taillés en boules en sont la plus parfaite expression. Parmi des vivaces chatoyantes, ils constituent un pôle d'apaisement nécessaire et confèrent à la plate-bande sa structure interne et sa stabilité.
- Les vivaces et graminées aux pourtours nets et aux formes notables, qui s'étendent sur la plate-bande à intervalles réguliers ou qui sont plantées isolément, sont des liants optiques très esthétiques, surtout dans les massifs étendus.
- Les plantes retombantes sont pittoresques, mais elles ont besoin d'espace. Elles sont très bien mises en valeur au premier plan ou en combinaison avec des vivaces de forme sphérique. Plantées isolément, ces structures verticales dynamisent le massif.

Les végétaux n'ont pas toujours de contours précis. Le feuillage, les tiges et les inflorescences peuvent être vaporeux et former comme un voile.

Dans le massif, ils ont un charme indéniable, surtout en compagnie de vivaces aux formes clairement définies. Les plantes qui n'ont pas de forme particulière vont bien ensemble ou s'harmonisent avec des végétaux à l'aspect plus formel.

Échelonnement des hauteurs

La structuration en hauteur répond aussi aux exigences des plantes. Les vivaces apprécient les voisines qui leur laissent la place de se développer et d'épanouir leurs fleurs. Elles ne doivent pas être dissimulées par d'autres vivaces plus hautes sous peine de recevoir trop d'ombre. Dans l'échelonnement classique des hauteurs, les plantes les plus basses sont présentées au premier plan, tandis que les plus hautes sont tout à fait derrière.

Cette organisation est idéale pour les massifs qui s'étendent devant un mur ou une haie et ne peuvent être vus que d'un seul côté. La structure pyramidale est préférable pour les plates-bandes qui ne sont pas adossées, mais l'échelonnement des hauteurs ne doit pas être trop strict pour autant. Certaines vivaces hautes peuvent être disposées au premier plan, tandis que des plantes basses forment un tapis au centre du massif. Une bonne manière de dynamiser ce dernier. Les fleurs de toutes les couleurs qui se mêlent au même niveau donnent l'impression d'un tapis fleuri finement tissé. Avec le parti pris d'une couleur précise, ce tableau est des plus surprenants.

Vivaces structurantes, solitaires et accompagnatrices

En tenant compte de leur aspect, il est possible d'attribuer aux vivaces différentes fonctions. On distingue donc les espèces solitaires, généralement plantées isolément dans le massif, des plantes structurantes, isolées ou en groupes de tailles différentes. Les vivaces structurantes présentent une croissance notable, des fleurs tenaces et expressives ou un feuillage attractif pendant toute la période végétative. Les espèces accompagnatrices occupent l'espace entre les plantes structurantes et solitaires et figurent plutôt en arrière-plan.

Rythme et répétition

Le rythme préside à une répétition plus ou moins régulière de certaines unités au sein du massif, sous la forme de plantes isolées, de petits ou grands groupes de vivaces ou de petites sections de plates-bandes. Le rythme assure aussi une certaine structure et apporte du dynamisme et du mouvement à la plantation. De cette manière, le massif se présente sous une forme intéressante et diversifiée aux yeux de l'observateur. C'est ainsi que, par exemple, des bandes de vivaces d'une variété précise qui s'étendent à travers le massif confèrent à ce dernier une cohérence. On pensera notamment à des vivaces structurantes, à d'autres plantes ayant une silhouette particulière ou à des fleurs expressives à floraison longue.

CI-DESSOUS Mesurant jusqu'à 1,5 m de haut, l'hortensia 'Annabelle', en arrière-plan, fait la part belle aux lysimaques de Chine et aux marguerites.

Bien planifier - du module au massif

QU'ILS SOIENT DESTINÉS À UNE PETITE PLATE-BANDE pour le jardin en façade, à un long massif ou à une plantation isolée sur la pelouse, les 17 modules classés par milieux de vie et thématiques présentés dans cet ouvrage ont pour objectif de vous permettre de planter vos vivaces de manière attractive et fonctionnelle. Ils vous serviront de base pour la planification et l'aménagement du massif de vos rêves. Dans ce chapitre, vous serez informé des mises en garde et de la manière de procéder.

Planifier et créer soi-même sa plate-bande

Un massif planifié et aménagé soi-même procure une certaine fierté. En outre, vous aurez amorcé une relation étroite avec votre plate-bande à travers le processus de planification et de création, et vous connaîtrez beaucoup mieux les plantes qui la composent. C'est d'ailleurs ce qui vous incitera à intervenir et à procéder à l'entretien nécessaire si les digitales *(Digitalis)* que vous avez semées se propagent excessivement. Pour certains, le premier massif qu'ils auront planifié et aménagé eux-mêmes donnera naissance à une passion dévorante pour le jardinage.

Avant de vous référer aux modules pour l'aménagement de votre massif, prenez le temps de la réflexion. Les pages suivantes vous indiqueront comment planifier votre projet et les points que vous devrez éclaircir avant de vous lancer.

AVANT DE VOUS LANCER DANS LA PLANIFICATION et l'aménagement d'un massif de vivaces, faites le point sur vos aspirations personnelles en termes de période de floraison, de thématique des couleurs, de dimensions de la plate-bande et de temps à consacrer à son entretien. Il vous faudra également prendre en compte dans les moindres détails les conditions d'implantation du massif par rapport à votre jardin. Une étude soignée vous assurera le meilleur résultat possible.
Peut-être savez-vous déjà à quel endroit vous souhaitez aménager votre massif tout en vous interrogeant sur la composition végétale adaptée à l'implantation de votre jardin. À moins que vous n'ayez déjà des idées précises sur les plantes et les combinaisons de couleurs sans savoir précisément si une telle plate-bande peut trouver sa place dans votre jardin.
Si vous avez sélectionné des endroits pour aménager votre massif, contrôlez les différentes conditions d'implantation – l'exposition, le type de sol et son taux d'humidité (pages 12-13). Prenez tout le temps nécessaire pour observer au cours de la journée la zone du jardin concernée et tenez compte de son évolution au fil de l'année. N'hésitez pas à prendre des notes. À quel moment cet endroit est-il exposé au soleil ? Quand est-il à l'ombre et combien de temps ? Le sol s'assèche-t-il rapidement lorsqu'il fait chaud ? Ou bien reste-t-il longtemps humide, voire trempé après la pluie ? Prenez en considération les grandes plantes ligneuses qui sont à proximité, ainsi que leur système racinaire, afin de voir si celui-ci absorbe en excès l'humidité environnante.
Sur la base de ces informations, vous pourrez trouver le milieu de vie qui correspond aux vivaces (pages 14-17). Si la qualité du sol ne répond pas à vos souhaits en termes de plantation, vous pourrez, en modifiant la terre de manière ciblée, adapter la zone choisie au milieu de vie souhaité. Si vous rêvez d'une plate-bande de prairie luxuriante et fleurie, il vous faudra une exposition ensoleillée avec un sol perméable et riche en nutriments qui ne soit pas trop sec et qui corresponde au milieu de vie « espaces ouverts » (EO 2-3).
Si l'exposition est ensoleillée, mais que le sol est plutôt sableux et sec, vous devrez, pour l'adapter,

le mélanger à de la poudre d'argile et de roche, ainsi qu'à du compost et des engrais organiques (page 34).

Les dimensions du massif

Si vous possédez un terrain de plus de 1 000 m², vous pourrez envisager une plate-bande de grandes dimensions à condition d'être prêt à consacrer beaucoup de temps à son entretien.
La plupart de ceux qui possèdent un jardin disposent d'un espace beaucoup plus réduit, de quelques mètres carrés seulement.
Les massifs de grande taille ne sont pas toujours du meilleur effet. Les mini-plates-bandes en revanche, composées de quelques vivaces, peuvent constituer une très belle accroche visuelle si elles sont bien placées. Certains types de plantations, comme les plates-bandes de prairie, sont du plus bel effet quand elles sont très étendues.
Pour évaluer les dimensions de votre massif, il convient de tenir compte des autres éléments de votre jardin, tels que les terrasses et les allées. Quoi qu'il en soit, une plate-bande ne doit pas être trop petite non plus. Si vous la souhaitez suffisamment présente et diversifiée, sachez que sa largeur doit être d'au moins 80 cm et sa longueur de 120 cm.

Fonction et forme du massif

Au regard de sa configuration et de la fonction qu'elle occupe dans la conception générale du jardin, une plantation peut être aménagée de moult façons.
Si elle doit faire office de paravent devant une terrasse ou pour isoler du voisinage, il importe que les plantes atteignent rapidement une certaine hauteur, afin de pouvoir remplir pleinement leur fonction.
Les plates-bandes longues et étendues peuvent avoir un très bel effet ornemental si elles longent une allée, un salon de jardin ou une terrasse. Elles constituent un premier plan attractif quand elles sont positionnées près de haies taillées de façon formelle ou quand elles dissimulent des murs ou des clôtures inesthétiques. Évitez toutefois de les positionner juste devant la haie.

CI-DESSUS Dans les jardins de ville, les petites plates-bandes épousant intimement l'architecture du lieu peuvent donner lieu à de superbes réalisations si elles sont planifiées en conséquence.

CI-DESSUS Les plates-bandes généreuses aux formes organiques qui serpentent devant une grande terrasse de style cottage sont très pittoresques.

Prévoyez toujours une bande d'une largeur de 50 cm minimum entre les deux afin de pouvoir accéder facilement aux arbustes de la haie au moment de les tailler.

Il est également possible de donner à la plate-bande une forme organique qui serpente autour de plantes ligneuses, de groupes d'arbustes, d'un salon de jardin ou d'un étang avant de resurgir en bordure d'une pelouse. Un massif peut aussi vous permettre de diviser un petit jardin en plusieurs espaces. Ce dernier donnera alors l'impression d'être beaucoup plus grand et intéressant qu'il ne l'est réellement. Les compositions autonomes aux formes géométriques ou organiques s'implantent volontiers isolément sur une pelouse, du gravier ou des dalles de pierre naturelle. Elles constituent une belle accroche visuelle. Organisées en plusieurs petits groupes, ces plantations « insulaires » peuvent structurer et animer un espace de façon intéressante.

La manière dont un massif occupe l'espace est déterminée par la hauteur, la densité et l'évolution des plantations. Imaginez le plaisir que vous auriez rien qu'en voyant, depuis la maison, votre plate-bande changer de couleur et d'aspect au fil des saisons.

Entretien et coûts

Toute plate-bande nécessite d'investir un minimum de temps pour son entretien. C'est au printemps qu'il faut s'en occuper le plus. Vous devrez la préparer pour lui permettre de bien commencer la saison en débarrassant les plantes des feuilles mortes. L'entretien est plus important les deux années qui suivent la plantation, car beaucoup de vivaces, dont le système racinaire n'est pas encore parvenu à maturité, ont besoin d'être arrosées régulièrement en période sèche. Vous devrez également désherber rapidement pour favoriser le développement des plantes.

Les modules conçus d'après le « New German Style » sont toutefois d'un entretien facile.

CI-CONTRE Plantée de roses et de vivaces, cette bordure luxuriante double présentant un choix limité de couleurs encadre une allée composée de lames de bois. Un aménagement original et resplendissant.

Au bout d'un ou deux ans, les vivaces se seront bien épanouies et pourront plus facilement « vivre leur vie ». Il vous faudra surtout penser régulièrement au désherbage. L'arrosage systématique pendant les périodes sèches ne sera plus nécessaire. Même si un massif de vivaces est beaucoup plus luxuriant quand il n'a pas à supporter le stress de la sécheresse, vos plantes ne dépériront pas et reprendront du poil de la bête l'année suivante. L'entretien sera surtout fonction de votre assiduité dans le jardin. Les vivaces qui fleurissent une seconde fois dans l'année ou celles qui se ressèment spontanément peuvent être rabattues le plus tôt possible après la floraison, sans que cela ne constitue une obligation. Mais si vous êtes ordonné et soucieux du détail, vous aurez à cœur de débarrasser régulièrement votre massif des fleurs fanées et des feuilles mortes pendant toute la période végétative.

Les exigeantes vivaces de massif des mixed-border nécessitent beaucoup plus de soin et de temps. Il faut penser à les protéger, les arroser, les tailler et leur apporter régulièrement de l'engrais pour leur permettre d'épanouir toute leur splendeur.

Nous recommandons aux débutants de noter toutes ces tâches dans un calendrier et de le consulter périodiquement.

Combien coûte une plate-bande ?

Pour un massif qui doit servir de couverture végétale, il faut prévoir de six à huit vivaces par mètre carré. Sachant que le prix moyen d'une plante est de 5 euros, les frais s'élèvent donc à 40 euros le mètre carré. À cela viennent s'ajouter les éventuelles dépenses pour l'adaptation du sol et le paillis. La liste d'achats correspondant à chacun des modules vous sera d'une aide précieuse. À l'aide du plan fourni avec les modules, que vous adapterez en fonction de vos besoins, vous serez en mesure de mettre au point votre propre liste d'achats et de calculer le nombre de plantes qu'il vous faudra, ainsi que le coût qui en résultera.

Planifier avec les modules

Les modules présentés dans cet ouvrage sont de petites unités de plates-bandes conçues avec la plus grande rigueur de manière à pouvoir s'adapter à vos besoins, aussi bien dans leurs dimensions que dans leur forme. Ils sont classés par thématiques et correspondent à des implantations et milieux de vie précis. C'est ainsi que les plates-bandes de prairie, d'ombre ou de gravier par exemple vous donneront une première idée du choix d'implantation. Pour chaque module, vous trouverez des informations détaillées correspondant aux conditions d'implantation, au milieu de vie, ainsi qu'aux différentes possibilités d'emploi.

Fournissant de quoi créer une plate-bande digne de ce nom, ces modules sont adaptés aux néophytes qui se lancent dans l'aventure comme aux férus de jardinage bénéficiant d'une expérience solide. Chacun s'y retrouvera.

LES DÉBUTANTS PRUDENTS pourront intégrer les modules tels quels dans leur jardin. Mais rien ne vous empêchera d'apporter des changements ultérieurs. Les débutants moins frileux et les férus de jardinage auront le plaisir de se lancer dans leurs propres créations grâce aux végétaux ajoutés à chaque module.

Bien lire les descriptifs

Les plans des modules sont représentés à l'échelle 1:20 et proposent une répartition des végétaux. Chaque cercle représente une plante à son stade de développement définitif, soit 2 à 3 ans après la plantation. La dimension des cercles est fonction de la distance recommandée entre les plantes :

- Les grands cercles de 50 cm de diamètre correspondent aux plantes qui doivent être espacées d'au moins 50 cm. Cela concerne surtout des graminées comme l'herbe aux écouvillons *(Pennisetum)*, mais aussi certaines ligneuses, telles que les roses.
- Les cercles de 40 cm de diamètre se rapportent aux vivaces et graminées qui doivent être espacées de 40 cm les unes des autres. Ce sont souvent des vivaces accompagnatrices, comme l'achillée *(Achillea)*.
- Les petits cercles de 35 cm de diamètre sont associés à des plantes qui occupent moins de place sur la plate-bande et nécessitent un espacement de 35 cm environ. Ces petites vivaces peuvent pousser en nappe, comme les asters nains *(Aster dumosus)*, mais aussi en hauteur, comme les échinacées *(Echinacea)*.

La position des plantes bulbeuses entre les vivaces, en automne, après la plantation, est indiquée par des disques colorés sur le plan. À chaque fois, il est précisé en légende le type et la quantité de bulbes par cercle. Les plans sont dessinés sur une trame quadrillée de 40 x 40 cm qui vous permettra de les reporter plus facilement sur la plate-bande.

Liste, calendrier des floraisons et portrait

À côté de chaque plan figure une liste qui recense les végétaux employés. Elle fera office de pense-bête d'achats étant donné que les quantités y sont également mentionnées. Cette liste présente

le nom botanique (page 11) de chaque plante, car c'est sous cette appellation que les végétaux sont généralement étiquetés chez les pépiniéristes. Sur la page opposée, vous trouverez le descriptif du module. Les plantes bulbeuses et les fleurs d'été sont décrites à partir de la page 164 avec les végétaux complémentaires que nous proposons. Chaque module est accompagné d'un calendrier des floraisons qui recense les plantes intégrées et les espèces complémentaires qui vous permettront de diversifier votre plate-bande. Il mentionne la couleur des fleurs, la période de floraison et la hauteur de la plante, l'espacement nécessaire et le nombre de végétaux par mètre carré. Indiqués devant les noms botaniques, dans les cercles dessinés sur le plan et dans la liste d'achats, les numéros se réfèrent aux plantes employées.

Déterminer la forme et les dimensions du massif

L'introduction et les photos des pages 32 et 33 permettent de mieux comprendre l'emploi des modules pour la création des plates-bandes.

Commencez par déterminer la forme, les dimensions et le positionnement du massif. Pour vous permettre de vous faire une représentation concrète des dimensions de la plate-bande, tracez-en les contours en taille réelle dans le jardin. Pour ce faire, aidez-vous d'un mètre pliant, d'un mètre de couturière ou de planches de bois. Munissez-vous d'un tuyau d'arrosage ou d'une corde si vous choisissez de donner une forme courbe

Déterminez la forme et les dimensions du massif

Il vous faut :

- Mètre pliant et mètre de couturière
- Planches de bois, tuyau d'arrosage, longue corde
- Papier (A4 ou A3)
- Papier transparent (A4 ou rouleau) ou du papier sulfurisé
- Crayon de papier, crayons de couleur
- Règle, équerre et rapporteur

CI-DESSUS Une planification et une bonne préparation permettent d'obtenir des résultats satisfaisants lors de l'aménagement d'une plate-bande, quelle qu'en soit la taille.

ou sinueuse au massif (page 32, étape 1). Il est plus facile d'aménager de petits massifs rectangulaires que de longues plates-bandes sinueuses.

Dessiner le plan sur le papier

Une fois que vous aurez déterminé les contours de la plate-bande dans votre jardin, vous pourrez les dessiner sur le papier. Dans ce livre, les plans des modules sont représentés à l'échelle 1:20. Concrètement, cela signifie que 1 cm sur le papier correspond à 20 cm dans la réalité. Étant donné que les modules seront reportés sur votre plan, nous vous conseillons de dessiner également votre plate-bande à l'échelle 1:20.

Il est facile de reporter les massifs de forme rectangulaire ou circulaire. Il suffit d'en mesurer les longueurs ou le rayon du cercle et de faire le calcul pour les adapter à l'échelle 1:20 (en divisant les dimensions par 20). Un massif de forme carrée avec une longueur de côté de 160 cm aura sur le papier à l'échelle 1:20 une longueur de côté de 8 cm. Pour les plates-bandes de forme courbe ou sinueuse, utilisez une ligne de guidage. Celle-ci permet de mesurer à angle droit et à intervalles réguliers les écarts entre les différents points situés sur les contours du massif. Cette ligne peut être un mur limitrophe, une haie ou une allée. N'hésitez pas à reporter toutes les mesures sur une esquisse grossière que vous aurez faite de la plate-bande. Vous procéderez ensuite à la conversion des dimensions réelles avant de les reporter sur une nouvelle feuille de papier. Si vous ne disposez d'aucune ligne de guidage, vous devrez en créer une en définissant deux points précis dans le jardin : un angle de maison, par exemple, et un arbre (page 32, étape 2).

CI-DESSOUS Petite plate-bande deviendra grande : les dimensions des modules de ce livre sont adaptables afin de vous permettre de réaliser la plate-bande de vos rêves. C'est le cas de ce grand massif sinueux composé de vivaces d'ombre.

Adapter les modules

Il existe plusieurs possibilités d'adapter les modules à vos besoins individuels selon différents niveaux de difficultés.

1 Pour les débutants

Le module choisi n'est employé qu'une seule fois dans sa dimension d'origine. Pour certains modules, une réduction est possible en supprimant une ou plusieurs parties de la plate-bande. Pour ce faire, aidez-vous de la trame de 40 cm. Vous n'aurez pas besoin de confectionner de plan, vous devrez simplement adapter votre liste d'achats.

2 Pour les débutants et jardiniers expérimentés

Employés deux ou plusieurs fois, les modules carrés et rectangulaires peuvent s'assembler pour former une plate-bande aux dimensions plus importantes, soit en les mettant bout à bout, soit en reproduisant le module en miroir. Dans ce cas, la forme du massif et sa taille se référeront aux dimensions du module choisi. En mettant les modules bout à bout, les plantes se répéteront selon un certain rythme. Si vous préférez casser cette reproduction, remplacez un ou plusieurs végétaux par des plantes complémentaires insérées dans le calendrier des floraisons. Vous pouvez également mettre les modules bout à bout tout en préservant une bande de verdure entre les deux. Sur ces espaces de séparation, les plantes ligneuses ayant une structure formelle, tels des rectangles ou des boules d'if *(Taxus)*, ou encore des ligneuses à fleurs seront du plus bel effet.

3 Pour les plus expérimentés

Employé une ou plusieurs fois, un module peut s'adapter dans sa forme et ses dimensions.
Dans ce cas, il est nécessaire d'intégrer des plantes complémentaires. Pour certains modules, vous trouverez des variations, ainsi que le plan et la liste d'achats s'y référant. Les plantes complémentaires employées sont décrites à partir de la page 164.
Vous pouvez reprendre ces options telles quelles ou les adapter selon vos envies.
Pour ce faire, dessinez sur du papier les contours de la nouvelle plate-bande (page 32, étape 2).
Posez du papier transparent par-dessus et décalquez les contours avec un crayon de papier.
Posez ensuite le papier transparent sur le module de votre choix. Pour travailler confortablement, faites une photocopie de la page qui vous intéresse, puis fixez-la sur la table avec du ruban adhésif. En déplaçant le papier transparent sur le module, vous trouverez le positionnement idéal de ce dernier sur la plate-bande. Vous verrez aussi s'il peut s'intégrer plusieurs fois à votre massif.
Reportez ensuite sur la plate-bande que vous avez dessinée le plan du module tiré du livre. Il vous faudra certainement agrandir la trame pour qu'elle s'adapte à votre massif (page 33, étape 3).
Vous pouvez également diversifier les plantes.
Dans le calendrier des floraisons de chaque module, vous trouverez, en plus des végétaux faisant partie du module, des plantes traitant du même thème qui vous permettront d'apporter de la variété à l'ensemble.

- Vous pourrez répartir vos plantes préférées par groupes de deux ou trois aux endroits de la plate-bande encore libres.
- Certaines combinaisons de plantes tirées du module peuvent être reproduites à d'autres endroits. Déplacez le papier transparent de manière à ce que le groupe de plantes choisi se retrouve à l'endroit souhaité, puis reproduisez-le. Les cercles peuvent parfois se chevaucher (page 33, étape 4).
- Pour avoir une meilleure représentation de l'échelonnement des hauteurs, il est possible de confectionner un plan adapté. Sur un nouveau papier transparent, hachurez les cercles dans différentes nuances de gris selon les hauteurs. Hachurez les plantes très hautes en noir, les vivaces de taille moyenne en gris et les végétaux bas en gris clair (étape 5).
- Pour avoir une idée de l'effet produit en termes de couleurs, coloriez les cercles des vivaces en respectant la couleur des fleurs (étape 6).

S'il subsiste des espaces importants entre les cercles, il y aura des vides sur la plate-bande. Cela peut être une option si vous envisagez de les combler en y plaçant une sculpture ou des pavés.

Adapter la commande

Si le module est employé plusieurs fois, adaptez votre liste d'achats en conséquence. Nous vous recommandons dans ce cas de mettre au point une nouvelle liste. Référez-vous au plan adapté et aux végétaux du module correspondant.

CI-DESSOUS Située sous un érable panaché (*Acer negundo* 'Variegatum'), cette petite plate-bande d'ombre convainc par cette délicate combinaison d'hostas et d'heuchères au feuillage rouge.

Pas à pas : adaptation des modules à vos besoins individuels

Ces instructions pas à pas, qui prennent pour modèle le module de plates-bandes de prairie 1 « magenta ton sur ton », vous permettent de voir comment, en six étapes, un grand massif aux formes courbes peut résulter d'un simple module carré. Cela n'exclut pas bien sûr la possibilité de lui donner d'autres formes. Avant de vous lancer, prenez le temps de réfléchir à l'aspect de votre plate-bande.

ÉTAPE 1 Définissez la forme et les dimensions de votre plate-bande. Munissez-vous d'un tuyau d'arrosage pour en délimiter les contours. Tenez compte du fait que le module choisi doit s'intégrer une ou plusieurs fois à cette surface. Dans cet exemple, le massif présente une forme courbe. Il mesure 5,8 m de long et 2,7 m dans sa largeur la plus importante.

ÉTAPE 2 Après avoir dessiné votre plate-bande à l'échelle 1:20 sur une feuille de papier (page 30), décalquez-en les contours sur du papier transparent. Faites une photocopie de la page du livre sur laquelle figure le module choisi et fixez-la avec du ruban adhésif sur une table.

ÉTAPE 3 Posez la feuille de papier transparent comportant les contours de votre future plate-bande sur la page du livre de manière à ce que le plan du module vienne se placer à l'endroit souhaité. Décalquez les cercles et reportez également la trame de 40 cm à l'aide de l'équerre-rapporteur sur toute la surface de votre massif. Si le module doit être employé plusieurs fois, déplacez la feuille de papier transparent sur les endroits souhaités en prenant soin de décalquer les cercles.

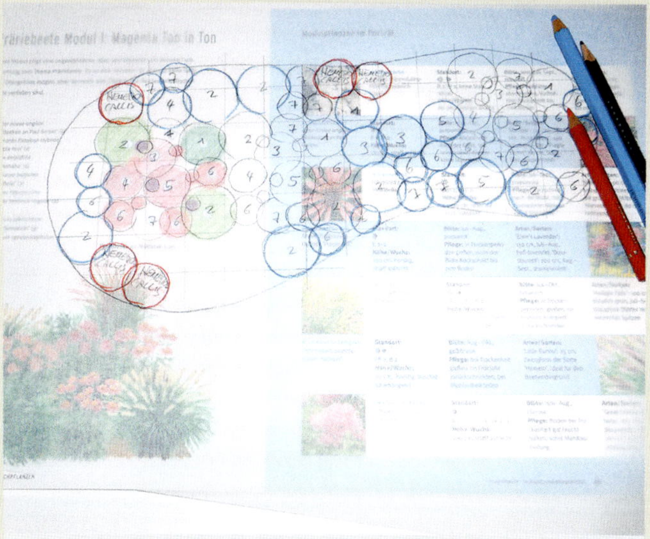

ÉTAPE 4 Attribuez une couleur propre aux plantes du module qui reviennent à plusieurs endroits (ici, le turquoise). Les végétaux complémentaires doivent également avoir leur propre teinte (ici, le rouge). Vous conservez ainsi une vue d'ensemble. Attention : reportez immédiatement dans les cercles les numéros correspondant aux plantes. Les disques associés aux espèces complémentaires prendront d'autres numéros ou l'abréviation de leurs noms.

ÉTAPE 5 Avant d'achever le plan, vous pouvez repérer les hauteurs des plantes. Pour ce faire, posez une autre feuille de papier transparent sur le plan de votre massif. Hachurez les cercles correspondant aux végétaux selon les hauteurs indiquées dans le calendrier des floraisons en ayant recours à la palette des gris (plus la plante est haute, plus sa couleur sera foncée).

ÉTAPE 6 Pour avoir une représentation de l'effet produit en termes de couleurs, coloriez les cercles en reprenant la teinte des fleurs de chaque plante. Vous pourrez le faire en temps voulu. Comme pour le plan des hauteurs, posez une nouvelle feuille de papier transparent sur la plate-bande et hachurez les cercles dans la couleur qui correspond à chacun.

La plantation

Une préparation minutieuse de la plantation est le secret d'une belle plate-bande fleurie. Il faut savoir que les plantes d'une composition florale, aussi belle soit-elle, ne s'épanouissent pleinement que si le sol correspond à leurs attentes. La plantation doit également être effectuée convenablement. En outre, les végétaux nécessitent d'être soigneusement entretenus après avoir été plantés. Il faut donc procéder avec méthode à la plantation et aux soins à lui apporter. Vous pourrez ainsi vous réjouir de voir votre massif fleurir tous les ans.

Les plantes sont des êtres vivants dont il faut prendre soin pour favoriser le plein épanouissement. La clé du succès réside dans la bonne préparation du sol, le choix des végétaux, leur entretien, ainsi que le respect de la période de plantation et de la manière de s'y prendre.

AVANT DE VOUS LANCER DANS LA PLANTATION, préparez le sol. Commencez par arracher toutes les mauvaises herbes et leurs racines. Soyez particulièrement attentif aux adventices persistantes, telles que l'égopode podagraire, le liseron des champs et le chiendent. Les résidus racinaires dans la terre favorisent leur repousse régulière, si bien qu'elles se mêleront rapidement à vos plantations. Il est fortement déconseillé de procéder au désherbage une fois les végétaux mis en terre. Si la surface choisie est envahie par les mauvaises herbes, renouvelez-en la terre. Une fois que vous aurez désherbé, vous pourrez bêcher le sol à 40 cm de profondeur afin de l'ameublir. Incorporez ensuite un peu de compost et d'engrais organique. Si vous souhaitez disposer la plate-bande sur une pelouse, vous devrez d'abord retirer le gazon au niveau de l'emplacement prévu pour votre massif et bêcher la terre. Si celle-ci ne convient pas du tout parce qu'elle est très argileuse et totalement imperméable ou encore très sableuse, il est conseillé, en ultime recours, de la remplacer. Pour ce faire, creusez à une profondeur de 40 cm pour la retirer intégralement. Bêchez ensuite la couche de sol qui se trouve en dessous avant de la recouvrir de terre végétale de bonne qualité. Patientez quelque temps avant de procéder à la plantation.
Remarque : le travail du sol ne doit être effectué que par temps sec, quand la terre n'est pas humide.
Vous trouverez avec la présentation des différents modules des indications vous permettant d'adapter le sol en fonction du milieu de vie.

Le bon moment

Il est conseillé de planter les vivaces et les plantes ligneuses au printemps, de début avril à fin mai. Cela permettra aux graminées, fougères et autres plantes délicates qui fleurissent à l'automne, telles que les asters et les anémones, d'avoir le temps de se développer afin de pouvoir survivre à l'hiver. Assurez-vous toutefois de les arroser en cas de pics de chaleur. Prévoyez vos absences et vos vacances en conséquence.

Si vous procédez à la plantation en automne, privilégiez le mois de septembre. Évitez à tout prix les fortes chaleurs de l'été. Plantez les fleurs d'été et les plantes bulbeuses sensibles aux gelées, comme les dahlias et les glaïeuls, quand vous serez assuré qu'il ne gèlera plus, soit à partir de la mi-mai. Évitez de faire vos plantations après de longues pluies persistantes, car le sol gorgé d'eau devient alors très vite compact, ce qui n'est pas bon.

La commande des plantes

Veillez à acheter les espèces et les variétés qui figurent dans la liste d'achats. Contrôlez les articles si vous vous les faites livrer après les avoir commandés. Il est préférable d'éviter autant que faire se peut de remplacer par d'autres les variétés indiquées.

Nous vous conseillons de soumettre la liste d'achats à une ou plusieurs jardineries de proximité, afin que l'on vous communique un devis. Ces dernières s'efforceront de vous procurer les plantes que vous avez choisies. Nombreuses sont les jardineries qui disposent de boutiques en ligne permettant de commander les végétaux directement. Reportez-vous à la page 179 pour prendre connaissance des adresses de pépiniéristes de grandes dimensions.

Positionnement et plantation des végétaux

Dans un premier temps, reportez la trame quadrillée de 40 cm du plan sur la plate-bande préparée. Fixez de la ficelle tendue sur des bâtons plantés dans le sol en respectant les dimensions de la trame. Vous pouvez également marquer les sillons avec du sable pour les rendre plus visibles. Disposez les vivaces et les plantes ligneuses dans leurs pots en respectant les emplacements indiqués sur le plan. Procédez d'abord à la plantation des ligneuses si certaines sont prévues. L'installation des vivaces s'effectue progressivement. Faites en sorte que les zones que vous avez terminé de planter ne soient plus piétinées.

Avec une pelle, creusez un trou d'un tiers plus large et plus profond que le pot.

CI-DESSUS Une atmosphère printanière dans des nuances de violet : la julienne des dames et les tulipes fleurissent au-dessus du tapis verdoyant des vivaces en bourgeons. Pour s'épanouir pleinement, ces dernières ont besoin d'une implantation idéale, d'un sol préparé et d'un entretien régulier.

CI-DESSUS, À GAUCHE
La trame de 40 cm prévue sur le plan doit être reportée sur la plate-bande préparée à l'aide d'une ficelle tendue.

CI-DESSUS, À DROITE
Avant de procéder à la plantation, vérifiez une dernière fois à l'aide du plan que les vivaces sont bien positionnées. Vous pouvez ensuite ôter les ficelles.

- Dépotez la vivace en exerçant une légère pression sur les côtés et le dessous du pot. Manipulez la plante doucement. Retirez délicatement la couche de terre qui enveloppe les racines – pas plus de 1 cm –, afin d'évacuer les mauvaises herbes qui pourraient s'y trouver, puis aérez légèrement les racines à la main. Au préalable, ôtez celles qui dépassent du pot.
- Les racines ne doivent pas être enfoncées trop profondément dans le sol, mais elles n'aiment pas non plus être disposées au niveau de la surface de la plate-bande. Le plus simple est de planter la vivace dans la terre telle qu'elle l'était dans le pot.
- Après avoir installé la plante, rabattez la terre à la main ou en vous aidant d'une pelle et appuyez délicatement dessus.
- Après la plantation, arrosez abondamment les vivaces même s'il pleut ! Ainsi la terre sera-t-elle parfaitement humidifiée au niveau des racines, permettant aux plantes de se développer.

Plantation des bulbeuses

Les plantes bulbeuses prévues sur le plan, telles que les tulipes, les narcisses ou l'ail d'ornement, se plantent entre les vivaces d'août à septembre ou au plus tard en octobre. Le trou creusé dans la terre doit être deux à trois fois plus large que le diamètre du bulbe. Les petits bulbes des perce-neige sont généralement plantés à environ 5 cm au-dessous de la surface du sol. Les tulipes *(Tulipa)* et l'ail d'ornement *(Allium)* doivent être disposés à 15 cm de profondeur, et les narcisses un peu plus.

Le paillage

Le paillage (mulch) du sol nu entre les vivaces qui viennent d'être plantées est une protection quasiment indispensable. En outre, il permet d'éliminer plus facilement les mauvaises herbes en germe. Le choix du paillis est important.

Évitez d'utiliser de l'écorce trop grossière sous peine d'étouffer le sol et de pénaliser considérablement la croissance de vos plantes. En revanche, nous vous recommandons le paillis d'écorce de pin (8-20 mm) ou l'humus d'écorce (0-15 mm).

La couche de paillis ne doit pas dépasser 3 à 5 cm d'épaisseur. Répartissez délicatement le mulch en petites quantités entre les plantes. Veillez à ne pas recouvrir complètement les bourgeons des jeunes vivaces. Évitez le paillis d'écorce pour les végétaux s'épanouissant dans les espaces ouverts et secs, ainsi que pour les vivaces de gravier, mais employez plutôt du gravillon. Vous pourrez aussi disposer le paillis avant de procéder à la plantation.

L'entretien après la plantation

Pour permettre aux jeunes vivaces de s'épanouir pleinement, nous vous conseillons de consacrer davantage de temps à leur entretien pendant l'année qui suit la plantation. Il faut savoir que le système racinaire de vos jeunes plantes se développe progressivement. Par la suite, ces dernières seront plus aptes à survivre aux pics de chaleur et aux périodes de sécheresse. Limitez vos absences pendant ces périodes de manière à arroser régulièrement et abondamment votre plate-bande. Ne laissez pas la terre se dessécher complètement. En cas de fortes chaleurs, arrosez le massif le matin ou le soir avec un arrosoir ou un tuyau d'arrosage ne comportant pas de jet trop puissant. Arrachez rapidement les mauvaises herbes en germe de manière à ne pas gêner vos jeunes plantes. Employez les moyens nécessaires pour empêcher limaces et escargots d'accéder à la plate-bande.

CI-DESSUS, À GAUCHE
Dépotez les vivaces les unes après les autres avant de les planter en vous aidant d'une pelle. Le trou doit toujours être plus important que les racines.

CI-DESSUS, À DROITE
Après la plantation, répartissez délicatement une couche de paillis entre les vivaces. Pour les plates-bandes de succulentes ou de graminées, optez pour du gravier fin ou du gravillon.

Un vaste choix de modules

LES MODULES QUE NOUS VOUS PRÉSENTONS sont adaptés à chaque implantation et à tous les jardins. Profitez des plates-bandes de graminées pittoresques en guise d'accueil devant votre maison, des compositions de gravier offrant des fleurs aux nuances bleutées, des idées de massifs pour les puristes ou des splendides plates-bandes de prairie dans les tons jaunes et orangés. À vous de voir si vous préférez reprendre les modules tels quels ou si vous souhaitez les adapter dans leurs couleurs et leurs dimensions à vos envies personnelles.

Plates-bandes de prairie luxuriantes

Ces dernières années, les plantations en prairie sont très en vogue non seulement dans les jardins privés, mais aussi dans les espaces publics. Et à juste titre. Les combinaisons informelles de graminées ondoyantes et de lumineuses vivaces à fleurs évoquant le charme des prairies nord-américaines nous envoûtent en répondant à nos envies secrètes d'espace, de naturel et de retour aux sources. Proches de la nature, les plates-bandes de prairie et leur mélange de végétaux sont adaptables, pérennes et faciles à entretenir. En outre, elles illustrent merveilleusement le « New German Style ».

Les différents modules de plates-bandes de prairie vous permettront de vous immerger dans l'univers passionnant des plantations de graminées. Nos modules vous proposent des massifs adaptés à des jardins ensoleillés et secs mais aussi humides, avec plusieurs thématiques de couleurs.

LES PLANTATIONS EN PRAIRIE se rapprochent dans leur légèreté de nos prés fleuris. Toutefois, les éléments verticaux y sont dominants. Comparables à une mer ondoyante de textures en filigranes aux formes et aux contours structurés, ces plates-bandes nous fascinent et nous surprennent continuellement par leur aspect informel. Grâce à leur jeu de couleurs évoluant au fil de l'année, elles permettent de réaliser dans nos jardins de véritables tableaux végétaux diversifiés et empreints d'une ambiance légère. En outre, le mélange de vivaces à fleurs et de graminées offre aux insectes un univers où ils sont rois. Quoi de plus réjouissant que de voir des papillons butiner de-ci, de-là ! Comme ces plates-bandes se régulent d'elles-mêmes au bout d'un certain temps, elles sont pérennes, robustes et assez faciles à entretenir. Les plantes – des vivaces et des graminées pour la plupart – sont issues des prairies nord-américaines du centre ouest des États-Unis. Beaucoup d'espèces, comme l'aster *(Aster)*, le phlox *(Phlox)*, l'échinacée *(Echinacea)*, la monarde *(Monarda)*, le rudbeckia *(Rudbeckia)*, ou les graminées telles que le panic érigé *(Panicum virgatum)* nous sont familiers depuis longtemps. Certains de ces végétaux sont très robustes, avec un système racinaire marqué et profond, parfaitement apte à supporter de fortes chaleurs occasionnelles ou des périodes de sécheresse. Les plates-bandes de prairie sont caractérisées par leur floraison tardive qui s'étend du cœur de l'été au début de l'automne. Elles apportent donc un renouvellement de couleurs à nos jardins entre le début de l'été et l'automne. Cependant, avant même l'ouverture des premières fleurs, elles offrent un splendide tapis aux multiples nuances de vert lors du bourgeonnement des vivaces et des graminées. En hiver, après avoir perdu leur beau manteau végétal, elles introduisent une touche de romantisme sauvage, surtout au moment où le givre enveloppe leur structure dénudée. La palette de ces plantes peut s'élargir à volonté avec de nouvelles variétés de vivaces et de graminées provenant d'Amérique du Nord ou d'ailleurs et qui répondent aux mêmes exigences en matière d'implantation.

Les plantes bulbeuses comme l'ail d'ornement *(Allium)*, les tulipes *(Tulipa)* et les crocus *(Crocus)* animent merveilleusement le massif au printemps, au moment de leur floraison.
En revanche, les arbres et arbustes ne font pas partie des paysages de prairie typiques, car les incendies réguliers empêchent leur croissance dans les zones où ils sont implantés. Sous nos latitudes, rien ne s'oppose toutefois à la possibilité de structurer les jardins de prairie en introduisant une ou plusieurs plantes ligneuses ou encore des éléments formels, comme des arbustes taillés en boules et des haies.

Intégration dans le jardin

Une plate-bande de prairie est faite pour être généreuse dans ses dimensions. Dans les petits jardins, on peut renoncer complètement à la pelouse au profit d'une plantation en prairie. Dans ce cas, prévoyez des allées de gazon ou de gravier pour relier le jardin et la maison, ce qui permettra d'établir un vrai contact avec les plantes. Toutefois, une bande étroite devant la terrasse ou une petite plate-bande insulaire placée au milieu de la pelouse ont elles aussi un charme fou.

Conditions d'implantation

Une plate-bande de prairie nécessite avant tout un terrain dégagé et ensoleillé et un sol profond et perméable. Selon les conditions qu'offre le site naturel, on distingue les plantes d'herbes hautes, qui préfèrent les sols humides et fertiles, et les végétaux d'herbes rases et mixtes, qui apprécient les sols plus calcaires. Les plates-bandes de prairie se rapportent donc au milieu de vie « espaces ouverts secs à frais » (EO 1-3). Dans les deux cas, les vivaces de prairie ne supportent pas les sols mal drainés, surtout en hiver !
Sous nos latitudes, les plantations en prairie modernes – style prairie européenne – se réfèrent généralement aux plantes des prairies d'herbes hautes qui apportent un foisonnement de couleurs. Les modules 1 et 2 ont été conçus à partir du style européen. Le module 3 est un exemple de plate-bande de prairie qui tolère également les sols et climats secs.

CI-DESSUS En août, les touffes ébouriffées et pittoresques du stipe forment un joli contraste avec les fleurs lumineuses des échinacées roses et les rudbeckias jaunes.

CI-CONTRE Dans ce paysage de prairie, les tons jaunes et chauds dominent. Le blanc des échinacées et des immortelles d'argent lui confère un charme très particulier.

CI-DESSOUS Avec ses fleurs mellifères plumeuses violettes, la plume du Kansas est une compagne idéale pour le solidage et l'échinacée rose.

Aménagement et planification

Même si les plantations en prairie sont caractérisées par leur naturel, leur dynamisme et la part belle laissée au hasard, il convient de respecter certaines règles afin d'être sûr de l'effet produit. Les différentes variétés de plantes peuvent être mélangées, réunies en petits groupes ou s'étirer sur de longues bandes, ce qui nécessite alors plus de surface. Il est possible, lors de la planification, de choisir une thématique de couleur et de n'opter, par exemple, que pour des tons chauds, dans les rouges, orangés et jaunes. On peut aussi concevoir une vaste palette chromatique. La structure en hauteur est adaptable. Vous pouvez regrouper les plantes de même hauteur afin d'avoir un va-et-vient évoquant le mouvement des vagues. Le nombre des graminées et des vivaces doit toutefois respecter une certaine proportion. Dans les prairies nord-américaines, les graminées sont dominantes. Les plantations en prairie de nos jardins doivent toutefois comporter une proportion plus importante de vivaces à fleurs en raison des surfaces réduites, sans oublier que les graminées s'étendent au fil des années. Six à huit plantes par mètre carré suffisent.

Préparation du sol

Les plates-bandes qui présentent des plantes de prairie d'herbes hautes ont besoin d'un sol perméable, légèrement calcaire et plutôt argileux et humifère. Il doit être frais à humide sans jamais être sec, et avoir une teneur moyenne en nutriments. Il est possible d'ameublir les sols argileux trop lourds et imperméables en leur incorporant avant la plantation du sable grossier ou du gravillon. Les sols sableux peuvent être améliorés avec de la bentonite ou de la poudre de roche (en respectant les indications du fabricant) et un peu de compost.

Plantation

La plantation a généralement lieu de début avril à fin mai. Après la plantation, il est possible d'ajouter une couche de 5 à 8 mm de paillis minéral (lave ou gravillon), ou encore de gravier avec des grains de 8 à 11 ou 8 à 16 mm. On peut également avoir recours au sable grossier avec des grains de 0 à 2 mm, ce qui empêchera la prolifération des mauvaises herbes aussi longtemps que le tapis végétal n'aura pas pris possession de la surface. En outre, la couche de paillis protège le sol de l'érosion et de l'assèchement. Veillez à ne pas le répartir trop près des graminées, dont les racines ont besoin d'air pour ne pas dépérir. Vous pourrez aussi disposer une couche de paillis devant la plantation. Attention : évitez à tout prix d'utiliser du mulch d'écorce !

Soins au fil de l'année

Pendant les deux premières années qui suivent la plantation, un désherbage soigneux et régulier s'impose. Vous aurez peut-être besoin par la suite de la main experte d'un jardinier pour éliminer les semis spontanés de graminées et de vivaces, afin de préserver l'équilibre de la plantation. Vers la fin de l'hiver, de fin février à mars, rabattez au sol les graminées et les vivaces, puis évacuez complètement les déchets de la plate-bande. Les plantes qui se ressèment spontanément doivent être contenues en coupant régulièrement les fleurs fanées.

CI-CONTRE Les fleurs rose mauve et légères des monardes et celles d'un rose lumineux des échinacées s'harmonisent ici avec une belle délicatesse.

Module 1 : magenta ton sur ton

Ce module présente une palette chromatique originale, élégante et délicate. Elle offre une variation à ceux qui n'apprécient pas les tons jaunes et orangés, mais que le charme des prairies nord-américaines séduit.

IMPLANTATION :
dégagée, ensoleillée à semi-ombragée tout au plus

SOL :
perméable, argileux, humifère, riche en substances nutritives, frais à humide, bien drainé en hiver

DIMENSIONS :
1,2 × 1,2 m

Liste d'achats

1. *Panicum virgatum* 'Shenandoah' (1)
2. *Pennisetum alopecuroides* 'Hameln' (2)
3. *Aster novae-angliae* 'Andenken an Paul Gerber' (1)
4. *Monarda Fistulosa* 'Purple Ann' (1)
5. *Phlox amplifolia* 'Winnetou' (1)
6. *Echinacea purpurea* 'Pica Bella' (3)
7. *Achillea filipendulina* 'Heinrich Vogeler' (2)

Plantes bulbeuses

- ● 3 × *Allium aflatunense* 'Purple Sensation' (9)
- ● 3 × *Allium sphaerocephalon* (12)

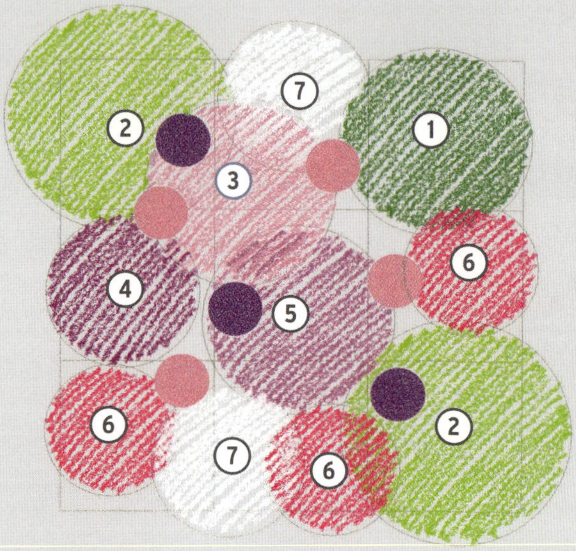

Plan à l'échelle 1:20

Description des plantes du module

◄ Achillée
Achillea filipendulina 'Heinrich Vogeler'

Implantation : ☼
PB 2, EO 2, sols bien drainés
Hauteur/Croissance : 80 cm, en touffe

Floraison : juin-juill., sept., blanc pur
Soins : couper les fleurs fanées ; avant le printemps : rabattre au sol

Variétés/Cultivars : 'Feuerland' : 90 cm, rouge feu à orange ; 'Helios' : 50 cm, jaune ; 'Hannelore Pahl' : 80 cm, abricot

► Aster de la Nouvelle-Angleterre
Aster novae-angliae 'Andenken an Paul Gerber'

Implantation : ☼
PB 2, EO 2
Hauteur/Croissance : 120 cm, port dressé

Floraison : août-oct., rose pourpre
Soins : arroser en période sèche, reprendre et diviser tous les 4 à 5 ans

Variétés/Cultivars : 'Violetta' : 130 cm, violet ; 'Rosa Sieger' : 140 cm, sept.-oct. ; 'Purple Dome' : 60 cm, sept.-nov., violet pourpre

◄ Rudbeckia pourpre
Echinacea purpurea 'Pica Bella'

Implantation : ☼
PB 1-2, EO 1-2,
Hauteur/Croissance : 60-70 cm, port érigé, compact

Floraison : juill.-sept., rose pourpre
Soins : rabattre après la floraison, fertiliser avec des copeaux de corne, sols bien drainés

Variétés/Cultivars : 'Milkshake' : 90 cm, semi-double, blanc cassé avec un centre vert ; 'Harvest Moon' : 80 cm, orange clair

► Monarde
Monarda Fistulosa 'Purple Ann'

Implantation : ☼
PB 1-2
Hauteur/Croissance : 120 cm, en touffe, port érigé

Floraison : juill.-août, rouge pourpre
Soins : arroser en période sèche, rabattre au sol après la floraison

Variétés/Cultivars : 'Elsie's Lavender' : 130 cm, juill.-août, lavande clair ; 'Blaustrumpf' : 100 cm, août-sept., violet foncé

◄ Panic érigé
Panicum virgatum 'Shenandoah'

Implantation : ☼
EO 2, LP 2, PB 2
Hauteur/Croissance : 100 cm, touffe en filigrane, légèrement retombant

Floraison : juill.-oct., brunâtre
Soins : arroser en période sèche, rabattre complètement à la fin de l'hiver

Variétés/Cultivars : 'Heiliger Hain' : 100 cm, bleu-vert, juill.-sept., feuilles bleu-vert avec des pointes rouge bordeaux

► Herbe aux écouvillons
Pennisetum alopecuroides 'Hameln'

Implantation : ☼
EO 2, PB 2
Hauteur/Croissance : 70 cm, en touffe, retombant

Floraison : août-oct., jaune-brun
Soins : arroser en période sèche, rabattre à la fin de l'hiver, diviser si faiblesse de floraison

Variétés/Cultivars : 'Little Bunny' : 25 cm, forme naine du cultivar 'Hameln', idéal au premier plan de la plate-bande

◄ Phlox
Phlox amplifolia 'Winnetou'

Implantation : ☼ ◑
PB 2-3, EO 2-3, LP 2-3
Hauteur/Croissance : 100 cm, port érigé

Floraison : juin-août, rose-mauve
Soins : en cas de sécheresse, humidifier le sol pour éviter les moisissures

Variétés/Cultivars : 'Great Smoky Mountains' : 100 cm, juill.-août, violet bleuté ; 'Apanatschi' : 100 cm, juill.-août, rose

Calendrier des floraisons : magenta ton sur ton

N°	Nom botanique	Nom vernaculaire	Hauteur (cm)	I	II	III	IV	V	VI	VII	VIII	IX	X	XI	XII	Espacement (cm)	Plantes/m²
	Vivaces																
7	*Achillea filipendulina* 'Heinrich Vogeler'	Achillée	80													40	6
3	Aster *novae-angliae* 'Andenken an Paul Gerber'	Aster de la Nouvelle-Angleterre	120													50	4
12	Aster *pringlei* 'Pink Star'	Aster (▶ page 166)	120													90	1
10	*Echinacea* 'Sunrise'	Rudbeckia (▶ page 168)	80													35	8
6	*Echinacea purpurea* 'Pica Bella'	Rudbeckia	60													35	8
11	*Hemerocallis* 'Olive Bailey Langdon'	Hémérocalle (▶ page 169)	60													60	2
9	*Liatris spicata*	Plume du Kansas (▶ page 170)	70													30	12
4	*Monarda Fistulosa* 'Purple Ann'	Monarde	120													45	4
5	*Phlox amplifolia* 'Winnetou'	Phlox	100													60	2
	Graminées																
8	*Panicum virgatum* 'Heavy Metal'	Panic érigé (▶ page 171)	120													60	2
1	*Panicum virgatum* 'Shenandoah'	Panic érigé	100													50	4
2	*Pennisetum alopecuroides* 'Hameln'	Herbe aux écouvillons	70													60	2
	Plantes ligneuses																
13	*Calycanthus floridus*	Arbre aux anémones (▶ page 167)	250														
	Plantes bulbeuses																
	Allium aflatunense 'Purple Sensation'	Ail d'ornement (▶ page 164)	90													10	4
	Allium sphaerocephalon	Ail à tête ronde (▶ page 165)	80													25	16
	Camassia leichtlinii ssp. *leichtlinii* 'Semiplena'	Camassia (▶ page 167)	70													30	11

Plantes du module — Plantes complémentaires

Module 1

Magenta ton sur ton

Magenta ton sur ton : pour être honnête, cette ambiance de couleurs est peu commune et un peu osée pour une plate-bande de prairie, mais elle a le mérite d'être élégante et raffinée. Deux graminées très expressives, qui se distinguent nettement dans leur aspect, constituent la base de cette plantation : le panic érigé (*Panicum virgatum*, n° 1), avec son port dressé, et l'herbe aux écouvillons 'Hameln' retombante (*Pennisetum alopecuroides*, n° 2). Ils masquent tous les deux les tiges en partie dénudées de l'aster de la Nouvelle-Angleterre 'Andenken an Paul Gerber' (*Aster novae-angliae*, n° 3), qui offre dès le mois d'août ses capitules lumineux couleur magenta. La monarde 'Purple Ann' (*Monarda fistulosa*, n° 4) au parfum aromatique et le phlox 'Winnetou' (*Phlox amplifolia*, n° 5) aux douces fragrances, dont les panicules arborent des couleurs évoluant du magenta soutenu au rose clair, sont de bons compagnons de route. Repérable au pourtour structuré de ses fleurs, le rudbeckia pourpre 'Pica Bella' (*Echinacea purpurea*, n° 6) forme un beau contraste avec le blanc lumineux des inflorescences en capitules de l'achillée 'Heinrich Vogeler' (*Achillea filipendulina*, n° 7), qui se trouve dans son immédiate proximité. De mai à juillet, les ombelles, petites et grandes, des deux variétés d'ail d'ornement entrent dans la danse en apportant au massif un dynamisme subtil (*Allium aflatunense* 'Purple Sensation' et *Allium sphaerocephalon*).

Adaptations et variations

La thématique des couleurs peut être complétée ou évoluer selon vos appréciations personnelles. Vous pouvez par exemple ajouter une touche de jaune en optant pour le rudbeckia 'Sunrise' *(Echinacea)*. À moins que vous ne préfériez les épis cylindriques de la plume du Kansas *(Kiatris spicata)* pour apporter un contraste intéressant avec des tonalités violettes. Pour donner une note plus froide à la plate-bande, remplacez le panic érigé 'Shenandoah' par une variété au feuillage bleu-gris, comme le 'Heavy Metal'. Si vous disposez d'une surface importante, l'arbre aux anémones *(Calycanthus floridus)* originaire d'Amérique du Nord sera parfaitement adapté. Vous pouvez aussi créer au printemps un tapis fleuri couleur crème avec des plantes bulbeuses, telles que le camassia *(Camassia)*.

C'est dans les dimensions proposées que ce module donne sa pleine mesure. Si vous ne disposez que d'une petite surface, réduisez la taille du massif en supprimant la bande qui est sur la droite de la trame. Vous obtiendrez ainsi une plate-bande de 0,8 × 1,2 m. Adaptez en conséquence la liste d'achats. Si, à l'inverse, vous souhaitez agrandir le module « magenta ton sur ton », référez-vous à la variante proposée aux pages 50 et 51.

Milieu de vie :
Espaces ouverts frais (EO 2)

CI-DESSOUS La monarde qui se trouve au premier plan est une vivace caractéristique des prairies d'herbes hautes d'Amérique du Nord. Elle compte aujourd'hui de nombreuses variétés qui s'étendent du blanc lumineux au bleu-violet soutenu et au rouge.

Variation du module 1 « magenta ton sur ton »

Nous vous proposons ici une variation du module 1, qui résulte d'une distribution différente des plantes, et son adaptation aux dimensions voulues.

Cette plate-bande de prairie offre de mai à octobre de belles floraisons, dont le temps fort se situe, comme pour tous les massifs de prairie, du milieu à la fin de l'été, soit de juillet à fin août. Elle vous envoûtera par son tapis de couleurs qui s'étend du magenta soutenu au sombre rouge bordeaux et au doux violet rosé. Le jaune clair et le blanc apportent des touches plus lumineuses, tandis que les nuances argentées et dorées des graminées parachèvent ce tableau à l'ambiance agréable.

Comment procéder

Nous avons d'abord remplacé certaines plantes du module 1 par d'autres variétés : le panic érigé 'Shenandoah' (*Panicum virgatum*, n° 1) a laissé sa place au 'Heavy Metal' (n° 8) – une variété au feuillage bleu-vert. Deux rudbeckias 'Pica Bella' (*Echinacea purpurea*, n° 8) ont été remplacés par la variété 'Sunrise' (n° 10), aux fleurs jaunes, et par la plume du Kansas (*Liatris spicata*, n° 9), aux belles inflorescences violettes et cylindriques. Formant un nuage de petites étoiles rose-mauve automnales, un aster 'Pink Star' (*Aster pringlei*, n° 12) s'est substitué à une herbe aux écouvillons 'Hameln' (*Pennisetum alopecuroides* n° 2). Nous avons reproduit deux fois cette variation du module « magenta ton sur ton » pour les juxtaposer. Afin de compléter ce massif, nous avons ajouté deux bandes de trame de 0,8 × 1,2 m. Là viennent se positionner l'arbre aux anémones (*Calycanthus floridus*, n° 13), une hémérocalle 'Olive Bailey Langdon' (*Hemerocallis*, n° 11) aux grandes fleurs violet-pourpre et quelques plantes bulbeuses comme le camassia aux épis blancs. Avec ses grosses fleurs ovales rouge-brun qui embaument en soirée au début de l'été, l'arbre aux anémones est une plante rare qui se rencontre rarement dans nos jardins. Son feuillage et son écorce ont également des fragrances très aromatiques.

Quelques astuces pour l'entretien

Le charme des plates-bandes de prairie réside dans leur aspect naturel. Il n'est donc pas nécessaire d'éliminer les fleurs fanées et les semis spontanés. Si vous souhaitez profiter de plusieurs floraisons successives et d'un feuillage renouvelé, rabattez vigoureusement les achillées et les monardes après leur première floraison pour en stimuler les bourgeons. Quand il est trop sec, le phlox est sujet aux moisissures. Arrosez-le régulièrement si les périodes de sécheresse se prolongent.

CI-DESSOUS Floraison chatoyante au cœur de l'été : la plume du Kansas, le rudbeckia 'Sunrise' aux fleurs jaunes et les inflorescences pourpres de l'hémérocalle 'Olive Bailey Langdon' animent harmonieusement cette plate-bande de prairie.

Variation du module 1 « magenta ton sur ton »

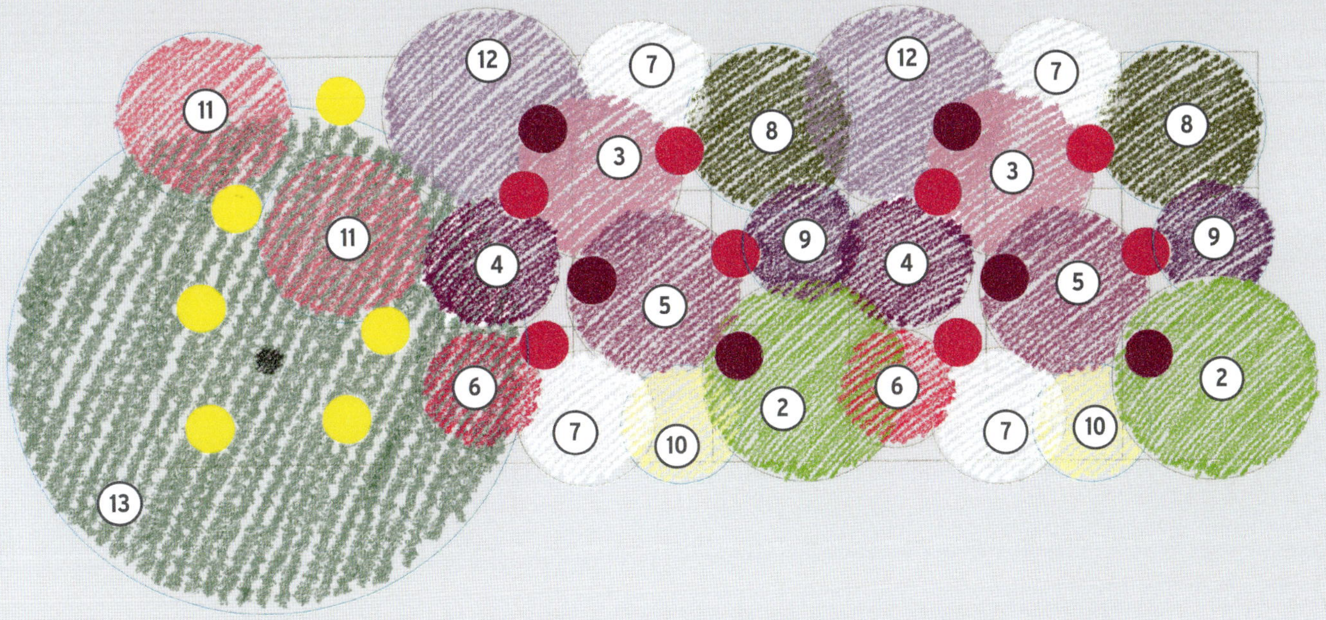

Liste d'achats
Plantes du module

(2) *Pennisetum alopecuroides* 'Hameln' (2)
(3) *Aster novae-angliae* 'Andenken an Paul Gerber' (2)
(4) *Monarda fistulosa* 'Purple Ann' (2)
(5) *Phlox amplifolia* 'Winnetou' (2)
(6) *Echinacea purpurea* 'Pica Bella' (2)
(7) *Achillea filipendulina* 'Heinrich Vogeler' (4)

3 × *Allium sphaerocephalon* (24)
3 × *Allium aflatunense* 'Purple Sensation' (18)

Plantes complémentaires

(8) *Panicum virgatum* 'Heavy Metal' (2)
(9) *Liatris spicata* (2)
(10) *Echinacea* 'Sunrise' (2)
(11) *Hemerocallis* 'Olive Bailey Langdon' (2)
(12) *Aster pringlei* 'Pink Star' (2)
(13) *Calycanthus floridus* (1)

3 × *Camassia leichtlinii* ssp. *leichtlinii* 'Semiplena' (18)

Module 2 : une variété de tons chauds

Ce module de plate-bande de prairie est caractérisé par des tons chauds qui s'expriment pleinement grâce à la multitude de leurs nuances. Les graminées pittoresques mettent en valeur les fleurs expressives des vivaces qui allient le jaune d'or et le rubis. Un grand classique parmi les plates-bandes de prairie !

IMPLANTATION :
dégagée, ensoleillée à semi-ombragée tout au plus
SOL :
sol meuble, perméable, argileux et humifère, riche en substances nutritives, surtout pas trop sec, bien drainé en hiver
DIMENSIONS :
1,2 × 1,2 m

Liste d'achats

① *Andropogon* 'Präriesommer' (1)
② *Calamagrostis brachytricha* (1)
③ *Phlox paniculata* 'Red Riding Hood' (2)
④ *Verbena bonariensis* (2)
⑤ *Rudbeckia fulgida* var. *sullivantii* 'Goldsturm' (2)
⑥ *Helenium* 'Rubinzwerg' (1)
⑦ *Hemerocallis* 'All American chief' ou 'Geronimo' (1)
⑧ *Monarda didyma* 'Squaw' (1)

Plan à l'échelle 1:20

Description des plantes du module

	◄ Andropogon *Andropogon gerardii* 'Präriesommer'	**Implantation :** ☼ EO 1-2 **Hauteur/Croissance :** 120 cm ; en touffe, port érigé	**Floraison :** août-sept., brun argenté **Soins :** sols pas trop riches, car risque d'inclinaison des tiges	**Variétés/Cultivars :** *Andropogon scoparius* 'Cairo' : 90 cm, août-sept., brunâtre, stable
	► Herbe aux diamants *Calamagrostis brachytricha*	**Implantation :** ☼ ◐ PB 2, EO 2, LP 2 **Hauteur/Croissance :** 120 cm ; en touffe, port redressé, feuilles retombantes	**Floraison :** sept.-nov., rose argenté **Soins :** rabattre au sol à la fin de l'hiver avant la reprise	**Variétés/Cultivars :** *Calamagrostis emodensis* : 90 cm, juill.-août, rose argenté, inflorescences retombantes
	◄ Hélénie *Helenium* 'Rubinzwerg'	**Implantation :** ☼ PB 2, EO 2 **Hauteur/Croissance :** 80 cm, port redressé, compact	**Floraison :** juill.-sept., rubis brunâtre **Soins :** rabattre après la floraison, diviser tous les 4 à 5 ans	**Variétés/Cultivars :** 'Double Trouble' : 80 cm, fleurs semi-doubles jaunes ; 'Luc' : 120 cm, juin-sept., rouge orangé
	► Hémérocalle *Hemerocallis* 'All American chief' ou 'Geronimo'	**Implantation :** ☼ PB 2, EO 2, LP 2 **Hauteur/Croissance :** 100 cm, en touffe, retombant	**Floraison :** juin-juill., rouge brique, centre jaune orangé **Soins :** fertiliser, éliminer les fleurs fanées, rabattre à l'automne	**Variétés/Cultivars :** 'Augustfreude' : 140 cm, juill.-août, jaune clair ; 'Little Joy' : miniature, 80 cm, juill.-août, rouge sang
	◄ Monarde *Monarda didyma* 'Squaw'	**Implantation :** ☼ PB 2 **Hauteur/Croissance :** 120 cm, port redressé	**Floraison :** juin-août, rouge écarlate **Soins :** arroser en période de sécheresse, rabattre après la floraison	**Variétés/Cultivars :** *Monarda fistulosa* 'Schneewolke' : 90 cm, juill.-août, blanc
	► Phlox paniculé *Phlox paniculata* 'Red Riding Hood'	**Implantation :** ☼ ◐ PB 2-3, EO 2-3, LP 2-3 **Hauteur/Croissance :** 60 cm, port érigé	**Floraison :** juill.-sept., rouge cerise **Soins :** humidifier le sol, éliminer les panicules fanées	**Variétés/Cultivars :** 'Furioso' : 120 cm, juill.-août, violet sombre avec du rouge ; 'Orange' : 80 cm, août-sept., rouge orangé
	◄ Rudbeckia *Rudbeckia fulgida* var. *sullivantii* 'Goldsturm'	**Implantation :** ☼ PB 2-3, EO 2-3, LP 2-3 **Hauteur/Croissance :** 80 cm, port érigé	**Floraison :** août-oct., jaune orangé, centre noir **Soins :** arroser en période sèche, éliminer les fleurs fanées, fertiliser	**Variétés/Cultivars :** 'Little Goldstar' : 50 cm, jaune doré et noire au milieu ; *R. maxima* : 160 cm, août-sept., jaune
	► Verveine de Buenos Aires *Verbena bonariensis*	**Implantation :** ☼ EO 1 **Hauteur/Croissance :** 120 cm, fleurs sur de longues tiges sans feuilles	**Floraison :** juill.-oct., violet bleuté **Soins :** durée de vie courte, mais se ressème facilement ; plantation au printemps	**Variétés/Cultivars :** 'Lollipop' : forme naine, 60 cm, juill.-oct., violet bleuté, ne produit pas de graines, doit être replantée

Calendrier des floraisons : une variété de tons chauds

N°	Nom botanique	Nom vernaculaire	Hauteur (cm)	I	II	III	IV	V	VI	VII	VIII	IX	X	XI	XII	Espacement (cm)	Plantes/m²
	Vivaces																
⑫	*Achillea filipendulina* 'Feuerland'	Achillée (▶ page 164)	80													40	6
⑪	*Aster laevis* 'Calliope'	Aster lisse (▶ page 166)	120													60	3
⑬	*Echinacea* 'Tomato Soup'	Rudbeckia (▶ page 168)	70													35	8
⑥	*Helenium* 'Rubinzwerg'	Hélénie	80													50	3
⑦	*Hemerocallis* 'All American chief' ou 'Geronimo'	Hémérocalle	100													60	2
⑧	*Monarda didyma* 'Squaw'	monarde	120													50	4
③	*Phlox paniculata* 'Red Riding Hood'	Phlox paniculé	60													50	4
⑤	*Rudbeckia fulgida* var. *sullivantii* 'Goldsturm'	Rudbeckia	80													50	4
⑨	*Rudbeckia missouriensis*	Rudbeckia (▶ page 172)	40													50	4
⑩	*Solidago* 'Strahlenkrone'	Solidage (▶ page 172)	60													50	4
④	*Verbena bonariensis*	Verveine de Buenos Aires	120													35	8
	Graminées																
①	*Andropogon gerardii* 'Präriesommer'	Andropogon	120													50	4
②	*Calamagrostis brachytricha*	Herbe aux diamants	120													70	2
	Sporobolus heterolepis 'Cloud'	Sporobole	50													40	6
	Plantes bulbeuses																
	Tulipa kaufmanniana 'Early Harvest'	Tulipe nénuphar (▶ page 172)	25													15	100
	Crocus flavus	Crocus doré	10													5	100

Plantes du module   Plantes complémentaires

Module 2

Une variété de tons chauds

Émanant des vastes prairies nord-américaines, un soupçon de charme plane sur ce module ensoleillé et haut en couleur. Les floraisons explosent dans des tons chauds et changeants de l'orangé et du rouge. Des représentantes séduisantes de variétés de vivaces typiques des prairies arborent leur floraison de l'été à l'automne en dynamisant le massif. Les fleurs rouge écarlate de la monarde 'Squaw' (*Monarda didyma*, n° 8) et celles aux tons rubis de l'hélénie 'Rubinzwerg' (*Helenium*, n° 6) tiennent compagnie aux inflorescences jaune vif du rudbeckia 'Goldsturm' (*Rudbeckia fulgida* var. *sullivantii*, n° 5) ; ces vivaces forment pendant plusieurs semaines un trio harmonieux. Si les pittoresques panicules mauves de la verveine de Buenos Aires (*Verbena bonariensis*, n° 4) apportent un contraste intéressant, elles exercent aussi une véritable séduction sur les papillons. Dès le mois de juillet, les inflorescences parfumées du phlox paniculé 'Red Riding Hood' (*Phlox paniculata*, n° 3) attirent le regard avec leur belle couleur rouge vif. Des graminées délicates telles que l'andropogon 'Präriesommer' (*Andropogon gerardii*, n° 1) et l'herbe aux diamants (*Calamagrostis brachytricha*, n° 2) accompagnent cette explosion de couleurs, à laquelle sont associées les petites fleurs rouge et jaune orangé de l'hémérocalle 'All American chief' ou 'Geronimo' (*Hemerocallis*, n° 7).

Adaptations et variations

Des vivaces aux fleurs mauves et jaunes peuvent venir enrichir la palette de cette plate-bande. Le solidage 'Strahlenkrone' *(Solidago)*, robuste et compact, sera du plus bel effet au premier plan du massif. Ne mesurant pas plus de 60 cm de haut, il séduira d'emblée par ses inflorescences jaune vif. L'aster lisse 'Calliope' *(Aster laevis)* suggère des nuances violettes et accompagne merveilleusement la verveine de Buenos Aires *(Verbena bonariensis)*.

Vous pourrez obtenir un module plus petit (0,8 × 0,8 m) en supprimant les bandes qui sont en bas de la trame et sur la droite. Sachez toutefois que cette plate-bande exprimera toute sa splendeur dans les dimensions que nous vous proposons. À l'inverse, elle peut être agrandie facilement et se transformer en massif insulaire en lui ajoutant deux à trois des variétés de plantes basses complémentaires. Regroupez les végétaux par deux ou trois pour apaiser le massif. Si vous aspirez à un plus grand foisonnement de couleurs, n'hésitez pas à piocher dans l'offre des plantes complémentaires et à vous référer à l'alternative proposée aux pages 56 et 57.

Ajout de plantes bulbeuses

Ceux qui souhaiteront animer la plate-bande dès la fin de l'hiver pourront lui ajouter quelques plantes bulbeuses. Avec la tulipe nénuphar 'Early Harvest' *(Tulipa kaufmanniana)* et le crocus doré *(Crocus flavus)*, que vous pourrez disposer en petites touffes entre les vivaces, vous profiterez dès le mois de mars de touches de couleur jaune d'or et rouge orangé.

Milieu de vie

Espaces ouverts frais (EO 2)

CI-DESSOUS

Le Rudbeckia 'Goldsturm' est un représentant très apprécié du genre Rudbeckia. C'est pour cette raison qu'il s'est imposé dans nos jardins et compte parmi les végétaux classiques des plates-bandes de prairie.

Variation du module 2 « une variété de tons chauds »

Avec quelques plantes complémentaires, vous pourrez agrandir cette plate-bande pour en faire un somptueux massif insulaire d'un diamètre de 2,2 m environ.

Les contrastes que forment le jaune d'or et le rouge vif vous séduisent ? Alors, n'hésitez pas à opter pour cette alternative. Ce massif aux dimensions raisonnables s'adapte à toutes les pelouses, mais aussi aux surfaces de gravier ou de dallage, notamment à côté d'une grande terrasse. Pour l'élaboration du plan, nous avons transformé le module « une variété de tons chauds » en un massif insulaire d'un diamètre de 2,2 m en ajoutant cinq végétaux choisis parmi les plantes complémentaires. Le module n'a pas été modifié en tant que tel. Pour intégrer harmonieusement les nouveaux végétaux, nous avons disposé l'herbe aux diamants (*Calamagrostis brachytricha*, n° 2), déjà présente dans le module 2, à deux endroits différents comme élément de liaison. L'aster 'Calliope' (*Aster laevis*, n° 11), qui fleurit dans les tons mauves jusqu'en novembre, élargit idéalement la palette chromatique. Dès le début du mois d'octobre, alors que la plupart des vivaces n'ont plus que quelques fleurs éparses pour évoquer leur splendeur passée, cet aster anime et renouvelle la plate-bande. Le solidage 'Strahlenkrone' (*Solidago*, n° 10) et le *Rudbeckia missouriensis* (n° 9) offrent des fleurs jaunes très lumineuses. Vous pourrez répartir ces végétaux de petite taille isolément ou par paires au premier plan du massif. Ceux qui ne se lassent pas des échinacées, plantes typiques des prairies, apprécieront le rudbeckia 'Tomato Soup' (*Echinacea*, n° 13) pour les inflorescences rouge tomate qu'il présente tout au long de l'été. Évoluant du rouge vif au jaune lumineux, les ombelles de l'achillée toute proche (*Achillea filipendulina* 'Feuerland', n° 12) créent un contraste très esthétique avec celles du rudbeckia.

CI-DESSOUS Cette plate-bande insulaire se présente sous son meilleur jour de juillet à septembre. Elle vous permettra de cueillir des bouquets de fleurs pour les vases de la maison.

Variation du module 2 « une variété de tons chauds »

Liste d'achats
Plantes du module

(1) *Andropogon gerardii* 'Präriesommer' (1)
(2) *Calamagrostis brachytricha* (3)
(3) *Phlox paniculata* 'Red Riding Hood' (2)
(4) *Verbena bonariensis* (2)
(5) *Rudbeckia fulgida* var. *sullivantii* 'Goldsturm' (2)
(6) *Helenium* 'Rubinzwerg' (1)
(7) *Hemerocallis* 'All American chief' ou 'Geronimo' (1)
(8) *Monarda didyma* 'Squaw' (1)

Plantes complémentaires

(9) *Rudbeckia missouriensis* (2)
(10) *Solidago* 'Strahlenkrone' (2)
(11) *Aster laevis* 'Calliope' (2)
(12) *Achillea filipendulina* 'Feuerland' (2)
(13) *Echinacea* 'Tomato Soup' (4)

Plantes bulbeuses

● 3 × *Tulipa kaufmanniana* 'Early Harvest' (15)

Module 3 : des végétaux assoiffés de soleil

Les prairies d'Amérique du Nord comportent également des implantations sèches : ce sont les prairies d'herbes rases et mixtes. Associant vivaces de prairie et graminées attractives, ce module présente un exemple de plate-bande haute en couleur. Facile à entretenir, elle est adaptée à tous ceux qui veulent surtout profiter de leur jardin.

IMPLANTATION :
dégagée, très ensoleillée
SOL :
meuble, perméable, sec, pas trop humide, bien drainé en hiver
DIMENSIONS :
1,6 × 0,8 m

Liste d'achats

① *Eragrostis trichodes* 'Bend' (1)
② *Stipa tenuissima* (3)
③ *Echinacea paradoxa* (3)
④ *Phlomis tuberosa* 'Amazone' (1)
⑤ *Echinacea pallida* (2)
⑥ *Agastache* 'Ayala' (2)
⑦ *Baptisia* 'Purple Smoke' (1)

Plantes bulbeuses

● 3 × *Allium atropurpureum* (9)

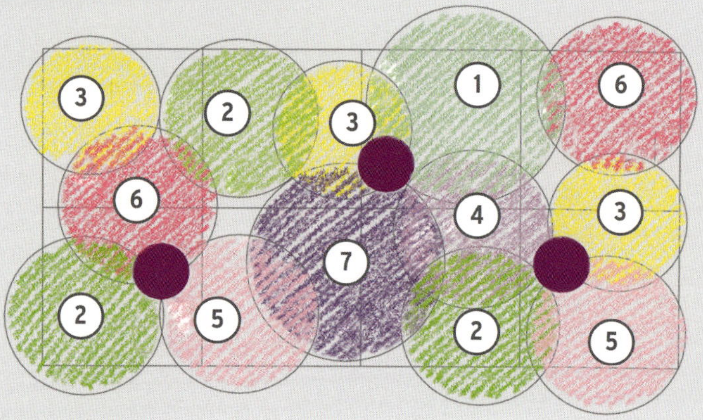

Plan à l'échelle 1:20

Description des plantes du module

◄ **Agastache**
Agastache 'Ayala'

Implantation :
☼
PB 2, EO 1
Hauteur/Croissance :
100 cm, port redressé, filigrane

Floraison : juin-oct., rose violacé
Soins : protéger contre la moisissure et l'humidité. Possibilité de rabattre avant la 1re floraison.

Variétés/Cultivars :
Agastache Rugosa 'Black Adder' : 80 cm, juin-sept., inflorescences bleu foncé à violettes

► **Baptisia**
Baptisia 'Purple Smoke'

Implantation :
☼
EO 1-2, LP 1-2
Hauteur/Croissance :
70 cm, semi-sphérique

Floraison : mai-juin, violet pourpre clair
Soins : tailler les pousses à la fin de l'automne, sinon très facile d'entretien

Variétés/Cultivars :
Baptisia alba var. *macrophylla*, faux lupin : 120 cm, mai-juin, blanc

◄ **Échinacée pâle**
Echinacea pallida

Implantation :
☼
EO 2, LP 2
Hauteur/Croissance :
80 cm, élancée, port érigé

Floraison : juill.-sept., rose clair
Soins : rabattre après la floraison

Variétés/Cultivars :
'Hula Dancer' : 80 cm, juill.-sept., blanc avec chatoiements roses

► **Échinacée pourpre rose**
Echinacea paradoxa

Implantation :
☼ ◑
EO1-2, LP 1-2
Hauteur/Croissance :
80 cm, port redressé

Floraison : juill.-oct., jaune, centre brunâtre
Soins : bien drainer le sol, rabattre complètement après la floraison

Variétés/Cultivars : —

◄ **Eragrostis**
Eragrostis trichodes 'Bend'

Implantation :
☼ EO 1-2
Hauteur/Croissance :
100 cm, filigrane, retombant en arc de cercle

Floraison : août-sept., rose-brun
Soins : rabattre avant maturation des graines pour empêcher le semis spontané, drainer le sol

Variétés/Cultivars :
Eragrostis spectabilis 'Purpurflirren' : 40 cm, rose violacé, feuillage teinté de rouge orangé

► **Phlomis tubéreux**
Phlomis tuberosa 'Amazone'

Implantation :
☼
EO 1, PB 1
Hauteur/Croissance :
70 cm, port érigé, compact

Floraison : juin-juill., rose-mauve
Soins : préfère des sols riches, fertiliser régulièrement

Variétés/Cultivars :
Phlomis russeliana : 80 cm, juin-juill., jaune

◄ **Cheveux d'ange**
Stipa tenuissima

Implantation :
☼
EO 1
Hauteur/Croissance :
80 cm, filigrane, port redressé

Floraison : juill.-août, blanc argenté
Soins : plantation au printemps conseillée ; pas de taille au printemps ou seulement très légère

Variétés/Cultivars :
Stipa pennata, stipe penné : 40 cm, juin-juill., argenté

Calendrier des floraisons : des végétaux assoiffés de soleil

N°	Nom botanique	Nom vernaculaire	Hauteur (cm)	I	II	III	IV	V	VI	VII	VIII	IX	X	XI	XII	Espacement (cm)	Plante/m²
	Vivaces																
	Achillea Millefolium 'Excel'	Achillée millefeuille	60													40	6
6	*Agastache* 'Ayala'	Agastache	100													50	4
7	*Baptisia* 'Purple Smoke'	Baptisia	70													50	4
5	*Echinacea pallida*	Échinacée pâle	80													35	8
3	*Echinacea paradoxa*	Échinacée pourpre jaune	80													35	8
	Gaura lindheimeri	Gaura de Lindheimer	35													35	8
	Geranium sanguineum 'Elsbeth'	Géranium sanguin	80													40	6
	Linum perenne 'Nanum Saphir'	Lin vivace	30													25	16
4	*Phlomis tuberosa* 'Amazone'	Phlomis tubéreux	70													50	4
	Graminées																
	Andropogon scoparius 'Cairo'	Andropogon	80													70	2
	Calamagrostis × acutiflora 'Karl Foerster'	Calamagrostide lancéolée	140													90	1
1	*Eragrostis trichodes* 'Bend'	Eragrostis	100													50	4
2	*Stipa tenuissima*	Cheveux d'ange	80													30	11
	Plantes bulbeuses																
	Allium nigrum	Ail des Indes (▶ page 165)	80													40	6
	Allium atropurpureum	Ail pourpre (▶ page 164)	80													20	12
	Tulipa bakeri 'Lilac Wonder'	Tulipe	15													25	12
	Tulipa clusiana 'Cynthia'	Tulipe	30													10	100

Plantes du module   Plantes complémentaires

Module 3

Des végétaux assoiffés de soleil

Les périodes de sécheresse ne sont pas problématiques pour ce module. Pendant les grosses chaleurs, le massif peut parfaitement être livré à lui-même, et ses fleurs chatoyantes et diversifiées vous charmeront assurément du printemps à l'automne. Offrant de mai à juin une floraison bleu violacé, le baptisia 'Purple Smoke' (*Baptisia*, n° 7), à la forme sphérique et compacte et au feuillage attractif, est un véritable point de mire jusqu'en automne. Les capsules rouge bordeaux de l'ail pourpre *(Allium atropurpureum)* se balancent de juin à juillet au bout de leurs tiges. Rassemblés en petits groupes, ces végétaux animent merveilleusement la plate-bande. Au cœur de l'été, les fleurs de l'échinacée pourpre jaune (*Echinacea paradoxa*, n° 3) s'étendent telle une bande lumineuse. Environnée de la magnifique graminée cheveux d'ange aux longues tiges jaune argenté (*Stipa tenuissima*, n° 2) et du délicat eragnostis (*Eragrostis trichodes*, n° 1), cette échinacée sert de lien entre l'agastache 'Ayala' (*Agastache*, n° 6), aux épis violets, et le phlomis tubéreux (*Phlomis tuberosa*, n° 4) en créant un contraste dynamisant. De son côté, l'échinacée pâle (*Echinacea pallida*, n° 5) intègre le rose à cette riche palette de couleurs.

Adaptations et variations

Diversifiant esthétiquement ce module, le gaura de Lindheimer *(Gaura lindheimeri)*, à la floraison blanche abondante, est un représentant typique des végétaux des prairies nord-américaines. Ceux qui préfèrent les couleurs lumineuses pourront ajouter au premier plan du massif une plante couvre-sol, comme le géranium sanguin 'Eslbeth' aux fleurs rose pourpre, spectaculaires en automne. En touffes de deux ou trois, l'achillée millefeuille 'Excel' accompagnera idéalement l'échinacée rose. Le lin vivace 'Nanum Saphir' bleu ciel fleurit de juin à fin août. Avec son port étalé, il trouvera sa place au premier plan du massif où il créera un lien de couleur avec le baptisia 'Purple Smoke'. Pour réduire le module, contentez-vous d'éliminer la bande de droite de la trame (dimensions de la plate-bande : 1,2 × 0,8 m) et de préserver l'arrangement des couleurs. En revanche, vous pourrez l'agrandir à volonté en juxtaposant ses reproductions ou en l'aménageant en forme de L.

Ajout de plantes bulbeuses

Dès la fin mars, les premières tulipes 'Lilac Wonder' *(Tulipa bakeri)* s'ouvrent en offrant leurs pétales rose-mauve dont la base est illuminée de jaune. En avril, la tulipe 'Cynthia' élancée prend le relais avec des fleurs jaunes à l'intérieur et rouge carmin à l'extérieur. Ces dernières s'épanouissent en même temps que les jeunes pousses des vivaces et graminées à la floraison plus tardive. Nous vous conseillons de répartir les tulipes en plusieurs petits groupes de deux ou trois entre les vivaces.

Milieu de vie :
Espaces ouverts secs (EO 1)

CI-DESSOUS
L'achillée millefeuille 'Excel' est une variété envoûtante qui apprécie les implantations sèches. Avec ses fleurs rouge-mauve à rosees, elle s'intègre parfaitement à cette plate-bande de prairie.

Plates-bandes de gravier envoûtantes

Les plates-bandes et jardins de gravier sont également très en vogue dans l'aménagement des espaces verts. L'harmonieuse combinaison de plantes au feuillage gris ou argenté, de fleurs colorées et de surfaces de gravier ou de cailloux est empreinte d'un charme tout particulier. Évoquant les steppes lointaines et sauvages, les plates-bandes de gravier séduisent par leur entretien facile et leurs floraisons luxuriantes, ainsi que par leur caractère méditerranéen.

Dans la période actuelle marquée par les changements climatiques, les jardins de gravier peuvent être aménagés et entretenus facilement dans des espaces chauds et secs. Ils sont donc très intéressants du point de vue écologique.

IL N'EST PAS TOUJOURS FACILE de proposer aux plantes exigeantes des sols suffisamment riches et humidifiés, et donc des conditions d'implantation appropriées. Correspondant au milieu de vie « espaces ouverts secs » (EO 1-2), les sols sableux et pauvres qui s'assèchent vite en plein soleil sont fréquents sous nos latitudes. Nous disposons toutefois d'une large palette de plantes idéalement adaptées à ces conditions d'implantation particulières.

Ceux qui apprécient les massifs aux couleurs somptueuses, mais qui ont peu de temps à consacrer à leur entretien trouveront leur bonheur avec les plates-bandes de gravier. Assez naturelles dans leur aspect, ces dernières, comme les massifs de prairie, comptent parmi les thématiques souvent abordées par le « New German Style ».

Caractère

Les graminées ondulantes et pittoresques, les arbrisseaux au feuillage persistant, comme la lavande *(Lavandula)* ou la santoline *(Santolina)*, qui apportent même en hiver couleurs et structure à la plate-bande, ainsi que les vivaces souvent aromatiques, comme l'origan *(Origanum)* ou l'euphorbe *(Euphorbia)* plantent le décor. Les ligneuses telles que l'olivier de Bohême *(Elaeagnus angustifolia)* et le poirier à feuilles de saule *(Pyrus salicifolia)* sont également du plus bel effet.

Les surfaces de cailloux ou de gravier ne sont pas seulement des éléments importants de ces compositions, ils constituent aussi la base d'une plantation qui fonctionne et confèrent aux plates-bandes et jardins de gravier leur caractère authentique.

Comme de nombreuses plantes typiques du milieu de vie « espaces ouverts secs » (EO 1) sont originaires du pourtour méditerranéen, les plates-bandes de gravier s'aménagent facilement dans un style méditerranéen.

Possibilités d'intégration dans le jardin

L'aménagement d'une plate-bande ou d'un jardin de gravier ne dépendra pas de vos seuls souhaits,

mais sera surtout fonction de la situation de votre jardin.
Les petits terrains orientés plein sud, notamment les jardins de maisons mitoyennes, sont pleinement prédisposés au massif de gravier. Vous pourrez également aménager une plate-bande de gravier en bordure d'une terrasse ou près d'un coin détente. Dans ce cas, harmonisez le substrat, les pierres et les dalles de la terrasse aussi bien en termes de matériau que de couleur. Les murs bas de pierres sèches offrent un cadre adapté et constituent en outre un merveilleux réservoir de chaleur pour les végétaux sensibles. Vous devrez d'abord réfléchir à l'aspect de votre massif : doit-il paraître naturel et sans contraintes ou au contraire formel et moderne ? Si vous souhaitez intégrer une plate-bande de gravier à votre pelouse, vous devrez tenir compte de sa bordure pour faciliter la tonte. Les dalles de pierre irrégulières seront davantage adaptées aux massifs à l'aspect naturel. Les plates-bandes résolument modernes pourront être bordées de pierres carrées ou rectangulaires. Les surfaces de gravier qui s'étendent entre les différentes zones de plantation vous permettront de disposer des chaises ou un banc. Vous pourrez ainsi profiter de l'été dans un environnement méditerranéen.

Principes d'aménagement et de planification

Que vous aspiriez à un espace naturel ou, au contraire, moderne et formel, les jardins de gravier vous laissent une grande liberté d'action. Vous en déterminerez l'effet produit par le choix et la disposition des plantes : pour obtenir une plantation pittoresque et romantique, n'hésitez pas à associer librement de nombreuses espèces aux aspects divers. Mais pourquoi ne pas se limiter aux plantes indigènes, si tel est votre choix. Pour un jardin moderne et puriste, quelques variétés seulement viendront s'aligner, se regrouper ou se répéter à un rythme régulier. Les surfaces de pierres et de gravier domineront et pourront être ornées de jardinières et sculptures modernes. Les modules pourront s'étendre en toute décontraction, et même les jardiniers débutants ne seront pas à court d'idées.

CI-DESSUS
Les inflorescences jaune d'or du stipe géant s'associent merveilleusement aux délicates fleurs bleu lavande de la sauge de Sibérie.

Les plates-bandes de gravier ne nécessitent pas d'être plantées de vivaces en rangs serrés. Les végétaux peuvent aussi être disposés isolément ou en groupes de deux ou trois. N'hésitez pas à faire votre choix parmi les plantes proposées et à laisser libre cours à votre imagination.

Conditions d'implantation

Les plates-bandes de gravier font partie du milieu de vie « espaces ouverts » (EO 1-2), car elles ont besoin d'un terrain dégagé, d'une exposition ensoleillée et d'un sol perméable, sableux à graveleux, qui ne doit pas être trop riche en nutriments. Il importe surtout qu'il soit parfaitement drainé pendant la période hivernale et que les fortes pluies puissent être absorbées rapidement. Les vivaces de ce milieu de vie ont besoin d'avoir « les pieds » au sec.

CI-DESSOUS Voici un exemple réussi de jardin de gravier décontracté. L'allée de dalles permet de profiter des plantes et des insectes et de les approcher de près.

Préparation du sol

Si le sol est sableux et perméable, vous pourrez vous contenter de bêcher soigneusement la terre. Vous n'aurez pas à ajouter d'engrais organiques ou minéraux dans la mesure où les plantes de ce milieu de vie ont besoin de peu de nutriments. En revanche, vous devrez ameublir le sol s'il est lourd et argileux pour répondre aux exigences des végétaux.

Si le sol ne convient pas du tout parce qu'il est lourd, argileux et imperméable et que vous n'avez pas d'autre alternative, il sera préférable de remplacer la terre (page 34). Vous pourrez la drainer en ajoutant une épaisseur de gravillon grossier de 10 cm environ.

Le nouveau sol – un mélange de gravillon (40 % de grains d'une dimension de 8-32 mm), de sable propre (40 %) et de compost (20 %) – sera parfaitement adapté. La plupart des plantes des jardins de gravier préfèrent les sols calcaires. Optez de ce fait pour des gravillons calcaires.

Gravillon et gravier décoratifs

Le substrat qui couvre la plate-bande, les espaces dégagés et les allées détermine l'apparence d'un jardin de gravier. Pour le choisir, vous devrez tenir compte des couleurs des végétaux, mais également de celles des façades, des murs et des autres éléments décoratifs.

Nous vous conseillons des coloris délicats et discrets, comme le beige ou le gris clair. Le gravier blanc manque cruellement de douceur. En outre, son encrassement est nettement plus visible.

Le gravillon ornemental est un matériau broyé, tandis que les graviers ont des bords arrondis. Vous pourrez vous les procurer tous les deux dans des couleurs, des variétés et des grains différents. Les grains de 8-16 mm sont standards. Mais il existe aussi des grains plus grossiers (jusqu'à 60 mm). Ces derniers ne doivent pas servir de paillis, mais uniquement d'éléments décoratifs pour certaines zones.

Plantation

Idéalement, la plantation doit avoir lieu de début avril à fin mai. Elle est également possible à la fin de l'été ou au début de l'automne, mais il faudra couvrir les arbrisseaux sensibles comme le caryoptéris et le pérovskia pour les protéger du gel, à moins que vous ne les plantiez qu'au printemps suivant. Couvrez ensuite la plantation d'une couche de paillis minéral de 4 cm environ (gravillon ou gravier de 8-11 ou 5-16 mm). Elle préviendra l'évaporation et contiendra les mauvaises herbes aussi longtemps que le tapis végétal n'aura pas pris possession de la plate-bande. Toutefois, évitez le mulch au niveau des racines des plantes. Vous pourrez également étaler la couche de paillis avant la plantation.

Soins au fil de l'année

Un jardin n'est jamais achevé : ce constat s'applique aussi aux plates-bandes et jardins de gravier dans la mesure où ils sont un modèle de plantation dynamique. S'ils suivent le rythme des saisons, ils se modifient également au fil des années dans le cadre d'un processus passionnant que vous maîtriserez plus ou moins.
Il est important que les vivaces et arbrisseaux que vous planterez puissent s'épanouir pleinement sans être étouffés par les mauvaises herbes, et cela sur un ou deux ans. Veillez à ce que les intrus n'envahissent pas la plate-bande. Après la plantation, contrôlez le massif régulièrement afin d'en éliminer les mauvaises herbes le plus tôt possible.
Par la suite, la plate-bande suivra sa propre dynamique par le semis spontané et les transformations des vivaces éphémères ou par la croissance progressive d'espèces comme le phlomis tubéreux ou l'épiaire *(Stachys)*. Vous déciderez à ce moment-là du type d'intervention à entreprendre pour conserver l'aspect que vous souhaitez donner au massif. Si le pavot *(Papaver)*, la valériane *(Centranthus)* ou l'onagre *(Oenothera)* se multiplient en excès, vous en éliminerez les semis spontanés. Pour empêcher ces plantes de se ressemer abondamment, n'hésitez pas à couper les fleurs fanées le plus tôt possible.
À la fin de l'hiver, rabattez au sol les graminées et vivaces mortes avant d'évacuer complètement les déchets de la plate-bande. Rabattez les arbrisseaux, tels que le caryoptéris et le pérovskia à 10 cm environ au-dessus du sol. Taillez la sauge officinale *(Salvia officinalis)* à la fin de l'hiver ou après la floraison quand elle a atteint des dimensions trop importantes. Sur les jeunes plants de lavande, coupez au printemps les tiges défleuries le plus près possible de leur base, puis rabattez les branches de la moitié de leur longueur pour provoquer le départ de nouvelles pousses qui viendront épaissir la touffe. Ces dernières donneront au massif une structure séduisante, même en hiver. Au printemps, après la floraison, rabattez quasiment au sol les tiges fanées de l'euphorbe *(Euphorbia)*.
Pensez également à renouveler le paillis de gravier ou de gravillon si cela vous paraît nécessaire d'un point de vue esthétique.

CI-DESSOUS Les petites plates-bandes de gravier ne manquent pas de charme : les petites fleurs étoilées de la gloire des neiges *(Chionodoxa)* et annonciatrices du printemps se renouvellent chaque année.

CI-CONTRE

Les inflorescences orangées de l'imposant tison de Satan attirent le regard. Les asters violets, le rudbeckia jaune, les renouées ornementales rouges et le yucca 'Bright Edge', avec son feuillage contrasté jaune et vert, forment un contrepoint dynamique.

Module 1 : un élégant jeu de couleurs

Pour les amateurs de combinaisons de plantes élégantes et diversifiées, ce module est une bonne entrée en matière pour aménager un jardin de gravier, dont l'apogée de la floraison se situe au début de l'été. Les plantes complémentaires vous offriront une multitude de variations sur ce thème.

IMPLANTATION :
dégagée, plein soleil
SOL :
sec, sableux, très perméable, calcaire, pauvre en nutriments, bien drainé surtout en hiver
DIMENSIONS :
0,8 × 1,2 m

Liste d'achats

① *Iris barbata-elatior* 'Lovely Again' (1)
② *Salvia nemorosa* 'Caradonna' (1)
③ *Papaver orientale* 'Karine' (1)
④ *Centranthus ruber* 'Albus' (1)
⑤ *Euphorbia seguieriana* ssp. *niciciana* (1)
⑥ *Centaurea montana* 'Purple Prose' (1)
⑦ *Stachys byzantina* 'Silver Carpet' (3)

Plantes bulbeuses
● 3 × *Allium* 'Forelock' (12)

Plan à l'échelle 1:20

Description des plantes du module

◄ Bleuet des montagnes
Centaurea montana
'Purple Prose'

Implantation :
☼ ◑
EO 1-2, PB 1-2, LP 1-2
Hauteur/Croissance :
50 cm, en touffe, rhizome rampant

Floraison : mai-juin, rose pourpre profond
Soins : rabattre après la floraison stimule la 2e floraison et empêche le semis spontané

Variétés/Cultivars :
Centaurea montana 'Carnea' : 50 cm, mai-juill., rose clair

► Valériane des jardins
Centranthus ruber
'Albus'

Implantation :
☼
EO 1
Hauteur/Croissance :
40 cm, abondante, port redressé à lâche

Floraison : juin-sept., blanc
Soins : rabattre après la floraison stimule la 2e floraison et empêche le semis spontané

Variétés/Cultivars :
Centranthus ruber var. *coccineus* 'Rosenrot' : 50 cm, rouge clair ; *Centranthus angustifolius* : 30 cm, rose

◄ Euphorbe de Séguier
Euphorbia seguieriana
ssp. *niciciana*

Implantation :
☼
EO 1-2
Hauteur/Croissance :
60 cm, buissonnant, touffe semi-sphérique

Floraison : juin-oct., jaune clair
Soins : peut être rabattu fortement, nouvelles pousses

Variétés/Cultivars :
Euphorbia myrsinites : 20 cm, mai-juin, jaune clair, feuillage bleu-gris persistant

► Iris barbata-elatior
Iris barbata-elatior
'Lovely Again'

Implantation :
☼
PB 1-2, EO 1-2
Hauteur/Croissance :
80 cm, port redressé, feuillage gladié

Floraison : mai-juin, sept., bleu lavande
Soins : éliminer uniquement les feuilles jaunies ; ne pas recouvrir le rhizome de terre

Variétés/Cultivars :
'Gypsy Romance' : 90 cm, violet-pourpre ; 'K. H. Darwin', 80 cm, blanc avec nervures violettes

◄ Pavot d'Orient
Papaver orientale
'Karine'

Implantation :
☼
PB 1-2, EO 1-2
Hauteur/Croissance :
60 cm, touffes redressées

Floraison : mai-juin, rose clair, taches rouges
Soins : le feuillage disparaît après la floraison, couper les fleurs fanées

Variétés/Cultivars :
'Royal Wedding' : 70 cm, mai-juin, blanc tacheté de noir

► Sauge des bois
Salvia nemorosa
'Caradonna'

Implantation :
☼
PB 1-2, EO 1-2
Hauteur/Croissance :
70 cm, port érigé

Floraison : juin, sept., violet foncé
Soins : rabattre au sol après la 1re floraison pour stimuler la 2e

Variétés/Cultivars :
'Ostfriesland' : 50 cm, juin, sept., bleu violacé ; 'Viola Klose' : 40 cm, mai-juin, sept., violet foncé

◄ Épiaire laineuse
Stachys byzantina
'Silver Carpet'

Implantation :
☼
EO 1
Hauteur/Croissance :
20 cm, en tapis

Floraison : juin-juill., gris argenté
Soins : éviter les sols mal drainés

Variétés/Cultivars :
'Big Ears' : 50 cm, juin-juill., rose-mauve, persistant, croissance en tapis

Calendrier des floraisons : un élégant jeu de couleurs

N°	Nom botanique	Nom vernaculaire	Hauteur (cm)	I	II	III	IV	V	VI	VII	VIII	IX	X	XI	XII	Espacement (cm)	Plantes/m²
	Vivaces																
⑥	*Centaurea montana* 'Purple Prose'	Bleuet des montagnes	50													40	6
④	*Centranthus ruber* 'Albus'	Valériane des jardins	40													45	4
⑤	*Euphorbia seguieriana* ssp. *niciciana*	Euphorbe de Séguier	60													40	6
①	*Iris barbata-elatior* 'Lovely Again'	Iris barbata-eliator	100													40	6
	Lychnis coronaria	Coquelourde des jardins	70													50	4
	Nepeta racemosa 'Odeur Citron'	Herbe à chat	25													35	8
③	*Papaver orientale* 'Karine'	Pavot d'Orient	60													70	2
②	*Salvia nemorosa* 'Caradonna'	Sauge des bois	70													35	8
	Sedum 'Karfunkelstein'	Orpin 'Karfunkelstein'	40													45	4
⑦	*Stachys byzantina* 'Silver Carpet'	Épiaire laineuse	20													30	11
	Graminées																
	Stipa gigantea	Stipe géant	160													90	1
	Plantes bulbeuses																
	Allium 'Forelock'	Ail d'ornement (▶ page 165)	140													10	15
	Gladiolus communis ssp. *byzantinus*	Glaïeul de Byzance	60													20	60

Plantes du module   Plantes complémentaires

Module 1

Un élégant jeu de couleurs

Ce massif séduit par son choix de couleurs élégant et délicat, ainsi que par le contraste dynamique des fleurs et des feuilles. Positionné devant un mur bas de pierres sèches, il attirera le regard toute l'année. Sa floraison connaît son apogée en juin, quand l'iris barbata-elatior 'Lovely' (n° 1) ouvre pour la première fois ses fleurs bleu lavande. Il fleurit une seconde fois à l'automne de manière tout aussi éblouissante. Après la floraison, son feuillage clairement structuré, en forme de glaive, forme un contraste étonnant avec la valériane des jardins (*Centranthus ruber*, n° 4) aux inflorescences blanches et gaies. Les ombelles jaune-vert de l'euphorbe de Séguier (*Euphorbia seguieriana* ssp. *niciciana*, n° 5) apaisent la plate-bande, tandis que les fleurs rose pur du pavot d'Orient 'Karine' (*Papaver orientale*, n° 3) s'imposent avec charme. Leurs compagnons ne sont pas moins impressionnants, si l'on considère l'harmonieux bleuet des montagnes 'Purple Prose' (*Centaurea montana*, n° 6) et la sauge des bois 'Caradonna' (*Salvia nemorosa*, n° 2) avec son port érigé et ses épis violets tirant sur le noir, deux plantes qui n'hésitent pas à prendre la place du pavot s'évanouissant après la floraison.
L'épiaire laineuse 'Silver Carpet' (*Stachys byzantina*, n° 7) s'étend tel un épais tapis argenté au milieu des plantes en fleurs, tandis que les têtes pittoresques de l'ail d'ornement 'Forelock', perchées sur des tiges qui atteignent 1,5 m de haut, entament leur danse folle autour du massif.

Adaptations et variations

Si vous disposez d'une surface de jardin suffisante, vous pourrez reproduire ce module en miroir ou en le juxtaposant plusieurs fois. Vous souhaitez plus de couleurs ? Les inflorescences rouge violacé du glaïeul de Byzance (*Gladiolus communis* ssp. *Byzantinus*), qui résiste aux rigueurs de l'hiver, ou la coquelourde des jardins pourront remplacer la valériane blanche des jardins 'Albus' (*Centranthus ruber*). Pourquoi ne pas étendre à volonté le tapis argenté de l'épiaire laineuse 'Silver Carpet' en bordure de la plate-bande ? Ou bien l'étirer en larges bandes à l'intérieur du massif ? Vous aurez aussi tout loisir de supprimer l'épiaire et de la remplacer par des plantes complémentaires. Dans ce cas, laissez-vous séduire par l'orpin 'Karfunkelstein' *(Sedum)* aux feuilles rouge foncé charnues ou par la petite herbe à chat 'Odeur Citron' *(Nepeta racemosa)*, qui traversera l'été en arborant ses fleurs violettes et ses feuilles parfumées. Pour oser un tableau plus pittoresque encore, espacez davantage les végétaux de manière à créer un massif insulaire aux formes arrondies ou irrégulières, où vous pourrez regrouper les plantes par espèces.

Milieu de vie :
Espaces ouverts (EO 1)

CI-DESSOUS Le glaïeul de Byzance est une variété très appréciée qui résiste aux rigueurs de l'hiver, contrairement à beaucoup de ses cousins.

Module 2 : un soupçon de Méditerranée

Ce module de plate-bande simple et réduit vous permettra de conférer un charme méditerranéen à votre jardin. Les surfaces de gravier mêlées au dallage que l'on trouve dans le Sud vous permettront d'obtenir un résultat du plus bel effet.

IMPLANTATION :
plein soleil, protégée du vent

SOL :
sec, caillouteux-sableux, très perméable, calcaire, pauvre en nutriments, bien drainé surtout en hiver

DIMENSIONS :
0,8 × 1,2 m

Liste d'achats

① *Pyrus salicifolia* 'Pendula' (1)
② *Lavandula angustifolia* 'Miss Katherine' (2)
③ *Geranium Renardii* 'Philippe Vapelle' (2)
④ *Euphorbia characias* ssp. *wulfenii* 'Shorty' (1)
⑤ *Santolina chamaecyparissus* (1)
⑥ *Perovskia atriplicifolia* 'Little Spire' (1)
⑦ *Linaria purpurea* (1)

Plantes bulbeuses

● 1 × *Allium christophii* (5)

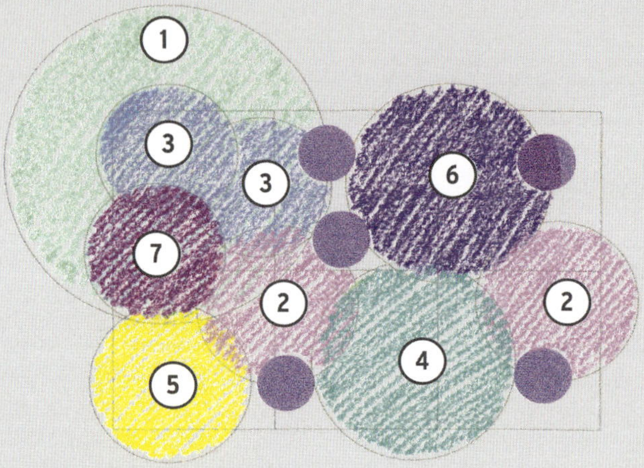

Plan à l'échelle 1:20

Description des plantes du module

◄ Euphorbe characias
Euphorbia characias ssp. *wulfenii* 'Shorty'

Implantation :
☼
EO 1
Hauteur/Croissance : 80 cm, buissonnant et en touffe

Floraison : mai-juin, jaune clair
Soins : rabattre au sol les inflorescences fanées

Variétés/Cultivars : *Euphorbia polychroma* 'Purpurea', euphorbe polychrome : 40 cm, avr.-mai, feuillage jaune et rougeoyant

► Géranium à feuilles de crêpe
Geranium Renardii 'Philippe Vapelle'

Implantation :
☼
EO 1-2
Hauteur/Croissance : 45 cm, en touffes gracieuses, persistant

Floraison : juin-juill., violet, veinures sombres
Soins : rabattre en fin d'hiver ou après floraison fin juillet

Variétés/Cultivars : *Geranium renardii* : 25 cm, blanc, robuste, couvre-sol persistant

◄ Lavande officinale
Lavandula angustifolia 'Miss Katherine'

Implantation :
☼
EO 1
Hauteur/Croissance : 60 cm, arbrisseau sphérique

Floraison : juin-juill., rose
Soins : tailler légèrement au printemps et après la floraison

Variétés/Cultivars : 'Jamlitz' : 50 cm, violet bleuté ; 'Blue Mountain White' : 60 cm, blanc ; 'Blue Cushion' : 30 cm, violet clair

► Linaire pourpre
Linaria purpurea

Implantation :
☼
EO 1
Hauteur/Croissance : 70 cm, port dressé et lâche

Floraison : juill.-oct., violet pourpre
Soins : pour empêcher le semis spontané, couper rapidement les tiges fanées

Variétés/Cultivars : 'Alba' : 70 cm, blanc ; 'Canon J. Went' : 70 cm, rose

◄ Sauge d'Afghanistan
Perovskia atriplicifolia 'Little Spire'

Implantation :
☼
EO 1
Hauteur/Croissance : 80 cm, arbrisseau redressé buissonnant

Floraison : août-sept., bleu violacé
Soins : rabattre au sol en fin d'hiver, drainer le sol

Variétés/Cultivars : 'Blue Spire' : 150 cm, bleu violacé

► Poirier à feuilles de saule
Pyrus salicifolia 'Pendula'

Implantation :
☼
Hauteur/Croissance : 5 m, pleureur

Floraison : avr.-mai, blanc, discret
Soins : se taille facilement à la forme souhaitée

Variétés/Cultivars : –

◄ Santoline petit cyprès
Santolina chamaecyparissus

Implantation :
☼
EO 1
Hauteur/Croissance : 40 cm, arbrisseau compact

Floraison : juill.-août, jaune
Soins : le tailler pendant la pousse et après la floraison, le protéger en hiver

Variétés/Cultivars : *Santolina rosmarinifolia* ssp. *rosmarinifolia*, santoline à feuilles de romarin : 50 cm, jaune clair

Calendrier des floraisons : un soupçon de Méditerranée

N°	Nom botanique	Nom vernaculaire	Hauteur (cm)	I	II	III	IV	V	VI	VII	VIII	IX	X	XI	XII	Espacement (cm)	Plantes/m²
	Vivaces																
④	*Euphorbia characias* ssp. *wulfenii* 'Shorty'	Euphorbe characias	80													50	3
③	*Geranium Renardii* 'Philippe Vapelle'	Géranium à feuilles de crêpe	45													30	11
②	*Lavandula angustifolia* 'Miss Katherine'	Lavande officinale	60													30	11
⑦	*Linaria purpurea*	Linaire pourpre	65													30	11
	Origanum Laevigatum 'Aromatico'	Marjolaine	30													30	11
⑥	*Perovskia atriplicifolia* 'Little Spire'	Sauge d'Afghanistan	75													80	1
⑤	*Santolina chamaecyparissus*	Santoline petit cyprès	40													40	6
	Thymus doerfleri 'Bressingham Seedling'	Thym	5													25	16
	Yucca filamentosa	Yucca filamenteux	60													90	1
	Graminées																
⑨	*Helictotrichon sempervirens* 'Saphirsprudel'	Avoine vivace (▶ page 169)	100													60	2
	Plantes ligneuses																
⑧	*Juniperus scopulorum* 'Blue Arrow'	Genévrier (▶ page 170)	600														
①	*Pyrus salicifolia* 'Pendula'	Poirier à feuilles de saule	500														
	Plantes bulbeuses																
	Allium christophii	Ail de Perse (▶ page 164)	40													30	6
	Allium karataviense 'Ivory Queen'	Ail d'ornement	20													30	11
	Tulipa turkestanica	Tulipe du Turkestan (▶ page 173)	25													10	100

Plantes du module — Plantes complémentaires

Module 2

Un soupçon de Méditerranée

Beaucoup de plantes de jardins de gravier préférant le milieu de vie « espaces ouverts » (EO 1) sont d'origine méditerranéenne. La lavande en est la plus célèbre représentante, mais les herbes aromatiques comme la sauge officinale *(Salvia officinalis)* et le thym *(Thymus)* proviennent aussi du Sud ensoleillé avec tout ce qui le caractérise. Certaines plantes méditerranéennes, comme l'agave, l'olivier ou le cyprès, résistent mal aux rigueurs de l'hiver sous nos latitudes. Il faut donc trouver des alternatives adaptées. Le genévrier 'Blue Arrow' *(Juniperus scopulorum)* se substitue agréablement au cyprès, tandis que le yucca filamenteux persistant *(Yucca filamentosa)* évoque l'agave. Les conifères nains comme le pin sylvestre 'Watereri' sont une bonne alternative aux pins, surtout pour les petits massifs. Dans ce module, nous avons remplacé l'olivier par le poirier à feuilles de saule 'Pendula' (*Pyrus salicifolia*, n° 1) qui, en compagnie du géranium à feuilles de crêpe 'Philippe Vapelle' (*Geranium Renardii*, n° 3), structure et apaise l'ensemble, et pourra être taillé dans la forme souhaitée. Offrant ses épis roses en juillet, la lavande 'Miss Katherine' verdoyante (*Lavandula angustifolia*, n° 2) égaie également la plate-bande en hiver pendant que la linaire pourpre (*Linaria purpurea*, n° 7), une vivace méditerranéenne, la dynamise. Se propageant par un semis spontané, cette dernière tend à modifier l'aspect du massif, sauf si l'on coupe à temps les fleurs montées à graines. L'euphorbe characias (*Euphorbia characias* ssp. *Wulfenii*, n° 4) séduit par sa croissance compacte et ses grandes inflorescences jaune-vert, ainsi que par son beau feuillage persistant. La santoline petit cyprès (*Santolina chamaecyparissus*, n° 5), persistante elle aussi, peut être taillée dans la forme souhaitée. Ses petites fleurs jaunes qui s'ouvrent en juillet contrastent harmonieusement avec les ombelles violettes de l'ail d'ornement *(Allium christophii)* et les panicules bleues de la sauge d'Afghanistan 'Little Spire' (*Perovskia atriplicifolia*, n° 6).

Adaptations et variations

Pour obtenir un petit jardin de gravier qui s'étend devant une terrasse ensoleillée, vous pourrez reproduire plusieurs fois le module et l'associer à des dalles de pierre. Dans ce cas, supprimez le poirier à feuilles de saule ou remplacez-le par des vivaces ou des ligneuses figurant dans la liste. L'avoine vivace 'Saphirsprudel' *(Helictotrichon sempervirens)*, au feuillage bleu acier, pourra se substituer à la sauge d'Afghanistan 'Little Spire' et à la santoline. Avec ses petites fleurs délicates, elle s'harmonisera merveilleusement avec l'euphorbe characias. Pour obtenir un effet plus formel, remplacez le poirier par le genévrier 'Blue Arrow' *(Juniperus scopulorum)*. Le plan figurant sur les pages 76-77 vous montrera concrètement ce que cela peut donner.

Ajout de plantes bulbeuses

La belle tulipe du Turkestan élancée *(Tulipa turkestanica)* ouvre ses fleurs blanc crème avec leur centre noir en mars et se ressème spontanément au fil des années. Il suffira donc de planter une à deux touffes de trois oignons chacune entre les vivaces.

Milieu de vie :
Espaces ouverts (EO 1)

CI-DESSOUS Des végétaux assoiffés de soleil : une combinaison réussie de formes et de couleurs avec l'orpin au feuillage brun foncé, la fétuque glauque en touffes sphériques et les gracieuses inflorescences de la sauge.

Variation du module 2 « un soupçon de Méditerranée »

Pour cette plantation, nous avons reproduit trois fois le module 2 et en avons réalisé un bel ensemble unifié avec des surfaces de gravier et des dalles de pierre naturelle.

Cette combinaison de massifs mesure 3,6 m de long sur 1,2 m de large. Elle peut constituer un petit jardin de gravier formel devant un mur de maison ensoleillé ou un muret de pierres sèches, ou encore servir de cadre devant une terrasse bien exposée. Le poirier à feuilles de saule 'Pendula' (*Pyrus salicifolia*, n° 1) n'est employé qu'une seule fois pour ne pas envahir l'espace. Il peut toutefois être taillé facilement dans une forme adaptée si vous disposez de peu de place. Dans l'un des trois modules, il a été remplacé par le genévrier 'Blue Arrow' (*Juniperus scopulorum*, n° 8), qui se développe en hauteur et rappelle le cyprès, mais qui résiste parfaitement aux gelées. Il renforce les évocations méditerranéennes et attire le regard en hiver. Pour détendre l'atmosphère, nous avons remplacé une sauge 'Little Spire' (*Perovskia atriplicifolia*, n° 6) par une graminée ornementale, l'avoine vivace 'Saphirsprudel' (*Helictotrichon sempervirens*, n° 9).

Ceux qui le souhaitent pourront disposer sur la surface de gravier une ou deux jardinières présentant des plantes méditerranéennes telles que le laurier-rose, l'agave ou le citronnier. L'agapanthe africaine *(Agapanthus africanus)* s'intégrera parfaitement à ce tableau. Présentée dans plusieurs jardinières alignées, elle sera du plus bel effet. Il faudra toutefois la rentrer à la fin de l'automne pour la soustraire au froid et aux gelées. Elle pourra reprendre sa place dans le massif en mai.

Quelques astuces pour l'entretien

Vous pourrez tailler dans la forme de votre choix la santoline petit cyprès *(Santolina chamaecyparissus)*, aromatique et parfumée, qui apporte au massif une touche d'un beau vert-gris. La taille a lieu au printemps avec la reprise. Coupez les fleurs fanées après la floraison et procédez à un rabattage léger. Cette plante vivace a besoin d'être légèrement couverte en cas de gelées importantes et de froid hivernal.

Cette plate-bande de gravier est facile à entretenir. En outre, elle séduit par son élégance non sophistiquée et sa discrète palette de couleurs. Le genévrier 'Blue Arrow' et l'avoine vivace 'Saphirsprudel' sont ici très bien mis en valeur.

Variation du module 2 « soupçon de Méditerranée »

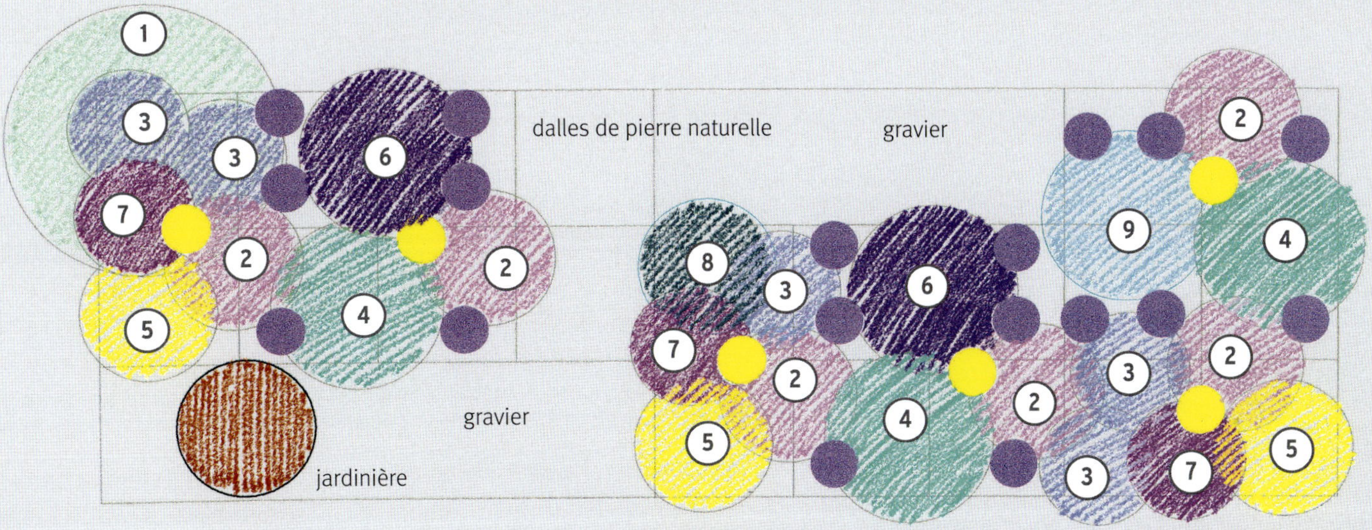

Liste d'achats
Plantes du module

① *Pyrus salicifolia* 'Pendula' (1)
② *Lavandula angustifolia* 'Miss Katherine' (6)
③ *Geranium Renardii* 'Philippe Vapelle' (5)
④ *Euphorbia characias* ssp. *wulfenii* 'Shorty' (3)
⑤ *Santolina chamaecyparissus* (3)
⑥ *Perovskia atriplicifolia* 'Little Spire' (2)
⑦ *Linaria purpurea* (3)

Plantes complémentaires

⑧ *Juniperus scopulorum* 'Blue Arrow' (1)
⑨ *Helictotrichon sempervirens* 'Saphirsprudel' (1)

Plantes bulbeuses

1 × *Allium christophii* (18)
5 × *Tulipa turkestanica* (30)

Module 3 : fleurs sauvages

Rien de tel que de jardiner en harmonie avec la nature et dans l'observation attentive des plantes. C'est sans doute aussi ce qui peut vous inciter à n'intégrer que des espèces indigènes dans votre jardin. Cette plate-bande de fleurs sauvages vous propose une bonne entrée en matière.

IMPLANTATION :
plein soleil

SOL :
sec, très perméable, calcaire, pauvre en nutriments, jusqu'à 30 à 40 cm de profondeur avec du gravier et des cailloux

DIMENSIONS :
1,6 × 1,2 m (massif insulaire ovale)

Liste d'achats

① *Verbascum densiflorum* (1)
② *Aster amellus* 'Veilchenkönigin' (1)
③ *Anthemis tinctoria* 'Dwarf Form' (2)
④ *Dianthus carthusianorum* (2)
⑤ *Centaurea scabiosa* (1)
⑥ *Achillea millefolium* (1)
⑦ *Pulsatilla vulgaris* (2)

Plantes bulbeuses

● 3 × *Narcissus pseudonarcissus* ssp. *lobularis* (15)

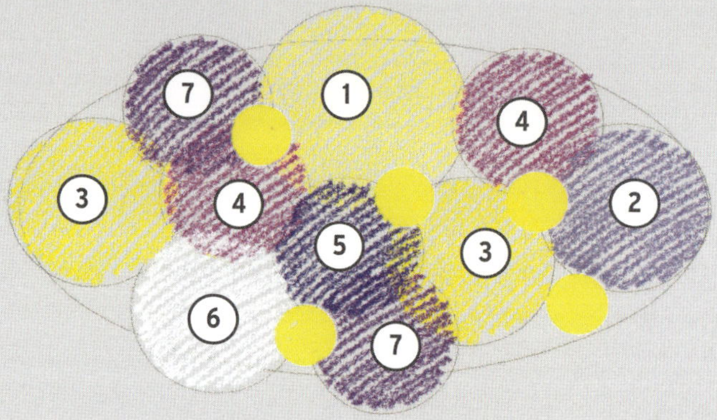

Plan à l'échelle 1:20

Description des plantes du module

Photo	Plante	Implantation / Hauteur	Floraison / Soins	Variétés/Cultivars
	◄ **Achillée millefeuille** *Achillea millefolium*	**Implantation :** ☼ EO 1-2 **Hauteur/Croissance :** 40 cm, en touffe lâche	**Floraison :** juin-sept., blanc **Soins :** couper régulièrement les tiges fanées	**Variétés/Cultivars :** —
	► **Camomille des teinturiers** *Anthemis tinctoria* 'Dwarf Form'	**Implantation :** ☼ EO 1 **Hauteur/Croissance :** 40 cm, buissonnant, compact, semi-sphérique	**Floraison :** juill.-sept., jaune d'or **Soins :** rabattre après la principale floraison et à la fin de l'été	**Variétés/Cultivars :** 'Sauce Hollandaise' : 50 cm, blanc crème ; *Anthemis tinctoria*, Anthémis des teinturiers : 50 cm, jaune d'or
	◄ **Aster d'été** *Aster amellus* 'Veilchenkönigin'	**Implantation :** ☼ PB 1-2, EO 1-2 **Hauteur/Croissance :** 50 cm, en touffe, port redressé	**Floraison :** août-oct., violet foncé **Soins :** plantation au printemps, rabattre après la floraison accroît la vitalité	**Variétés/Cultivars :** 'Mira' : 40 cm, juill.-sept., violet bleuté ; 'Silbersee' : 60 cm, juill.-sept., violet argenté
	► **Centaurée scabieuse** *Centaurea scabiosa*	**Implantation :** ☼ EO 1-2, LP 1-2 **Hauteur/Croissance :** 70 cm, en touffe, port redressé	**Floraison :** juill.-août, violet-pourpre **Soins :** couper les tiges fanées au-dessus de la rosette	**Variétés/Cultivars :** —
	◄ **Œillet des chartreux** *Dianthus carthusianorum*	**Implantation :** ☼ EO 1 **Hauteur/Croissance :** 40 cm, compact	**Floraison :** juin-sept., rouge pourpre **Soins :** rabattre près du sol après la 1re floraison pour stimuler la 2e	**Variétés/Cultivars :** —
	► **Anémone pulsatille** *Pulsatilla vulgaris*	**Implantation :** ☼ EO 1 **Hauteur/Croissance :** 20 cm, en touffe, compact	**Floraison :** mars-avr., violet **Soins :** éviter le semis spontané en rabattant avant la maturité des graines	**Variétés/Cultivars :** 'Alba' : 20 cm, blanc
	◄ **Molène à fleurs denses** *Verbascum densiflorum*	**Implantation :** ☼ EO 1 **Hauteur/Croissance :** 150 cm, port érigé, bisanuelle	**Floraison :** juill.-août, jaune citron **Soins :** se ressème fortement, couper à temps les inflorescences fanées	**Variétés/Cultivars :** *Verbascum nigrum* 'Album', molène noire : 100 cm, blanche avec centre rouge

Calendrier des floraisons : fleurs sauvages

N°	Nom botanique	Nom vernaculaire	Hauteur (cm)	I	II	III	IV	V	VI	VII	VIII	IX	X	XI	XII	Espacement (cm)	Plantes/ m²
	Vivaces																
⑥	*Achillea millefolium*	Achillée millefeuille	40													40	6
③	*Anthemis tinctoria* 'Dwarf Form'	Camomille des teinturiers	40													40	6
②	*Aster amellus* 'Veilchenkönigin'	Aster d'été	50													40	6
	Calamintha nepeta 'Triumphator'	Calament nepeta	35													35	8
⑤	*Centaurea scabiosa*	Centaurée scabieuse	80													40	5
④	*Dianthus carthusianorum*	Œillet des chartreux	40													30	11
⑨	*Echinops sphaerocephalus* 'Arctic Glow'	Oursin à têtes rondes (▶ page 168)	80													70	2
⑦	*Pulsatilla vulgaris*	Anémone pulsatille	20													30	11
	Origanum vulgare	Marjolaine sauvage	50													30	11
⑩	*Salvia pratensis*	Sauge des prés (▶ page 172)	50													50	4
	Scabiosa ochroleuca	Scabieuse à fleurs de lait	70													35	8
①	*Verbascum densiflorum*	Molène à fleurs denses	150													100	1
	Graminées																
	Briza media	Brize	30													35	8
	Plantes ligneuses																
⑧	*Rosa gallica* 'Officinalis'	Rosier gallique (▶ page 171)	120													100	2
	Plantes bulbeuses																
	Muscari botryoides	Muscari	15													5	300
	Narcissus pseudonarcissus ssp. *lobularis*	Narcisse jaune (▶ page 170)	20													10	100

Plantes du module   Plantes complémentaires

Module 3

Fleurs sauvages – combinaison libre de plantes indigènes

La palette des vivaces indigènes offre de nombreuses plantes singulières adaptées aux jardins de gravier qui peuvent être associées librement. Les végétaux qui vagabondent à travers le massif et surgissent ici et là sont les bienvenus. Ce module n'est donc qu'une première entrée en matière à partir de laquelle, sous votre impulsion, se développera toute une communauté de plantes. Dès février, les tubes jaunes du narcisse (*Narcissus pseudonarcissus* ssp. *lobularis*) et les inflorescences violettes de l'anémone pulsatille (*Pulsatilla vulgaris*, n° 7) annoncent l'arrivée du printemps. Pour des raisons esthétiques, nous avons intégré des variétés cultivées d'espèces indigènes, notamment l'aster d'été 'Veilchenkönigin' (*Aster amellus*, n° 2) qui, d'août à octobre, jalonne la plate-bande de touffes violettes. Au cœur de l'été, l'imposante molène à fleurs denses (*Verbascum densiflorum*, n° 1) attire tous les regards. Au début de l'été, la centaurée scabieuse violette (*Centaurea scabiosa*, n° 5) se marie parfaitement aux fleurs jaunes de la camomille des teinturiers 'Dwarf Form' (*Anthemis tinctoria*, n° 3) et le magenta lumineux de l'œillet des chartreux (*Dianthus carthusianorum*, n° 4), tandis que la blanche floraison de l'achillée millefeuille (*Achillea millefolium*, n° 6) se prolonge jusqu'à l'automne. Votre mission consistera essentiellement à éliminer les semis spontanés indésirables et à couper à temps les fleurs fanées.

Adaptations et variations

Ce module s'intégrera parfaitement à une belle surface graveleuse ou caillouteuse. Les plantes auront suffisamment de place pour s'étendre et donneront naissance à un vaste massif de fleurs sauvages. Élargissez et variez la palette des végétaux avec des espèces et variétés choisies parmi les plantes complémentaires et laissez la nature suivre son cours.
Grâce à sa forme ovale, le module pourra s'étendre à volonté de manière naturelle. Répartissez les vivaces choisies parmi les plantes complémentaires isolément ou en petits groupes avec un espacement de 40 à 50 cm. Les espèces solitaires comme le rosier gallique (*Rosa gallica* 'Officinalis') ou les vivaces qui se ressèment fortement seront davantage mises en valeur si elles sont isolées. Le calament nepeta 'Triumphator' *(Calamintha nepeta)*, qui ouvre ses fleurs violettes de juillet à octobre, séduit par son feuillage au parfum mentholé. En face, l'oursin à têtes rondes 'Arctic Glow' *(Echinops sphaerocephalus)* peut, avec ses inflorescences sphériques et blanches, remplacer avantageusement la molène. Les adeptes des graminées pourront répartir la brize *(Briza media)* en petits groupes entre les vivaces. Le plan des pages 82 et 83 vous montrera comment réaliser un massif insulaire avec des plantes complémentaires ayant des couleurs et des périodes de floraison différentes.

Ajout de plantes bulbeuses

Le gracieux muscari *(Muscari botryoides)* donne des fleurs d'un beau bleu lumineux d'avril à mai. Il sera du plus bel effet en petits groupes de 5 à 10 bulbes.

Milieu de vie :
Espaces ouverts (EO 1)

CI-DESSOUS Les fleurs violet-pourpre de la centaurée scabieuse forment un contraste intéressant avec les douces inflorescences de la brize.

Variation du module 3 « fleurs sauvages »

Ce module de plate-bande insulaire est agrandi et enrichi de plusieurs plantes complémentaires.

La petite plate-bande insulaire ovale intègre trois nouvelles plantes complémentaires pour devenir un vaste massif présentant un caractère tout à fait original.

Ses dimensions sont désormais de 2,5 × 1,6 m. Il peut être aménagé en tant que tel ou former un groupe de plates-bandes insulaires servant de pendant au module 3 d'origine. Le rosier gallique (*Rosa gallica* 'Officinalis', n° 8), aux merveilleuses fragrances, étonnera les passionnés de rosiers. Il ne compte pas parmi les plantes indigènes, mais il s'intègre parfaitement à ce tableau par sa petite taille et son aspect compact.

Il vient remplacer ici la vagabonde molène à fleurs denses (*Verbascum densiflorum*, n° 1) et fleurit en rouge carmin de juin à juillet. Comme il est un peu plus exigeant que cette dernière, il faudra prendre soin de le planter dans une terre plus riche qui lui sera dédiée. La sauge des prés (*Salvia pratensis*, n° 10) aux inflorescences violettes, qui se substitue à la camomille des teinturiers 'Dwarf Form' (*Anthemis tinctoria*, n° 3), fera le bonheur des insectes en tous genres. Nous retrouvons ici l'oursin à têtes rondes 'Arctic Glow' (*Echinops sphaerocephalus*, n° 9) qui vient remplacer l'aster d'été 'Veilchenkönigin' (*Aster amellus*, n° 2). Ses ombelles blanches exercent une forte séduction sur les papillons. En outre, elles forment un joli contraste avec son feuillage argenté et ses tiges rouges.

Ce massif animé et haut en couleur est un vrai régal pour les yeux. Il accueille un certain nombre de vivaces – véritables paradis pour les insectes –, comme la sauge des prés et la centaurée scabieuse qui sont convoitées par les abeilles et les bourdons. Cette plate-bande vous envoûtera et vous incitera à profiter de l'évolution de la nature au rythme des saisons.

CI-DESSOUS Cette chaleureuse plate-bande de fleurs sauvages est non seulement un véritable baume pour l'âme, mais aussi une précieuse source de nourriture pour les insectes.

Variation du module 3 « fleurs sauvages »

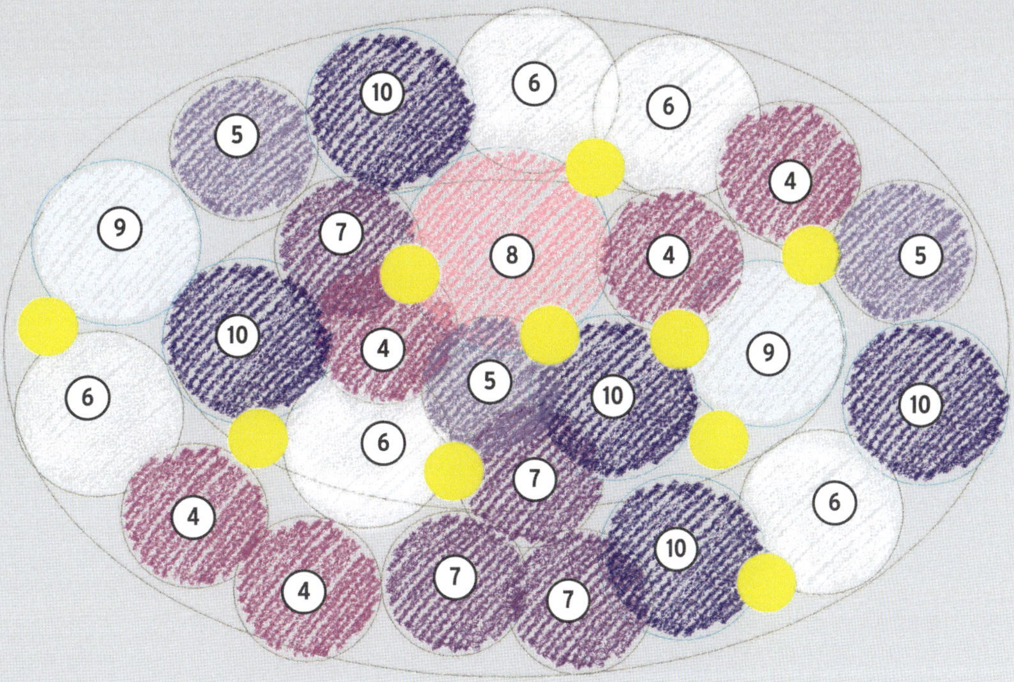

Liste d'achats

Plantes du module

(4) *Dianthus carthusianorum* (5)
(5) *Centaurea scabiosa* (3)
(6) *Achillea millefolium* (5)
(7) *Pulsatilla vulgaris* (4)

Plantes bulbeuses

3 × *Narcissus pseudonarcissus* ssp. *lobularis* (30)

Plantes complémentaires

(8) *Rosa gallica* 'Officinalis' (1)
(9) *Echinops spaerocephalus* 'Arctic Glow' (2)
(10) *Salvia pratensis* (5)

Plates-bandes d'ombre discrètes

On considère souvent les zones ombragées d'un jardin comme étant moins attractives et plus difficiles à aménager. Et cela à tort. Avez-vous déjà fait l'expérience merveilleuse, un soir d'été, d'assister au spectacle de la lunaire vivace *(Lunaria rediviva)* ouvrant ses délicates fleurs violet clair aux fragrances subtiles à l'ombre des plantes ligneuses ? En choisissant les espèces et variétés adaptées, vous serez surpris de voir la diversité de la flore et des couleurs que la nature peut vous offrir, même dans les coins les plus reculés du jardin.

Les zones d'ombre apportent de la diversité au jardin et offrent des possibilités insoupçonnées d'aménagement. Vous pourrez les rendre très attractives en y plantant des vivaces des milieux de vie « ligneux » (L) et « lisière des plantes ligneuses » (LP).

EN OBSERVANT UN COIN DE JARDIN ombragé envahi par le lierre et les mauvaises herbes, voire complètement dénudé, vous avez peut-être déjà eu le sentiment que jamais rien ne pourrait y pousser. Mais il faut parfois savoir prendre la nature par la main et apprendre à connaître les besoins et les particularités d'un milieu de vie dominé par l'ombre pour pouvoir créer un espace vert facile à entretenir dans le sens du « New German Style ». Ceux qui parviendront à affiner leur point de vue seront étonnés de voir que tout est possible.

Caractère

Le feuillage des arbres et des arbustes qui s'étend continuellement et les murs de la maison génèrent des coins d'ombre à chaque fois différents et déterminent les jeux d'ombre et de lumière au fil de la journée. La qualité du sol et les racines des grandes plantes ligneuses définissent le caractère d'une plantation d'ombre. Plus le feuillage est imposant, plus la plante à besoin d'humidité, tandis que sur un sol moins humide, l'ombre est la bienvenue.

Les zones ombragées du jardin où l'on a planté les végétaux adaptés s'imposent d'elles-mêmes par la diversité des nuances de vert et la combinaison des formes des feuilles et des herbes. Il n'est pas question ici de renoncer à la beauté des fleurs. La vaste palette des vivaces comprend notamment la délicate fleur des elfes jaune *(Epimedium)*, l'actée à grappes *(Cimicifuga)* arborant ses inflorescences imposantes et l'anémone du Japon aux fleurs joyeuses *(Anemone japonica)*. Dans les zones semi-ombragées à l'abri de la sécheresse, les plantations associant vivaces et petites plantes ligneuses peuvent offrir un foisonnement incomparable. Là se développent de somptueuses vivaces à fleurs et à feuilles ornementales que l'on peut mêler pour créer des tableaux hauts en couleur. Même les zones d'ombre plus sèches où le sol abrite un entrelacs de racines peuvent être plantées de végétaux peu exigeants et robustes permettant de les reverdir et de prouver qu'elles ne sont pas aussi problématiques qu'on se plaît à le croire.

Possibilités d'intégration dans le jardin

Qu'elles se trouvent au nord ou au nord-est de la maison ou d'un garage, les zones d'ombre existent dans tous les jardins. Certaines ont la chance d'être situées à proximité d'un vieil arbre. Les modules pourront alors être placés devant lui ou tout autour à condition de les adapter dans la taille et la forme souhaitées. Sur les terrains ensoleillés des nouvelles constructions, il est souvent nécessaire de créer des zones d'ombre en plantant des ligneuses. Avant que ces arbres et arbustes n'aient atteint la hauteur requise pour donner suffisamment d'ombre, il faut parfois attendre des années. Dans ce cas, on peut aménager l'espace avec des vivaces du milieu « lisière des plantes ligneuses ensoleillées », telles que des géraniums sanguins *(Geranium sanguineum)* ou des heuchères *(Heuchera)*. Quand les arbres projetteront plus d'ombre, vous pourrez ajouter d'autres vivaces. Pour choisir les zones ombragées, prenez en compte le point de vue que vous avez depuis la maison ou la terrasse : une plate-bande d'ombre a beaucoup à offrir au fil du temps et anime considérablement les espaces verts. Le fait d'être attiré dans les coins reculés du jardin ne manque pas de charme et permet de découvrir les nombreuses surprises que réserve le massif. Pour créer des plates-bandes devant l'entrée de la maison ou à proximité d'une terrasse ombragée, les modules peuvent être associés à des plantes ligneuses persistantes taillées en boules ou en rectangles, comme l'if *(Taxus)* ou le houx crénelé *(Ilex crenata)*.

Conditions d'implantation

Les plantes d'ombre sont attribuées aux milieux de vie « lisière des plantes ligneuses, sec à humide » (LP 1-3) et « ligneux » (L 1-3) (voir page 15). Il est toutefois essentiel de disposer d'une implantation semi-ombragée à ombragée. Le soleil de midi doit donc être évité. Les sols frais à humides conviennent parfaitement et permettent d'élargir la palette des végétaux.

CI-DESSUS Les inflorescences rose-pourpre de l'astilbe de Chine 'Purpulanze' s'épanouissent au cœur de l'été dans des zones ombragées. Elles s'harmonisent bien avec les petites fleurs de l'astrance.

CI-DESSUS Cette jolie combinaison de vivaces ornementales adaptée au milieu de vie « lisière des plantes ligneuses », humide et semi-ombragé, séduit par la diversité des feuilles de la fougère allemande, de l'hosta et du rodgersia.

La plupart des vivaces d'ombre ont besoin d'un sol meuble et humifère, riche en nutriments et légèrement calcaire.

Principes d'aménagement et de planification

Les végétaux adaptés aux zones d'ombre qui fleurissent au printemps et perdent leur feuillage après la floraison, comme c'est le cas pour la jacinthe des bois *(Hyacinthoides non-scripta)*, l'hellébore d'hiver *(Eranthis hyemalis)* ou l'anémone des bois *(Anemone nemorosa)*, sont de belle compagnie pour les vivaces de forêt. Ils peuvent être plantés librement en petits groupes entre les vivaces et les fougères et fleurissent avant que le feuillage des plantes ligneuses ne projette son ombre ou que les autres végétaux ne couvrent de leurs feuilles le sol du massif. Évitez de les planter sous les arbres dont le feuillage se décompose rapidement, comme c'est le cas pour le noyer ou le chêne, ainsi que sous ceux qui étendent largement leurs racines, comme le bouleau. Les plantes ligneuses solitaires d'une certaine hauteur qui ont une belle floraison et une somptueuse couleur à l'automne, comme le cornouiller du Japon *(Cornus kousa)* ou l'hamamélis *(Hamamelis)*, peuvent en revanche accueillir idéalement des vivaces d'ombre. Les arbres dont le feuillage dense touche le sol peuvent être élagués au niveau des branches inférieures pour leur permettre d'abriter des plantations. Les végétaux que vous disposerez là auront alors suffisamment d'air et de lumière pour s'épanouir.

Dans le cas des arbres et arbustes plus âgés, il faudra disposer vos vivaces à une distance suffisante du tronc.

En moyenne, cinq à huit plantes par mètre carré suffisent. Les grands hostas *(Hosta)*, les fougères imposantes, telles que la fausse fougère mâle *(Dryopteris affinis)* et les vivaces au feuillage ornemental, comme le rodgersia *(Rodgersia)* ont besoin de beaucoup d'espace, ce qui peut réduire considérablement le nombre de végétaux par mètre carré. Les plantes basses comme l'asaret *(Asarum)* ou l'hépatique *(Hepatica)* sont des couvre-sols séduisants avec leur beau feuillage lumineux. N'hésitez pas dans ce cas à les planter par groupes de cinq à dix minimum.

Préparation du sol

Les plates-bandes d'ombre comprennent essentiellement des vivaces de forêt qui ont besoin pour s'épanouir pleinement d'un sol bien humifère qui s'est couvert des feuilles mortes des plantes ligneuses au fil des ans. Même si votre jardin est planté d'arbres âgés, vous devrez préparer soigneusement le sol pour lui permettre d'accueillir les plantations. Éliminez les mauvaises herbes (page 34). Parfois, le sol est envahi par les racines ; il est alors difficile de le bêcher ou de l'ameublir. Pour faciliter le démarrage des vivaces de forêt dans de telles conditions, vous pourrez ajouter une couche de compost de 20 à 30 cm d'épaisseur.

Un sol humifère est généralement brun sombre à noir et sa consistance est plutôt friable.

Lors de la création d'un jardin, le sol est souvent pauvre en humus et nécessite d'être enrichi

avec une grande quantité de compost et d'humus de feuillage avant la plantation.
Les sols lourds et imperméables doivent être bêchés généreusement et ameublis en leur incorporant du sable grossier. Pensez également à ajouter du compost et de l'humus de feuilles mortes, c'est-à-dire du compost de feuilles décomposées. Ce mélange doit comporter environ deux tiers de compost et un tiers de terre ameublie. Pour finir, vous pourrez ajouter de l'engrais organique en vous référant à la notice du fabricant.
Si, dans certaines zones, le sol se révèle incapable de recevoir une plantation, vous pourrez incorporer une couche épaisse de mulch d'écorce fin et disposer à cet endroit une grande jardinière attractive.

Plantation

Mettez les plantes en terre au printemps, de début avril à fin mai. Si ce n'est pas possible, faites-le à l'arrivée de l'automne, entre début septembre et octobre (pages 34-35). Les fougères ne peuvent être plantées qu'au printemps pour leur permettre de résister aux rigueurs de l'hiver. Après avoir procédé à la plantation, vous pourrez ajouter une couche de mulch organique, notamment du compost ou du mulch d'écorce fin.

Soins au fil de l'année

Quand on s'arrange pour choisir des végétaux adaptés aux milieux de vie « lisière des plantes ligneuses » (LP) et « ligneux » (L), les plantations sont généralement résistantes et faciles à entretenir. L'humidité du sol est ici déterminante. Si, en cas de périodes de chaleur prolongées, les vivaces perdent de leur vitalité, vous devrez les arroser avant que leur feuillage ne se dessèche et n'ait plus rien de séduisant. Quand, au bout de deux ou trois ans, le tapis végétal se sera formé, vous n'aurez plus qu'à désherber occasionnellement et, si nécessaire, à éliminer les semis spontanés de manière à préserver l'équilibre de la plantation. Contenez les plantes qui se ressèment fortement en coupant à temps les inflorescences fanées.

Au tout début du printemps, de fin février à fin mars, les vivaces mortes doivent être rabattues juste au-dessus du sol. Refaites une beauté aux graminées et aux fougères persistantes en peignant ou ratissant les feuilles et les frondes desséchées et inesthétiques. Éliminez également les couches trop épaisses de feuilles mortes (abandonnées par les ligneuses toutes proches) datant de l'automne précédent, car elles peuvent nuire à la reprise des fougères, graminées et vivaces et empêcher leurs fleurs printanières de bénéficier de la lumière.
Après avoir nettoyé le massif, vous pourrez en profiter pour répartir une couche de compost autour des plantes et un peu d'engrais organique par-dessus.

CI-DESSOUS À l'ombre des arbustes, l'ancolie est très à l'aise. Elle se ressème spontanément et vagabonde à travers le jardin.

CI-CONTRE Le rodgersia est une imposante vivace à feuillage ornemental adaptée au milieu de vie « lisière des plantes ligneuses (humide) ». Associée à des vivaces à fleurs comme l'astilbe de Chine, elle forme un tableau végétal de toute beauté.

Module 1 : d'ombre et de lumière

Ce module envoûtant vous réjouira pendant plusieurs années. Il est composé de vivaces d'ombre très résistantes, gratifiantes et attractives qui tiennent fidèlement leur place et embellissent avec le temps.

IMPLANTATION :
semi-ombragée,
soleil du matin ou du soir,
pas de plein soleil à midi

SOL :
frais à humide, meuble,
humifère et riche
en nutriments

DIMENSIONS :
0,8 × 1,2 m

Liste d'achats

① *Davidia involucrata* var. *vilmoriniana* (1)

② *Hosta* 'Diana Remembered' (2)

③ *Cimicifuga racemosa* (1)

④ *Astilbe chinensis* var. *taquetii* 'Purpurlanze' (1)

⑤ *Polygonatum* 'Striatum' (1)

⑥ *Brunnera macrophylla* 'Dawson's White' (2)

⑦ *Cimicifuga simplex* 'White Pearl' (1)

● 3 × *Anemone blanda* 'White Splendour'

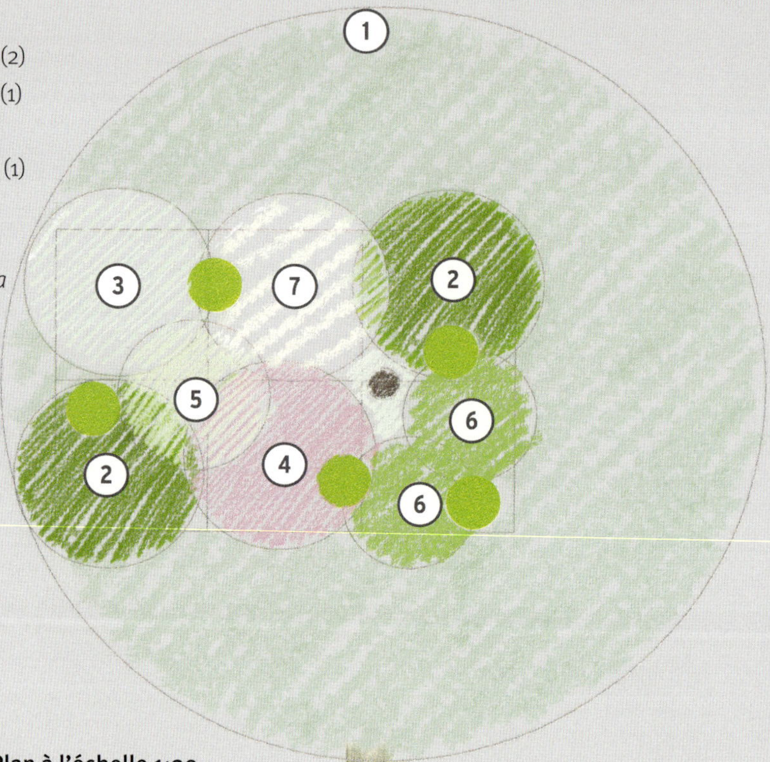

Plan à l'échelle 1:20

Description des plantes du module

◄ Astilbe de Chine
Astilbe chinensis var. *taquetii* 'Purpurlanze'

Implantation : ◑ ●
LP 2, L 2, PB 2
Hauteur/Croissance : 100 cm, port érigé, rhizomes courts

Floraison : juill.-août, rose-pourpre
Soins : arroser en cas de sécheresse persistante

Variétés/Cultivars : *Astilbe Japonica* 'Europa' : 40 cm, juin-juill., rose clair

► Myosotis du Caucase
Brunnera macrophylla 'Dawson's White'

Implantation : ◑
LP 2, PB 2
Hauteur/Croissance : 40 cm, en touffe, buissonnant

Floraison : avr.-juin, bleu moyen
Soins : rabattre complètement après la floraison pour éviter qu'il ne se ressème

Variétés/Cultivars : 'Betty Bowring' : 40 cm, blanc pur ; 'Mr. Morse' : 40 cm, blanc, feuillage blanc argenté

◄ Actée à grappes
Cimicifuga racemosa

Implantation : ◑
L 2, LP 2
Hauteur/Croissance : 180 cm, en touffe, port érigé

Floraison : juill.-août, blanc crème
Soins : arroser en cas de sécheresse persistante

Variétés/Cultivars : *Cimicifuga racemosa* var. *Cordifolia* : 180 cm, août.-sept., blanc crème

► Cierge d'argent
Cimicifuga simplex 'White Pearl'

Implantation : ◑
L 2, LP 2
Hauteur/Croissance : 120 cm, en touffe, port érigé

Floraison : oct.-nov., blanc pur
Soins : arroser en cas de sécheresse persistante

Variétés/Cultivars : —

◄ Arbre aux mouchoirs
Davidia involucrata var. *vilmoriniana*

Implantation : ☼ ◑
Hauteur/Croissance : 8 m, petit arbre

Floraison : mai-juin, grandes bractées blanches
Soins : —

Variétés/Cultivars : —

► Hosta
Hosta 'Diana Remembered'

Implantation : ◑
L 2, LP 2
Hauteur/Croissance : 50 cm, en touffe, compact

Floraison : juill.-août, blanc pur, parfumé
Soins : épandre régulièrement de l'hélicide à partir du printemps

Variétés/Cultivars : 'Fire and Ice' : 40 cm, lavande, feuillage blanc bordé de vert ; 'Fragrant Dream' : 60 cm, juin-juill., blanc, parfumé

◄ Sceau de Salomon
Polygonatum 'Striatum'

Implantation : ◑ ●
L 2, LP 2
Hauteur/Croissance : 40 cm, pousses multiples, tiges arquées

Floraison : mai-juin, blanc
Soins : le protéger des limaces

Variétés/Cultivars : *P. odoratum* var. *pluriflorum* 'Variegatum' : 40 cm, blanc, parfumé, feuilles bordées de blanc

Calendrier des floraisons : d'ombre et de lumière

N°	Nom botanique	Nom vernaculaire	Hauteur (cm)	I	II	III	IV	V	VI	VII	VIII	IX	X	XI	XII	Espacement (cm)	Plantes/ m²
	Vivaces																
(10)	*Aconitum carmichaelii* 'Arendsii'	Aconit de Carmichael (▶ page 159)	140													40	6
(9)	*Anemone Japonica* 'Bressingham Glow'	Anémone du Japon (▶ page 166)	100													45	4
(4)	*Astilbe chinensis* var. *taquetii* 'Purpurlanze'	Astilbe de Chine	100													40	6
(6)	*Brunnera macrophylla* 'Dawson's White'	Myosotis du Caucase	30													35	8
(3)	*Cimicifuga racemosa*	Actée à grappes	180													70	2
(7)	*Cimicifuga simplex* 'White Pearl'	Cierge d'argent	120													70	2
	Digitalis purpurea 'Snow Thimble'	Digitale pourpre	120													40	6
(2)	*Hosta* 'Diana Remembered'	Hosta	50													50	4
	Kirengeshoma palmata	Kirengeshoma	120													60	2
(5)	*Polygonatum* 'Striatum'	Sceau de Salomon	40													25	16
	Plantes ligneuses																
(1)	*Davidia involucrata* var. *vilmoriniana*	Arbre aux mouchoirs	800														
(8)	*Hydrangea arborescens* 'Incrediball'	Hortensia de Virginie (▶ page 169)	150														
	Plantes bulbeuses																
	Anemone blanda 'White Splendour'	Anémone de Grèce (▶ page 165)	15													10	20
	Galanthus nivalis	Perce-neige (▶ page 169)	15													5	100
	Narcissus 'February Silver'	Narcisse	25													5	100

Plantes du module   Plantes complémentaires

Module 1

D'ombre et de lumière

Cet élégant module attire aussi le regard en fin de journée. Les fleurs blanches des imposantes vivaces d'ombre s'harmonisent à la perfection avec les feuilles blanches et crème du fabuleux arbre aux mouchoirs (*Davidia involucrata*, n° 1). Cette plante ligneuse rare orne ses discrets boutons de fleurs de grandes bractées blanches qui flottent comme des mouchoirs. Quelques vivaces éparses roses et bleues dynamisent le massif. La blanche anémone de Grèce 'White Splendour' *(Anemone blanda)* fait son entrée en scène en mars. Le sceau de Salomon 'Striatum' (*Polygonatum*, n° 5) ouvre en mai et juin ses petites fleurs retombantes, qui s'alignent, telles les perles d'un collier, sur son feuillage nervuré de blanc. Les inflorescences bleu ciel du myosotis du Caucase 'Dawson's White' (*Brunnera macrophylla*, n° 6) éclosent au printemps. Cette vivace au feuillage clair est un véritable régal pour les yeux et une incontournable des plates-bandes d'ombre. Avec ses grandes feuilles bordées de blanc, l'hosta 'Diana Remembered' (*Hosta*, n° 2) est lui aussi très lumineux. Il atteint son apogée l'été lorsque ses grandes fleurs blanches embaument l'atmosphère, le matin et le soir. Les élégantes inflorescences blanc crème de l'actée à grappes (*Cimicifuga racemosa*, n° 3) scintillent dans les hauteurs du massif, tandis que les plumets rose-pourpre de l'astilbe de Chine 'Purpurlanze' (*Astilbe chinensis* var. *taquetii*, n° 4) rehaussent la palette chromatique. Avec ses épis blanc pur, le cierge d'argent 'White Pearl' (*Cimicifuga simplex*, n° 7) illumine la plate-bande d'octobre à novembre, à l'heure où le rideau tombe sur le jardin.

Adaptations et variations

Si vous disposez déjà d'un arbre à fleurs dans le jardin, vous pourrez placer cette plate-bande en dessous en supprimant l'arbre aux mouchoirs. N'hésitez pas à enrichir le module avec l'hortensia de Virginie 'Incrediball' *(Hydrangea arborescens)*. Plantez-le isolément ou en petits groupes qui serviront d'arrière-plan pittoresque au massif ou de compagnie aux vivaces plus hautes. Si vous souhaitez reproduire plusieurs fois le module, servez-vous de l'hortensia de Virginie comme élément de liaison. Pour les journées de fin d'automne, l'aconit de Carmichael 'Arendsii' *(Aconitum carmichaelii)* s'harmonisera avec le cierge d'argent. Les passionnés de magenta se régaleront avec l'anémone du Japon 'Bressingham Glow' *(Anemone japonica)*. Pour en savoir plus, référez-vous au plan des pages 94 et 95. En guise de complément, des vivaces vagabondes telle la digitale pourpre 'Snow Thimble' *(Digitalis purpurea)* à la floraison blanche, ainsi que le kirengeshoma *(Kirengeshoma palmata)* avec ses fleurs jaune tendre feront parfaitement l'affaire.

Ajout de plantes bulbeuses

Le très populaire perce-neige *(Galanthus nivalis)* pourra venir parachever ce tableau avec le narcisse 'February Silver' *(Narcissus)*. Plantez-les en touffes d'au moins 5 bulbes.

Milieu de vie :
Lisière de plantes ligneuses fraîche à humide (LP 2-3)

CI-DESSOUS Les astilbes de Chine blanc et violet foncé et les autres vivaces d'ombre tolèrent plus de soleil dans ce massif, car leur implantation est humide.

Variation du module 1 « d'ombre et de lumière »

Le module a été adapté dans ses dimensions.

Cette proposition de plantation conçue pour un massif aux lignes courbes de 1,6 × 3,7 m séduit par son apparente simplicité et illumine les zones semi-ombragées du jardin avec ses fleurs blanches et la couleur de ses feuilles. Le module a été employé deux fois et ses reproductions ont été juxtaposées avec un espacement de 0,8 m. Choisi parmi les plantes complémentaires, l'hortensia de Virginie 'Incrediball' (*Hydrangea arborescens*, n° 8) s'impose ici en tant que superbe élément de liaison entre les modules. Pour mieux intégrer cet hortensia, nous avons regroupé plusieurs myosotis du Caucase 'Dawson's White' (*Brunnera macrophylla*, n° 6) au premier plan du massif et dans sa partie latérale. Afin d'étendre la plate-bande, nous avons employé plusieurs fois l'imposante actée à grappes (*Cimicifuga racemosa*, n° 3), l'élégant hosta 'Diana Remembered' (*Hosta*, n° 2) offrant des fleurs blanches et parfumées et un feuillage bordé de blanc, ainsi que l'astilbe de Chine 'Purpurlanze' (*Astilbe chinensis* var. *taquetii*, n° 4), qui rehausse les couleurs avec ses fleurs magenta. L'aconit de Carmichael 'Arendsii' (*Aconitum carmichaelii*, n° 10), qui fleurit dans des tons bleus lumineux à la fin de l'automne, et l'anémone du Japon 'Bressingham Glow' (*Anemone Japonica*, n° 9) arborant ses gracieux pétales rose-pourpre font scintiller le massif de leur éclat précieux. Le perce-neige *(Galanthus nivalis)* a été planté en petits groupes de 10 entre les vivaces et ouvre la saison des fleurs dès le mois de février. Ici, nous avons échelonné les hauteurs afin que l'arrière-plan soit dominé par de grandes vivaces. Arrangez-vous pour disposer ce massif sur un fond calme en préservant un espacement suffisant. Une haie formelle d'ifs persistants ou un mur de maison semi-ombragé feront parfaitement l'affaire.

Quelques astuces pour l'entretien

Au début du printemps, rabattez l'hortensia de Virginie 'Incrediball' à 20 cm au-dessus du sol. Il fera bientôt de nouvelles pousses à partir de la base et fleurira plus abondamment en été. Appréciant les sols humides, cette plante ligneuse doit impérativement être arrosée en été en cas de sécheresse persistante. Tant que l'arbre aux mouchoirs ne lui apporte pas suffisamment d'ombre, l'actée à grappes aura besoin d'un arrosage régulier pendant les périodes ensoleillées et chaudes. Rabattez vigoureusement le myosotis du Caucase après la floraison ou, s'il devient inesthétique, pendant les périodes de sécheresse. Il fera rapidement de nouvelles pousses.

CI-DESSOUS À la fin de l'été, l'arbre aux mouchoirs a malheureusement cessé de fleurir, mais les vivaces et l'hortensia de Virginie prennent le relais.

Variation du module 1 « d'ombre et de lumière »

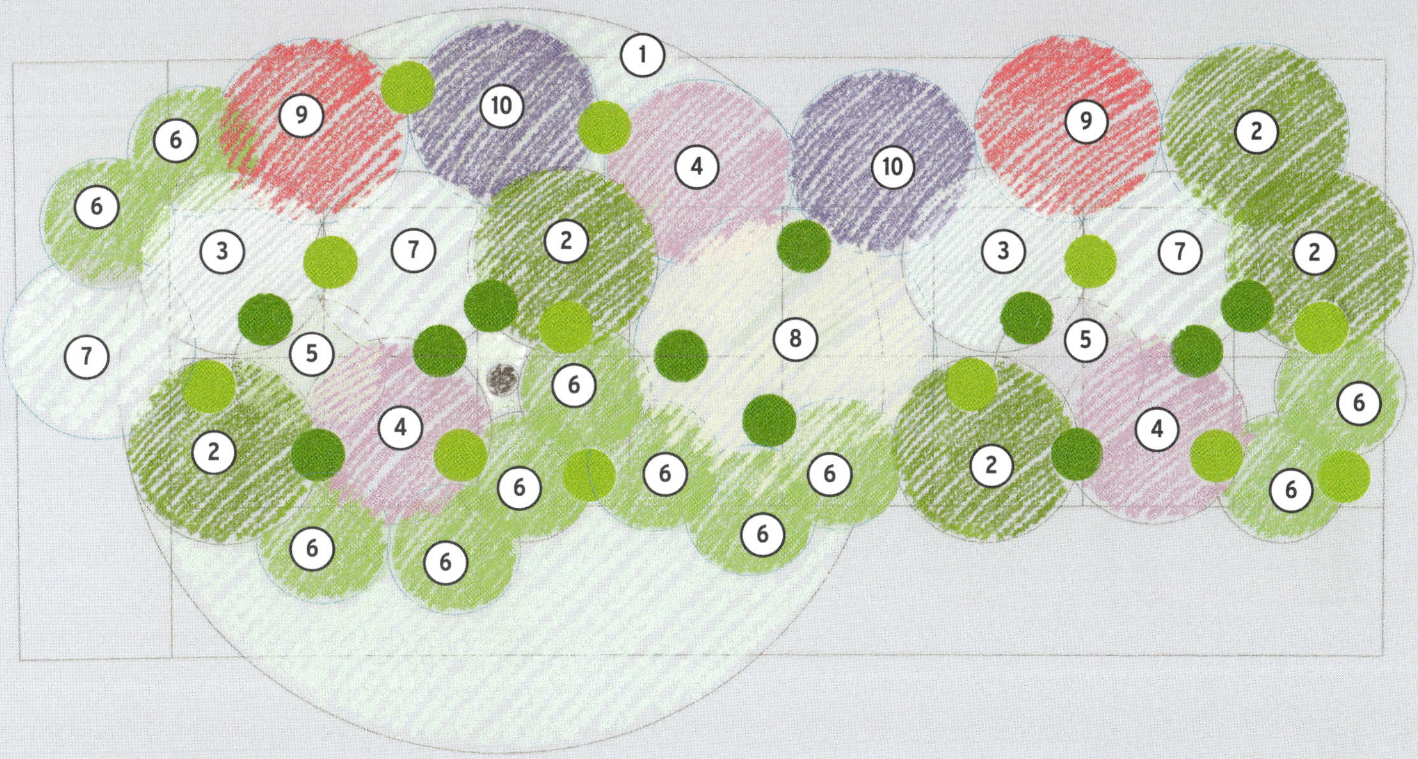

Liste d'achats
Plantes du module

① *Davidia involucrata* var. *vilmoriniana* (1)
② *Hosta* 'Diana Remembered' (5)
③ *Cimicifuga racemosa* (2)
④ *Astilbe chinensis* var. *taquetii* 'Purpurlanze' (3)
⑤ *Polygonatum* 'Striatum' (2)
⑥ *Brunnera macrophylla* 'Dawson's White' (11)
⑦ *Cimicifuga simplex* 'White Pearl' (3)

Plantes bulbeuses

3 × *Anemone blanda* 'White Splendour' (36)

Plantes complémentaires

⑧ *Hydrangea arborescens* 'Incrediball' (1)
⑨ *Anemone Japonica* 'Bressingham Glow' (2)
⑩ *Aconitum carmichaelii* 'Arendsii' (2)

Plantes bulbeuses

10 × *Galanthus nivalis* (110)

Module 2 : ombre sèche

Dans le module « ombre sèche », la nature montre son savoir-faire et sa capacité à rehausser de couleurs, comme par magie, les zones ombragées et sèches situées sous les arbres. Vous serez le premier étonné et profiterez longtemps de votre massif.

IMPLANTATION :
semi-ombragée à ombragée

SOL :
très sec, envahi par les racines, humifère et argileux

DIMENSIONS :
1,2 × 1,2 m

Liste d'achats

1. *Anemone tomentosa* 'Serenade' (1)
2. *Aster × herveyi* 'Twilight' (1)
3. *Epimedium pinnatum* ssp. *colchicum* 'Black Sea' (2)
4. *Geranium nodosum (2)*
5. *Helleborus orientalis* 'Pink Lady' (1)
6. *Bergenia* 'Herbstblüte' (3)
7. *Brunnera macrophylla* 'Jack Frost' (1)

Plantes bulbeuses

● 10 × *Chionodoxa forbesii* 'Pink Giant' (40)

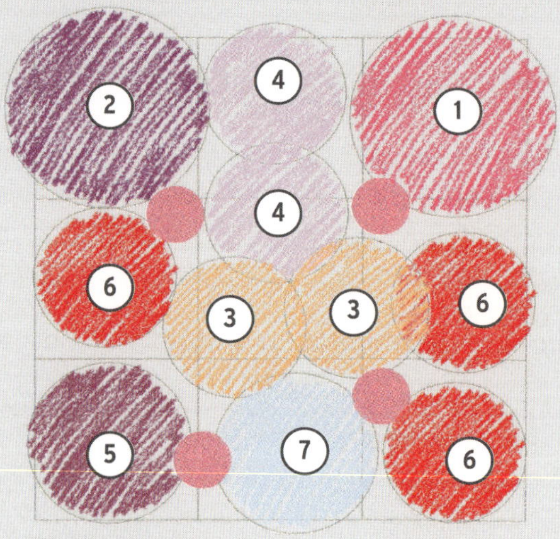

Plan à l'échelle 1:20

Description des plantes du module

◄ **Anémone du Japon**
Anemone tomentosa 'Serenade'

Implantation : ☼ ◑
LP 1-2, PB 1-2, EO 1-2
Hauteur/Croissance : 100 cm, port érigé, se propage par stolons

Floraison : août-oct., rose tendre
Soins : rabattre les pousses desséchées à la fin de l'automne

Variétés/Cultivars : 'Robustissima' : 150 cm, rose clair

► **Aster**
Aster × herveyi 'Twilight'

Implantation : ☼ ◑
LP 1-2, EO 1-2
Hauteur/Croissance : 80 cm, se propage par rhizomes

Floraison : août-sept., violet bleuté
Soins : rabattre à la fin de l'automne avant maturité des graines pour éviter le semis spontané

Variétés/Cultivars : *Aster macrophyllus* 'Albus', aster à grandes feuilles : 100 cm, blanc

◄ **Bergénia**
Bergenia 'Herbstblüte'

Implantation : ☼ ◑
LP 2, EO 2
Hauteur/Croissance : 30 cm, vivace persistante au feuillage ornemental

Floraison : avr.-mai, sept., rose sombre
Soins : rabattre au début du printemps en cas de croissante insatisfaisante

Variétés/Cultivars : 'Baby Doll' : 15 cm, avr.-mai, rose tendre ; 'Schneekönigin' : 40 cm, avr.-mai, rose blanchâtre

► **Myosotis du Caucase**
Brunnera macrophylla 'Jack Frost'

Implantation : ◑
LP 2, PB 2
Hauteur/Croissance : 40 cm, en touffe, buissonnant

Floraison : avr.-juin, bleu moyen
Soins : rabattage au sol après la floraison pour stimuler les pousses et éviter le semis spontané

Variétés/Cultivars : *Brunnera macrophylla* : bleu moyen, feuillage vert, très robuste

◄ **Fleur des elfes jaune**
Epimedium pinnatum ssp. *colchicum* 'Black Sea'

Implantation : ◑ ●
L 1-2, LP 1-2
Hauteur/Croissance : 30 cm, persistant, se propage par rhizomes

Floraison : avr.-mai, abricot clair
Soins : couper le feuillage inesthétique avant début mars si nécessaire

Variétés/Cultivars : *Epimedium × perralchicum* 'Frohnleiten': 25 cm, jaune d'or ; *E. × rubrum* : 30 cm, blanc-rouge

► **Géranium à tige noueuse**
Geranium nodosum

Implantation : ◑ ●
L 1-2, LP 1-2
Hauteur/Croissance : 45 cm, port dressé, rhizomes

Floraison : juin-oct., rose-mauve
Soins : rabattre après la floraison pour éviter le semis spontané

Variétés/Cultivars : 'Clos du Coudray' : 45 cm, violet, bord blanc ; 'Silverwood' : 30 cm, mai-août., blanc

◄ **Hellébore**
Helleborus orientalis 'Pink Lady'

Implantation : ☼ ◑ ●
PB 1-2, LP 1-2, L 1-2
Hauteur/Croissance : 40 cm, buissonnant et redressé, persistant

Floraison : févr.-avr., rose
Soins : couper le vieux feuillage inesthétique avant la floraison pour éviter le flétrissement des feuilles

Variétés/Cultivars : 'White Spotted Lady' : 40 cm, blanc à macules rouges ; 'Yellow Lady' : 40 cm, jaune clair

Calendrier des floraisons : ombre sèche

N°	Nom botanique	Nom vernaculaire	Hauteur (cm)	I	II	III	IV	V	VI	VII	VIII	IX	X	XI	XII	Espacement (cm)	Plantes/m^2
	Vivaces																
①	*Anemone tomentosa* 'Serenade'	Anémone du Japon	100													45	4
	Aster divaricatus 'Tradescant'	Aster divariqué	40													60	2
②	*Aster × herveyi* 'Twilight'	Aster	80													50	4
⑥	*Bergenia* 'Herbstblüte'	Bergénia	30													40	6
⑦	*Brunnera macrophylla* 'Jack Frost'	Myosotis du Caucase	40													35	8
	Clematis × jouiniana 'Praecox'	Clématite	50													80	1
③	*Epimedium pinnatum* ssp. *colchicum* 'Black Sea'	Fleur des elfes jaune	30													30	10
④	*Geranium nodosum*	Géranium à tige noueuse	45													30	11
⑤	*Helleborus orientalis* 'Pink Lady'	Hélébore	40													45	4
	Graminées																
	Carex oshimensis 'Evergold'	Laîche	30													35	8
	Plantes ligneuses																
	Mahonia aquifolium 'Apollo'	Mahonia	60														
	Plantes bulbeuses																
	Chionodoxa forbesii 'Pink Giant'	Gloire des neiges (▶ page 167)	25													5	100
	Chionodoxa forbesii 'Blue Giant'	Gloire des neiges	25													5	100

Plantes du module — Plantes complémentaires

Module 2

Ombre sèche

Il existe, dans le jardin, des implantations réellement problématiques parmi lesquelles les zones ombragées et semi-ombragées sèches que l'on trouve sous le houppier des conifères persistants et des feuillus adultes, de même que près des murs des maisons orientés plein nord faisant écran à la pluie. Pour de telles implantations, le choix des vivaces est limité et comprend des espèces qui combattent vaillamment pour transformer ces zones hostiles en un véritable tapis fleuri. Certaines séduisent également par leur beau feuillage persistant – que demander de plus !

L'hellébore 'Pink Lady' (*Helleborus orientalis*, n° 5), un cousin de l'hellébore noir, ou rose de Noël *(Helleborus niger)* originaire d'Europe centrale, ouvre ses fleurs roses avant le début du printemps et pare toute l'année le massif de son feuillage vert foncé brillant. Il forme une harmonieuse composition avec les inflorescences tendres et lumineuses couleur abricot de la fleur des elfes jaune 'Black Sea' (*Epimedium pinnatum* ssp. *colchicum*, n° 3). Le bergénia 'Herbstblüte' (*Bergenia*, n° 6) fait honneur à son nom ('fleurs d'automne'), car il fleurit une première fois en avril et en mai, puis une seconde fois en septembre dans les tons rose foncé. Très décoratifs, ses fleurs et son feuillage brillant et persistant agrémenteront les bouquets que vous mettrez en vase.

Avec ses feuilles argentées et lumineuses, le robuste myosotis du Caucase 'Jack Frost' (*Brunnera macrophylla*, n° 7) est une vivace ornementale tout à fait séduisante. Il est donc parfaitement mis en valeur au premier plan du massif. Au printemps, ses inflorescences bleu ciel planent au-dessus de la frondaison, offrant un spectacle des plus singuliers.

Dès le mois de mai, l'aster 'Twilight' (*Aster* × *herveyi*, n° 2) étend son beau feuillage vert foncé avant d'ouvrir ses fleurs violettes à la fin de l'été. Il accompagne merveilleusement l'anémone du Japon 'Serenade' (*Anemone tomentosa*, n° 1). En raison de la formation de rhizomes, ces deux plantes se propagent facilement. Seules des conditions d'implantation défavorables nuisent à leur expansion.

Adaptations et variations

Ce module peut être reproduit et juxtaposé plusieurs fois. Prévoyez des espacements de 40 à 80 cm si vous voulez disposer des plantes complémentaires entre les modules ou si vous préférez offrir plus de place aux végétaux qui se ressèment spontanément.

Le module peut également être réduit (0,8 × 1,2 m), en supprimant la bande de gauche de la trame.

Pour ceux qui souhaitent élargir la palette des bleus, blancs et jaunes, les plantes complémentaires offrent de nombreuses possibilités. Le mahonia 'Apollo' *(Mahonia aquifolium)* est un petit arbuste robuste, persistant et compact qui illumine le massif avec ses fleurs jaunes lumineuses au printemps. Il peut remplacer l'anémone du Japon.

La clématite 'Praecox' (*Clematis* × *jouiniana*) est également un beau substitut. Étonnamment robuste, ce couvre-sol est idéalement adapté aux implantations sèches. Ses tendres fleurs d'un doux blanc bleuté s'ouvrent d'août à septembre.

Milieu de vie :
Ligneux sec (L 1-2) ou lisière de plantes ligneuses (LP 1-2)

CI-DESSOUS La clématite 'Praecox' est remarquablement adaptée aux ombres sèches. Elle grimpe aussi dans les arbres et peut être rabattue vigoureusement au printemps si elle se propage excessivement.

Module 3 : vivaces indigènes

Il suffit d'observer attentivement les petites choses du quotidien pour prendre conscience de leur beauté. Cela vaut également pour nos vivaces indigènes qui, avec leur charme naturel, forment un ensemble de végétaux envoûtant à l'ombre des plantes ligneuses.

IMPLANTATION :
semi-ombragée à ombragée, soleil du matin et du soir
SOL :
modérément sec à frais, meuble, humifère et riche en nutriments
DIMENSIONS :
plate-bande insulaire, diamètre : 1 m

Liste d'achats

① *Polygonatum multiflorum* (1)
② *Primula vulgaris* (1)
③ *Polypodium vulgare* (2)
④ *Helleborus niger* (1)
⑤ *Lamium orvala* (1)
⑥ *Lathyrus vernus* (1)
⑦ *Lunaria rediviva* (1)

Plantes bulbeuses

● 1 × *Lilium martagon* (2)

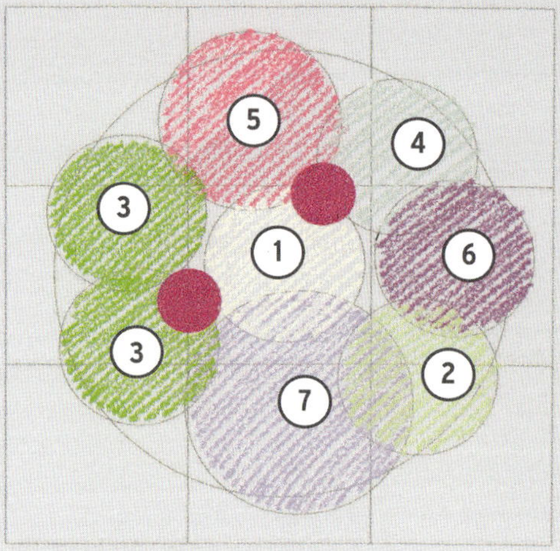

Plan à l'échelle 1:20

Description des plantes du module

◂ Hellébore noir
Helleborus niger

Implantation :
☼ ◑
LP 2, L 2
Hauteur/Croissance :
25 cm, en touffe dressée, persistant

Floraison : janv.-mars, blanc
Soins : couper les vieilles feuilles avant la floraison pour éviter le flétrissement du feuillage

Variétés/Cultivars :
'Praecox' : nov.-mars, 25 cm, blanc pur

▸ Lamier orvale
Lamium orvala

Implantation :
◑ ●
L 1-2, LP 1-2
Hauteur/Croissance :
40 cm, en touffe dressée

Floraison : mai-juin, rouge brunâtre
Soins : rabattre après la floraison pour permettre la reprise et éviter le semis spontané

Variétés/Cultivars :
50 cm, mai-juin, blanc

◂ Gesse de printemps
Lathyrus vernus

Implantation :
◑
L 2, LP 2
Hauteur/Croissance :
30 cm, en touffe

Floraison : avr.-mai, violet-rouge à violet bleuté
Soins : rabattre en automne, même tardivement

Variétés/Cultivars :
'Alboroseus' : 30 cm, rose

▸ Lunaire vivace
Lunaria rediviva

Implantation :
◑ ●
L 2, LP 2
Hauteur/Croissance :
100 cm, en touffe, buissonnant

Floraison : mai-juin, violet clair
Soins : ne pas rabattre après la floraison ; donne de beaux fruits argentés

Variétés/Cultivars : –

◂ Sceau de Salomon
Polygonatum multiflorum

Implantation :
◑ ●
L 2, LP 2
Hauteur/Croissance :
50 cm, dressé et arqué

Floraison : mai-juin, blanc
Soins : protéger des limaces

Variétés/Cultivars : –

▸ Polypode commun
Polypodium vulgare

Implantation :
◑ ●
L 2-3
Hauteur/Croissance :
40 cm, arqué, persistant, rhizome rampant

Floraison : –
Soins : ne pas transplanter ni rabattre

Variétés/Cultivars : –

◂ Primevère commune
Primula vulgaris

Implantation :
◑
L 2, LP 2, EO 2
Hauteur/Croissance :
15 cm, semi-sphérique, en touffe

Floraison : mars-avr., jaune soufre
Soins : se ressème facilement ; idéal pour un retour du jardin à l'état sauvage

Variétés/Cultivars :
Primula elatior, primevère des bois : 20 cm, jaune soufre, pétales soudés à la base

Calendrier des floraisons : vivaces indigènes

N°	Nom botanique	Nom vernaculaire	Hauteur (cm)	I	II	III	IV	V	VI	VII	VIII	IX	X	XI	XII	Espacement (cm)	Plantes/ m²
	Vivaces																
(10)	*Anemone nemorosa*	Anémone des bois (▶ page 166)	15													20	20
	Asarum europaeum	Asaret d'Europe	15													25	16
(4)	*Helleborus niger*	Hellébore noir	25													35	8
(9)	*Hepatica nobilis*	Anémone hépatique (▶ page 169)	10													20	25
(5)	*Lamium orvala*	Lamier orvale	40													45	4
(6)	*Lathyrus vernus*	Gesse de printemps	30													35	8
(7)	*Lunaria rediviva*	Lunaire vivace	100													50	3
(1)	*Polygonatum multiflorum*	Sceau de Salomon	50													30	10
(2)	*Primula vulgaris*	Primevère commune	15													25	16
	Graminées et fougères																
(8)	*Dryopteris filix-mas*	Fougère mâle (▶ page 168)	80													70	2
	Luzula sylvatica 'Marginata'	Luzule des bois	30													35	8
(3)	*Polypodium vulgare*	Polypode commun	40													35	8
	Plantes bulbeuses																
	Corydalis cava	Corydale creuse (▶ page 167)	15													20	30
	Crocus tommasinianus	Crocus	10													5	100
	Lilium martagon	Lis martagon (▶ page 170)	100													30	10

Plantes du module — Plantes complémentaires

Module 3

Vivaces indigènes

Dans ce module, les vivaces indigènes se réunissent pour former un épais tapis végétal très diversifié et partiellement persistant. Faciles à entretenir, ces végétaux se tiennent compagnie toute l'année à l'ombre totale ou partielle des grandes plantes ligneuses.

La lunaire vivace (*Lunaria rediviva*, n° 7) est une plante indigène très particulière dans la mesure où elle ne fleurit que la nuit, ce qui justifie son nom, et répand un parfum intense. Avec son beau feuillage vert clair et sa croissance buissonnante, elle compte sans aucun doute parmi les incontournables des plates-bandes d'ombre.

L'hellébore noir (*Helleborus niger*, n° 4), qui offre son feuillage presque toute l'année, fait lui aussi partie des vivaces d'ombre qui élisent domicile sous les plantes ligneuses. C'est en hiver qu'il ouvre ses grandes fleurs blanches. En avril, les fleurs jaune clair de la primevère commune (*Primula vulgaris*, n° 2) et les belles inflorescences violet bleuté de la gesse du printemps (*Lathyrus vernus*, n° 6) renouvellent les couleurs du massif. Le robuste lamier orvale (*Lamium orvala*, n° 5) s'accommode merveilleusement du polypode commun (*Polypodium vulgare*, n° 3). Avec le sceau de Salomon (*Polygonatum multiflorum*, n° 1), ils forment un magnifique trio dans les plates-bandes ombragées des jardins naturels.

Le lis martagon *(Lilium martagon)* est une plante bulbeuse que l'on peut disposer entre les vivaces. En juillet, il enrichit le massif avec ses grandes fleurs roses perchées sur ses longues tiges.

Adaptations et variations

Ce module présente une petite plate-bande insulaire d'ombre que vous pourrez disposer isolément ou agrandir à volonté dans la forme de votre choix en juxtaposant ses reproductions. Prévoyez des espacements suffisants si vous souhaitez ajouter des plantes complémentaires ou des végétaux qui se ressèment spontanément tels que la primevère commune.

Les anémones hépatiques *(Hepatica nobilis)* et les asarets d'Europe *(Asarum europaeum)* pourront venir se placer au premier plan du massif. Avec leur feuillage séduisant, ces deux vivaces sont de parfaits couvre-sols. Elles pourront être accompagnées de la luzule des bois 'Marginata' *(Luzula sylvatica)*, un cultivar intéressant de la plante du même nom. Pour diversifier l'échelonnement des hauteurs, vous pourrez ajouter isolément ou en petits groupes la fougère mâle *(Dryopteris filix-mas)*, en forme d'entonnoir, qui peut atteindre 80 cm de hauteur. Au printemps, l'anémone des bois *(Anemone nemorosa)* se révèle une compagne idéale pour cette fougère, dont les frondes arquées et brunâtres servent de fond aux fleurs blanches lumineuses. Les pages 104 et 105 vous expliqueront comment agrandir et élargir ce module.

Ajout de plantes bulbeuses

La corydale creuse *(Corydalis cava)* et le crocus *(Crocus tommasinianus)* peuvent être disposés en petits groupes entre les vivaces. Ils se propageront rapidement en se ressemant spontanément.

Milieu de vie :
Ligneux (L/LP 1-2)

CI-DESSOUS L'anémone des bois et la corydale creuse se propagent grâce à leurs rhizomes rampants et se ressèment spontanément. Elles forment un véritable tapis végétal au printemps et perdent leurs feuilles plus tard.

Variation du module 3 « vivaces indigènes »

Pour ce module, nous avons formé des groupes plus importants de végétaux et ajouté des plantes complémentaires. Des vivaces indigènes de forêt caractérisées par des fleurs délicates et un feuillage séduisant animeront ce massif toute l'année avec un charme naturel et envoûtant.

C'est souvent dès le mois de décembre que s'ouvrent les grandes fleurs blanches de l'hellébore noir (*Helleborus niger*, n° 4), créant un tableau végétal inhabituel à cette période de l'année.

En mars, les inflorescences de la corydale creuse (*Corydalis cava*) et les fleurs jaune clair de la primevère commune (*Primula vulgaris*, n° 2) prennent le relais. En avril et mai, les floraisons du sceau de Salomon (*Polygonatum multiflorum*, n° 1), de la gesse du printemps (*Lathyrus vernus*, n° 6) et du lamier orvale (*Lamium orvala*, n° 5) se succèdent.

Parmi les plantes complémentaires, nous avons choisi l'imposante fougère mâle (*Dryopteris filix-mas*, n° 8) pour tenir compagnie au polypode commun (*Polypodium vulgare*, n° 3), ainsi que l'anémone des bois (*Anemone nemorosa*, n° 10). L'anémone hépatique indigène (*Hepatica nobilis*, n° 9), un couvre-sol persistant qui annonce l'arrivée du printemps avec sa floraison bleue et lumineuse, a été reprise pour ce module. Véritable vedette du massif, la lunaire vivace (*Lunaria rediviva*, n° 7) fait son entrée en scène en mai et vous attirera dans le jardin quand elle ouvrira ses fleurs délicieusement parfumées. Ces plantes ont toutes été disposées en petits groupes comprenant de deux à cinq végétaux selon l'espèce ou la variété et formeront un tapis végétal dense et apaisant. Avec son diamètre de 3 m, ce massif circulaire se prête idéalement à une plantation que vous pourrez disposer autour d'un bel arbre déjà présent.

CI-DESSOUS Avec quelques-unes des plantes complémentaires, nous avons réalisé une plate-bande d'ombre très ornementale qui change de visage au fil des saisons.

Variation du module 3 « vivaces indigènes »

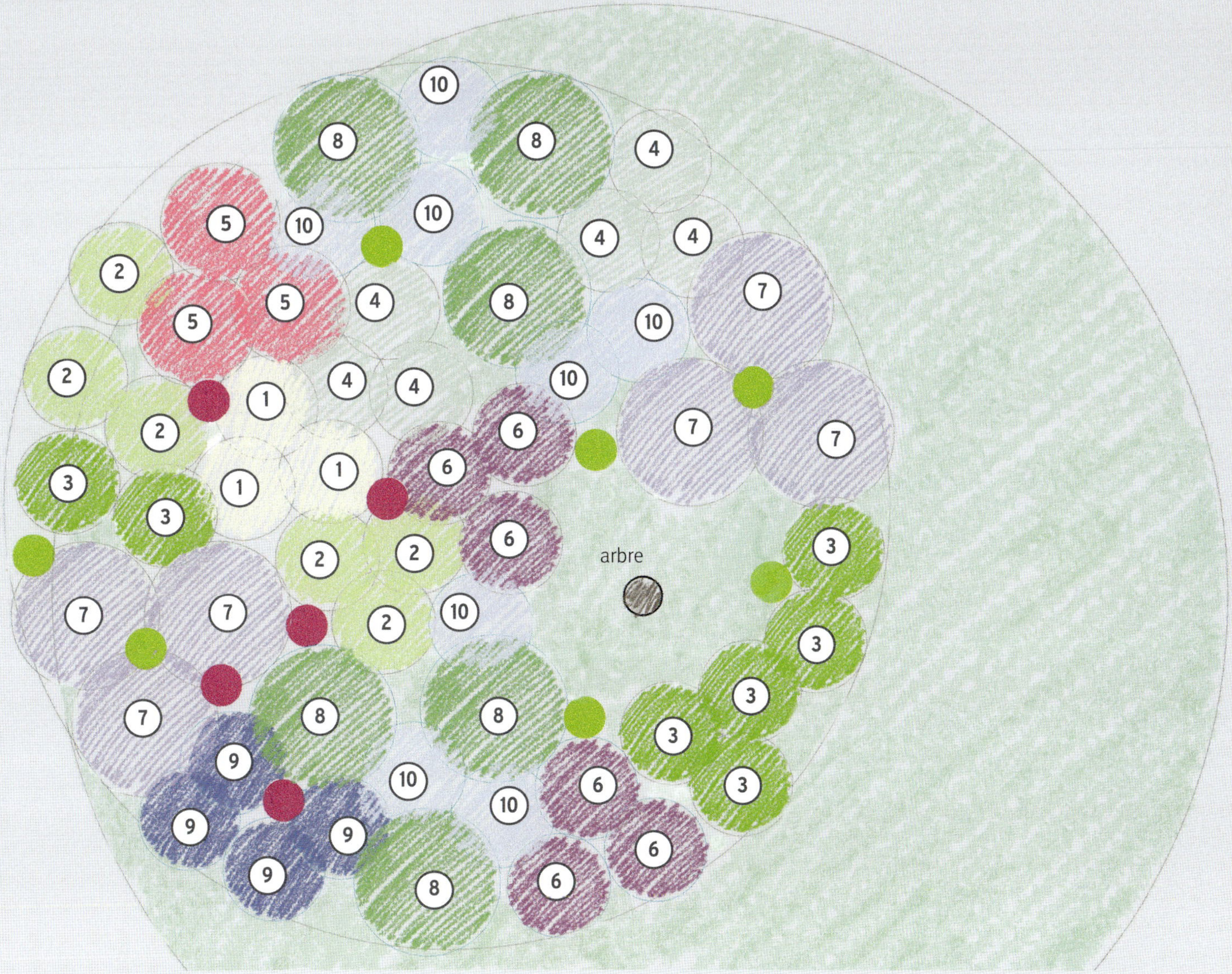

Liste d'achats
Plantes du module

① *Polygonatum multiflorum* (3)
② *Primula vulgaris* (6)
③ *Polypodium vulgare* (7)
④ *Helleborus niger* (6)
⑤ *Lamium orvala* (3)
⑥ *Lathyrus vernus* (6)
⑦ *Lunaria rediviva* (6)

Plantes bulbeuses

● 1 × *Lilium martagon* (5)

Plantes complémentaires

⑧ *Dryopteris filix-mas* (6)
⑨ *Hepatica nobilis* (4)
⑩ *Anemone nemorosa* (8)

Plantes bulbeuses

● 5 × *Corydalis cava* (35)

Pour les puristes - moderne et réduit

Peut-être comptez-vous parmi ceux qui apprécient les plantes, mais qui aspirent pour leur jardin à une certaine organisation et à un style simple et formel. À moins que vous ne souhaitiez adapter l'architecture moderne et simplifiée de votre maison à l'espace vert environnant, sans pour autant renoncer aux plantes à fleurs. Vous aurez peut-être envie de donner une fonction représentative à l'allée qui précède l'entrée de votre maison. En outre, les plantations simples présentant un nombre limité de beaux végétaux peuvent également convenir à ceux qui ont peu de temps à consacrer au jardinage.

Dans l'aménagement d'une plate-bande, il n'est pas toujours nécessaire de suivre les modèles imposés par dame nature. Les vivaces permettent aussi de réaliser des plantations modernes et minimalistes qui suivent les règles de la symétrie.

LES MASSIFS RÉALISÉS DANS UN STYLE puriste ne se conforment pas aux exigences d'un milieu de vie défini dans le sens du « New German Style ». Ils correspondent davantage au milieu de vie « plate-bande » et donc à une implantation de jardin « artificielle ». Il faut savoir que les besoins particuliers des vivaces doivent être pris en compte, même dans ce cas précis.

Caractère

Si l'on se réfère à la devise « moins il y en a, mieux c'est », ce n'est pas la multiplicité des végétaux qui caractérise une plantation moderne et puriste mais plutôt leur nombre limité.
Une plantation formelle et moderne peut donc être élégante et gracieuse, comme c'est le cas d'un massif composé de vivaces au feuillage ornemental gris tels des hostas *(Hosta)*.
La surface homogène qui résulte alors de l'uniformité des couleurs, des formes et des structures est à la fois moderne et apaisante.
Ici, c'est la structure du massif plutôt que ses dimensions qui compte. Les formes géométriques se réfèrent à l'architecture et valorisent les angles de vue que l'on a depuis la maison. L'architecture du bâtiment donne alors l'impression de se fondre avec celle du jardin. On peut donc appliquer ce principe moderne et puriste aussi bien à un petit jardin mitoyen qu'à un généreux espace de verdure.

Possibilités d'intégration dans le jardin

Vous venez peut-être de construire votre maison et cherchez une possibilité d'intégrer la terrasse au jardin de manière simple et esthétique. À moins que vous ne souhaitiez animer délicatement votre jardinet sur rue conçu avec des dalles de gravier ou de béton en ajoutant quelques plantes à fleurs.
Pour ces différentes situations, les modules destinés aux puristes réservent de nombreuses possibilités d'intégration. Ils sont si bien assortis qu'ils peuvent, associés les uns aux autres, s'assembler très facilement pour former un tout. Vous pourrez notamment reprendre ces modules

pour aménager des plates-bandes le long d'une allée qui mène de la maison au jardin et les combiner ou les diversifier à volonté. Les maisons d'habitation anciennes avec un charmant crépi peuvent elles aussi présenter dans l'espace vert qui leur est dédié une plantation moderne et réduite. Il suffit de créer un lien entre le moderne et l'ancien.

Conditions d'implantation

Pour l'aménagement d'une plantation moderne et réduite, il convient, dans le choix des végétaux, de prendre soigneusement en compte les conditions d'implantation de ces derniers. Comme le jardin comprendra un nombre réduit d'espèces, les plantes défaillantes ou mal en point sauteront immédiatement aux yeux. Pour une implantation ensoleillée orientée plein sud, le choix des végétaux ne sera pas le même que pour une plate-bande d'ombre aménagée plein nord. Les deux modules que nous vous présentons proposent des massifs adaptés aussi bien aux implantations ensoleillées qu'à celles qui sont ombragées ou semi-ombragées.

Principes d'aménagement et planification

Le principal défi à relever lors de la planification d'une plantation puriste consiste à obtenir le plus bel effet possible toute l'année avec une palette de végétaux limitée. Nous opterons le plus souvent pour une espèce ou une variété dont nous prendrons plusieurs spécimens, ce qui implique de faire le bon choix et de tenir compte de la croissance et de la floraison de ces plantes pendant toute la période végétative. La disposition des végétaux doit être clairement structurée, suivre des formes géométriques simples et se répéter de manière rythmée. Il en résultera dès lors l'effet formel recherché.
Le choix des couleurs sera soit très discret, soit monochrome. Il peut aussi évoluer selon le type d'aménagement souhaité. Les accroches de verdure apaisantes, telles que les boules,

CI-DESSUS Le contraste ne pourrait pas être plus osé, mais c'est ce qui fait le charme de cette combinaison puriste de végétaux : on retrouve ici le bergénia, la molinie 'Edith Dudszus' et la canche cespiteuse.

les carrés et les haies associés à des surfaces de vivaces seront du plus bel effet.
Ils seront adaptés à une composition claire et moderne faite d'allées et de salon de jardin, souvent caractérisés par des lignes et angles droits.

Préparation du sol

Veillez à la qualité du sol et préparez-le de sorte que les plantes y poussent vigoureusement. Pour les plates-bandes puristes qui n'emploient souvent qu'un petit choix d'espèces, cet aspect est déterminant. Un sol meuble et bien drainé, humifère et riche en nutriments est la base de tout module de plates-bandes conçu pour les puristes. Prenez en compte les indications visant à améliorer la qualité du sol (page 34). Avant de procéder à la plantation, répartissez de l'engrais organique sur la plate-bande et ratissez légèrement.

Plantation

Pour profiter de la splendeur de votre massif dès la première année, il convient d'investir davantage et de commander des plantes de la meilleure qualité possible. Les plates-bandes représentatives et réduites doivent toujours avoir un aspect soigné frisant la perfection. Nous vous conseillons de ce fait, après la plantation, de couvrir le sol d'une couche de mulch d'écorce de 3 cm d'épaisseur (avec des grains de 5 à 10 mm). En guise d'alternative, vous pourrez toujours employer du gravier fin ou du gravillon. Une telle couche protectrice est esthétique, limite l'évaporation et contient les mauvaises herbes aussi longtemps que le tapis végétal n'a pas pris possession de la plate-bande.
Veillez cependant à ne pas couvrir trop largement les plantes de mulch au niveau de leurs racines. Le rhizome de l'iris (Iris barbata-elatior), par exemple, doit pouvoir affleurer, ce qui implique de ne pas l'enfoncer trop profondément.

Soins au fil de l'année

Entre la fin de l'automne et la toute fin de l'hiver, soit début mars au plus tard, les tiges mortes des graminées et des vivaces doivent être rabattues au sol et les déchets dégagés de la plate-bande. C'est la seule manière de donner un aspect soigné au massif en hiver et au printemps. Le moment est alors venu de répartir entre les vivaces de l'engrais longue durée tel que les copeaux de corne. Prenez soin des plantes bulbeuses qui sont en train de faire leurs pousses et faites attention où vous mettez les pieds en marchant sur la plate-bande. Pour finir, vous pourrez rafraîchir la couche de mulch (gravier ou gravillon) si cela vous paraît nécessaire d'un point de vue esthétique.
En cas de périodes de chaleur ou de sécheresse prolongées, faites en sorte que les plantes d'ombre, comme le rodgersia *(Rodgersia)*, l'actée à grappes *(Cimifuga)* ou l'astilbe *(Astilbe)* ne soient pas assoiffées. Veillez à les arroser dès que possible, car ces plantes flétrissent rapidement quand elles ont les pieds au sec. Taillez la lavande régulièrement pour lui rendre sa forme. En été, il est conseillé de couper les feuilles brunes et desséchées et les inflorescences fanées, ce qui préservera la tenue du massif. Rabattez complètement la sauge des bois *(Salvia nemorosa)* pour lui permettre de reprendre rapidement et de fleurir une seconde fois à la fin de l'été.

CI-CONTRE Dans ce massif, l'orpin 'Matrona', les asters et les phlox forment des alignements sinueux généreux.

CI-DESSOUS Un massif composé de peu de variétés de vivaces offre un aspect moderne et clair. Leur disposition joue un rôle important. Ici, des monardes et des phlox.

Module 1 : plate-bande d'ombre

Avec ses élégantes vivaces à feuillage ornemental et ses fleurs aux couleurs lumineuses que l'on retrouve au fil de l'année, ce module variable ne séduira pas uniquement les puristes. Les deux propositions peuvent être combinées simplement pour former des massifs plus grands. Leur entretien est très limité.

IMPLANTATION :
semi-ombragée à ombragée, soleil du matin et du soir, éviter le plein soleil à l'heure de midi
SOL :
frais à humide, meuble, humifère et riche en nutriments
DIMENSIONS :
0,8 × 1,2 m chacun

Liste d'achats

① *Cimicifuga simplex* 'Chocoholic' (3)
② Astrantia major 'Abbey Road' (2)
③ *Astrantia major* 'Venice' (1)
④ *Astilbe chinensis* var. *pumila* (4)
⑤ *Rodgersia henrici* 'Die Schöne' (1)

Plantes bulbeuses
1 × *Allium* 'Mount Everest' (2)
5 × *Hyacinthoides hispanica* (15)

1re proposition : astrance

2e proposition : rodgersia

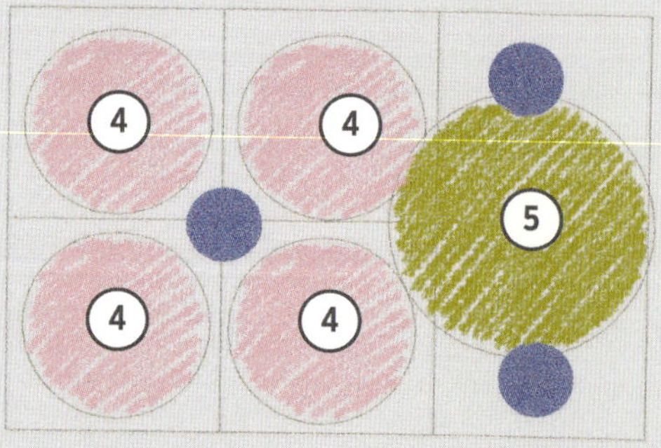

Plan à l'échelle 1:20

Description des plantes du module

◄ **Astilbe de Chine naine**
Astilbe chinensis var. *pumila*

Implantation : ◑
LP 2, L 2
Hauteur/Croissance : 30 cm, compact, s'étend en tapis, rhizomes courts

Floraison : août-sept., rose violacé
Soins : rabattre complètement à la fin de l'automne ou de l'hiver

Variétés/Cultivars : 'Visions in Red' : 40 cm, juill.-août, rouge-pourpre ; 'Visions in White' : 45 cm, juill.-août, blanc

► **Grande astrance**
Astrantia major
'Abbey Road'

Implantation : ☼ ◑
LP 2, L 2, EO 3
Hauteur/Croissance : 70 cm, en touffe redressée

Floraison : juin-juill., sept., rouge-pourpre foncé
Soins : rabattre après la floraison empêche le semis spontané et stimule la 2e floraison

Variétés/Cultivars : 'Moulin Rouge' : 40 cm, rouge carmin avec pointes violet sombre

◄ **Grande astrance**
Astrantia major 'Venice'

Implantation : ☼ ◑
LP 2, L 2, EO 3
Hauteur/Croissance : 60 cm, en touffe redressée

Floraison : juin-juill., sept., rubis
Soins : rabattre après la floraison empêche le semis spontané et stimule la 2e floraison

Variétés/Cultivars : 'Florence' : 50 cm, rose argenté

► **Cierge d'argent**
Cimicifuga simplex
'Chocoholic'

Implantation : ◑
L 2, LP 2, PB 2
Hauteur/Croissance : 70 cm, en touffe, port érigé

Floraison : sept.-oct., blanc
Soins : couper les fleurs fanées et le feuillage desséché si besoin

Variétés/Cultivars : 'Brunette' : 150 cm, blanc ; *Cimicifuga japonica* var. *acerina* 'Compacta': 60 cm, août-sept., blanc

◄ **Rodgersia**
Rodgersia henrici
'Die Schöne'

Implantation : ◑
L 2-3, LP 2-3
Hauteur/Croissance : 100 cm, en touffe, port redressé, rhizomes courts

Floraison : juin-juill., rose tendre
Soins : arroser en cas de sécheresse prolongée, couper le feuillage inesthétique

Variétés/Cultivars : *Rodgersia podophylla* 'Rotlaub': 80 cm, blanc crème

Calendrier des floraisons : plate-bande d'ombre

N°	Nom botanique	Nom vernaculaire	Hauteur (cm)	I	II	III	IV	V	VI	VII	VIII	IX	X	XI	XII	Espacement (cm)	Plantes/m²
	Vivaces																
4	*Astilbe chinensis* var. *pumila*	Astilbe de Chine naine	30													35	10
2	*Astrantia major* 'Abbey Road'	Grande astrance	70													45	4
	Astrantia major 'Shaggy'	Grande astrance	50													45	4
3	*Astrantia major* 'Venice'	Grande astrance	60													45	4
	Bergenia 'Baby Doll'	Bergénia	25													35	8
1	*Cimicifuga simplex* 'Chocoholic'	Cierge d'argent	70													50	4
	Hosta 'Patriot'	Hosta	50													50	4
5	*Rodgersia henrici* 'Die Schöne'	Rodgersia	100													50	2
	Graminées																
	Carex morrowii var. *foliosissima* 'Silver Sceptre'	Laîche japonaise	40													35	8
	Plantes ligneuses																
	Hydrangea quercifolia 'Pee Wee'	Hortensia à feuilles de chêne	80													60	–
	Taxus cuspidata 'Lescow'	If du Japon	200														
	Plantes bulbeuses																
	Allium 'Mount Everest'	Ail d'ornement (▶ page 165)	120													20	10
	Hyacinthoides hispanica	Jacinthe d'Espagne (▶ page 169)	30													10	100

Plantes du module — Plantes complémentaires

Module 1

Plate-bande d'ombre

Réservé aux implantations semi-ombragées à ombragées, le module 1 présente deux manières de composer des plates-bandes puristes à partir de deux ou trois végétaux ayant des périodes de floraison et des couleurs distinctes.

1re proposition : astrance

Dans un impressionnant jeu de couleurs, cette plate-bande harmonise les cultivars 'Abbey Road' et 'Venice' (l'un pourpre et l'autre rubis) de la grande astrance (*Astrantia major*, nos 2 et 3), qui fleurissent de manière prolongée, avec le feuillage noir du cierge d'argent 'Chocoholic' (*Cimicifuga simplex*, n° 1). En septembre, la seconde floraison des astrances vient embellir le massif en même temps que les épis blanc argenté du cierge d'argent, deux plantes qui parfument délicieusement le jardin. Au début de l'été, les boules blanches de l'ail d'ornement 'Mount Everest' *(Allium)* dominent la plate-bande.

2e proposition : rodgersia

La jacinthe d'Espagne *(Hyacinthoides hispanica)* ouvre le bal dès le mois d'avril avec ses bouquets de clochettes bleues. À la fin du printemps, le rodgersia 'Die Schöne' (*Rodgersia henrici*, n° 5) séduit par ses pousses couleur bronze et structure la plate-bande grâce à ses grandes feuilles vertes. Ses inflorescences se dressent de juin à juillet sur des tiges vigoureuses. L'astilbe de Chine naine (*Astilbe chinensis* var. *pumila*, n° 4), un gratifiant couvre-sol, s'étend tel un véritable tapis rose au pied du massif. Après sa floraison en larges panicules roses, son feuillage se colore d'un joli brun orangé. Une association de végétaux simple et superbe qui apporte du renouvellement tout au long de l'année.

Adaptations et variations

Ces deux modules peuvent être juxtaposés plusieurs fois afin d'obtenir une plate-bande aux dimensions souhaitées. Pour réduire l'un ou l'autre module, il vous suffira de supprimer des bandes de trame.

Dans la première proposition, vous pourrez remplacer l'une des grandes astrances pourpre foncé 'Abbey Road' (*Astrantia major*, n° 2) par la grande astrance blanche 'Shaggy'. Vous apaiserez et moderniserez davantage la seconde proposition de module en substituant la laîche japonaise persistante 'Silver Sceptre' (*Carex marowii* var. *foliosissima*), avec son feuillage retombant et nervuré de blanc, à l'astilbe de Chine naine (*Astilbe chinensis* var. *pumila*, n° 4). Le gracieux bergénia 'Baby Doll' *(Bergenia)* est une autre option possible. Ceux qui le souhaitent pourront remplacer le rodgersia 'Die Schöne' par deux spécimens du merveilleux hosta 'Patriot' *(Hosta)*.
Le petit hortensia à feuilles de chêne 'Pee Wee' *(Hydrangea quercifolia)*, plante ligneuse basse et compacte, séduit par ses inflorescences blanches en juillet et son feuillage rouge en automne. Assez pittoresque, il permettra de faire le lien entre les deux types de module. Les boules et les carrés d'if du Japon, notamment de la variété 'Lescow' *(Taxus cuspidata)* sont, quant à eux, des éléments de liaisons architectoniques plus austères et donc adaptés.

Milieu de vie :
Plate-bande d'ombre (PB 2-3)

CI-DESSOUS Les contours structurés de l'ail d'ornement apporteront la touche finale aux massifs puristes. Le cultivar 'Mount Everest' s'est largement popularisé et constitue une belle alternative aux variétés violettes.

Module 2 : implantation ensoleillée

Vous souhaitez un massif aux tons chauds et lumineux au cœur de l'été ou paré de violet à la fin de la saison ? Avec ces propositions de module, les deux sont possibles. Vous pourrez aussi laisser libre cours à votre imagination en créant de nouvelles combinaisons avec les plantes complémentaires.

IMPLANTATION :
ensoleillée
SOL :
modérément sec, bien drainé, argileux-humifère
DIMENSIONS :
0,8 × 1,2 m chacun

Liste d'achats

① *Calamagrostis × acutiflora* 'Karl Foerster' (1)
② *Echinacea* 'Flame Thrower' (2)
③ *Echinacea* 'Tomato Soup' (2)
④ *Pennisetum alopecuroides* 'Cassian' (3)
⑤ *Salvia nemorosa* 'Caradonna' (3)

Plantes bulbeuses

1 × *Allium* 'Ambassador' (6)
3 × *Allium atropurpureum* (6)
1 × *Allium christophii* (1)

1re proposition : rudbeckia

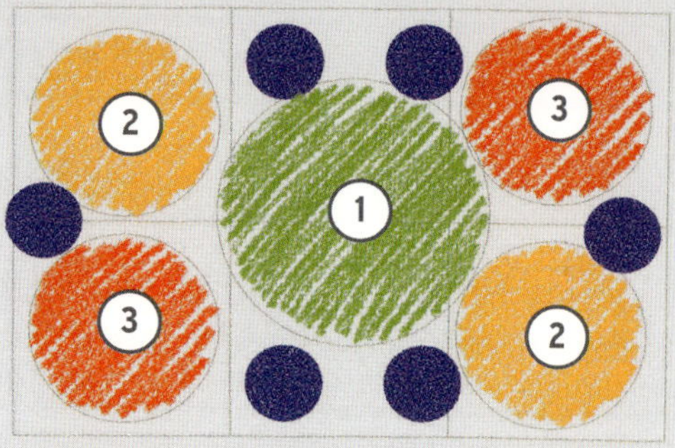

2e proposition : sauge des bois

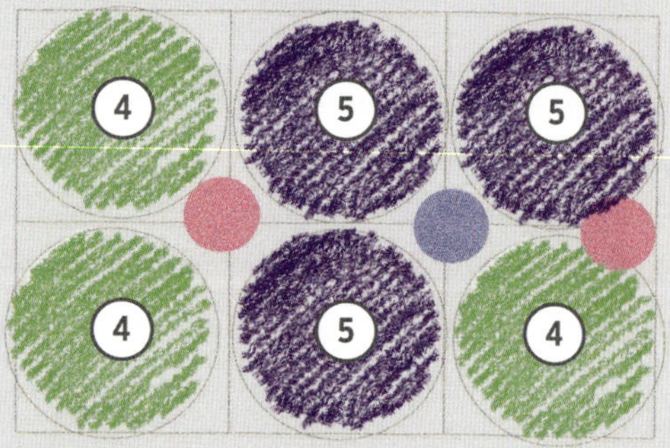

Plan à l'échelle 1: 20

Description des plantes du module

◄ **Calamagrostride lancéolée**
Calamagrostis × acutiflora 'Karl Foerster'

Implantation :
☼
EO 1-2, PB 1-2
Hauteur/Croissance : 150 cm, en touffe, port érigé

Floraison : juin-août, rose argenté
Soins : rabattage complet en fin d'hiver

Variétés/Cultivars : 'Overdam' : 120 cm, rose argenté, feuilles nervurées de blanc

► **Rudbeckia**
Echinacea 'Flame Thrower'

Implantation :
☼
PB 1-2, EO 1-2
Hauteur/Croissance : 90 cm, en touffe, port érigé

Floraison : juill.-sept., jaune orangé
Soins : drainer le sol, rabattre après la floraison, engrais

Variétés/Cultivars : 'Summer Cocktail' : 100 cm, jaune orangé à pourpre

◄ **Rudbeckia**
Echinacea 'Tomato Soup'

Implantation :
☼
PB 1-2, EO 1-2
Hauteur/Croissance : 70 cm, en touffe, port érigé

Floraison : juill.-sept., rouge tomate
Soins : drainer le sol, rabattre après la floraison, engrais

Variétés/Cultivars : 'Pixi Meadowbrite' : 40 cm, rose

► **Herbe aux écouvillons**
Pennisetum alopecuroides 'Cassian'

Implantation :
☼
EO 2, PB 2
Hauteur/Croissance : 90 cm, en touffe, buissonnant et retombant

Floraison : août-oct., brun clair
Soins : diviser en cas de floraison poussive, rabattre au printemps

Variétés/Cultivars : 'Red Head' : 50 cm, rouge-rose, juill.-oct.

◄ **Sauge des bois**
Salvia nemorosa 'Caradonna'

Implantation :
☼
EO 1-2, PB 1-2
Hauteur/Croissance : 60 cm, en touffe, port érigé

Floraison : juin-sept., violet foncé
Soins : rabattre au sol après la 1re floraison pour stimuler la 2^{e}

Variétés/Cultivars : 'Mainacht' : 50 cm, mai-juin, sept., violet bleuté foncé

Calendrier des floraisons : implantation ensoleillée

N°	Nom botanique	Nom vernaculaire	Hauteur (cm)	I	II	III	IV	V	VI	VII	VIII	IX	X	XI	XII	Espacement (cm)	Plantes/m²
	Vivaces																
②	*Echinacea* 'Flame Thrower'	Rudbeckia	90							■	■	■				35	8
⑥	*Echinacea* 'Fragrant Angel'	Rudbeckia (▶ page 168)	80							■	■	■				35	8
③	*Echinacea* 'Tomato Soup'	Rudbeckia	70							■	■	■				35	8
⑦	*Hemerocallis* 'Little Grapette'	Hémérocalle (▶ page 169)	60						■	■	■					40	6
	Iris barbata-elatior 'Lovely Again'	Iris barbu	80					■	■			■				40	6
	Lavandula angustifolia 'Miss Katherine'	Lavande officinale	50						■	■						40	8
⑤	*Salvia nemorosa* 'Caradonna'	Sauge des bois	60						■			■				35	8
	Graminées																
①	*Calamagrostis × acutiflora* 'Karl Foerster'	Calamagrostide lancéolée	150						■	■	■					80	1
④	*Pennisetum alopecuroides* 'Cassian'	Herbe aux écouvillons	90								■	■	■			80	1
	Plantes ligneuses																
	Ilex crenata 'Dark Green'	Houx crénelé	200														
⑧	*Taxus baccata* 'Renkes Kleiner Grüner'	If commun (▶ page 172)	100														
	Plantes bulbeuses																
	Allium atropurpureum	Ail pourpre (▶ page 164)	80						■	■						25	16
	Allium christophii	Ail de Perse (▶ page 164)	50						■	■						30	6
	Allium 'Ambassador'	Ail géant (▶ page 165)	130						■	■						40	4

Plantes du module — Plantes complémentaires

Module 2

Implantation ensoleillée

Réservé aux implantations ensoleillées, ce module offre une multitude de possibilités pour revaloriser des zones de jardin dégagées et bien exposées avec des structures et des couleurs florales réduites et modernes. Ces deux propositions montrent comment composer, avec quelques plantes seulement, des massifs puristes ayant plusieurs temps forts en termes de floraison et de couleur.

1re proposition : rudbeckia

Avec la calamagrostide au port érigé 'Karl Foerster' (*Calamagrostis × acutiflora*, n° 1), environnée des rudbeckias 'Flame Thrower' et 'Tomato Soup' (*Echinacea*, n°s 2 et 3) qui fleurissent de juillet à septembre dans les tons rouges et orangés, la première proposition fait planer un soupçon de prairie. Les petites inflorescendes rondes et violet foncé de l'ail géant 'Ambassador' *(Allium)* complètent la palette de couleurs qui s'exprime au cœur de l'été.

2e proposition : sauge des bois

Ce module puriste séduit par l'étendue ondulante de graminées représentées par la pittoresque herbe aux écouvillons 'Cassian' (*Pennisetum alopecuroides*, n° 4) accompagnée de la sauge des bois 'Caradonna' (*Salvia nemorosa*, n° 5), qui se pare de fleurs violettes. Le superbe ail pourpre *(Allium atropurpureum)* ponctue chaleureusement le massif, tandis que le petit ail de Perse *(Allium christophii)* parachève le tableau.

Adaptations et variations

Ces modules peuvent être juxtaposés plusieurs fois, mais vous pourrez aussi les diversifier joliment ou les associer les uns aux autres. Les vivaces que l'on y trouve peuvent être plantées par groupes de cinq à dix de manière à donner au massif la forme de votre choix. Pour obtenir un effet architectonique plus strict, n'hésitez pas à disposer entre les modules – qu'ils soient issus de la première ou de la seconde proposition – des petits rectangles ou boules d'ifs communs *(Taxus baccata)*. Cela permettra de valoriser les vivaces et de créer de petites scènes florales. Vous aurez aussi la possibilité, pour vous faciliter la tâche, de placer entre les modules des dalles ou des surfaces de gravier. Pour réduire les modules, il suffira de supprimer des bandes de trame. Vous pourrez faire évoluer la palette chromatique en ayant recours aux plantes complémentaires. Si vous préférez les couleurs délicates, remplacez les rudbeckias 'Flame Thrower' et 'Tomato Soup' par le cultivar blanc 'Fragrant Angel'. Deux spécimens de l'hémérocalle 'Little Grapette' *(Hemerocallis)* peuvent se substituer à la calamagrostide lancéolée 'Karl Foerster'.
Pour obtenir un soupçon de Méditerranée, remplacez dans la première proposition l'herbe aux écouvillons 'Cassian' par la lavande officinale aux fleurs rose 'Miss Katherine' *(Lavandula angustifolia)* ou l'iris barbu 'Lovely Again', qui donne des fleurs violet bleuté, l'un ou l'autre faisant superbement écho à la sauge des bois 'Caradonna'. Référez-vous à la plate-bande présentée sur les pages 118 et 119 pour voir comment adapter ces deux propositions à vos besoins individuels.

Milieu de vie :
Plate-bande ensoleillée (PB 1-2)

CI-DESSOUS
Les opulentes boules de fleurs de l'ail géant 'Ambassador' sont très attractives, même après la floraison et contrastent harmonieusement avec la sauge des bois 'Caradonna'.

Variation du module 2 « implantation ensoleillée »

Pour cette plantation, nous avons diversifié les deux propositions de module et les avons assemblées afin de concevoir un massif aux dimensions plus importantes.

Les couleurs froides et le vert formel composent la palette chromatique de cette plantation, qui vient encadrer une terrasse de 4,8 × 3,2 m. Elle a été élaborée sur la base des deux propositions constituant le module 2, réservé aux implantations ensoleillées.

Dans la première proposition, nous avons remplacé le rudbeckia 'Flame Thrower' (*Echinacea*, n° 2) par le cultivar blanc 'Fragrant Angel' (n° 6). La pittoresque hémérocalle 'Little Grapette' (*Hemerocallis*, n° 7) se substitue au rudbeckia 'Tomato Soup' (n° 3) à la floraison orangée. Cette hémérocalle est d'agréable compagnie pour la calamagrostide lancéolée 'Karl Foerster' (*Calamagrostis × acutiflora*, n° 1) au port érigé et structurant qui, de juin à août, colore discrètement le massif de ses épis rose argenté. Ainsi modifiée, la première proposition de module a été employée deux fois par juxtaposition.

Une haie carrée de 80 × 80 cm composée d'ifs 'Renkes Kleiner Grüner' (*Taxus baccata*, n° 8) vient structurer la plate-bande.

Pour la seconde proposition, nous avons remplacé un spécimen de l'herbe aux écouvillons 'Cassian' (*Pennisetum alopecuroides*, n° 4) par une boule d'if 'Renkes Kleiner Grüner' (*Taxus baccata*, n° 8). La croissance de cette variété est plus lente que celle de l'if commun.

Le 'Renkes Kleiner Grüner' est parfaitement adapté car il peut, par la forme qu'on lui donne, constituer de petits éléments structurants.

La deuxième proposition est elle aussi employée deux fois. Ses reproductions sont séparées par une haie d'ifs carrée, composée de quatre spécimens correspondant à la trame de 40 cm. Pour chaque boule d'if, vous n'aurez besoin que d'un plant. Le robuste houx crénelé 'Dark Green' *(Ilex crenata)*, qui rappelle le buis, est une bonne alternative à l'if.

Vous pourrez le tailler dans la forme souhaitée.

Une surface de gravier carrée relie les massifs en bordant la terrasse.

CI-DESSOUS Cette bordure de terrasse puriste résulte de l'agencement des différentes propositions de massif. Elle peut également être employée à d'autres fins, notamment pour border une allée.

Variation du module 2 « implantation ensoleillée »

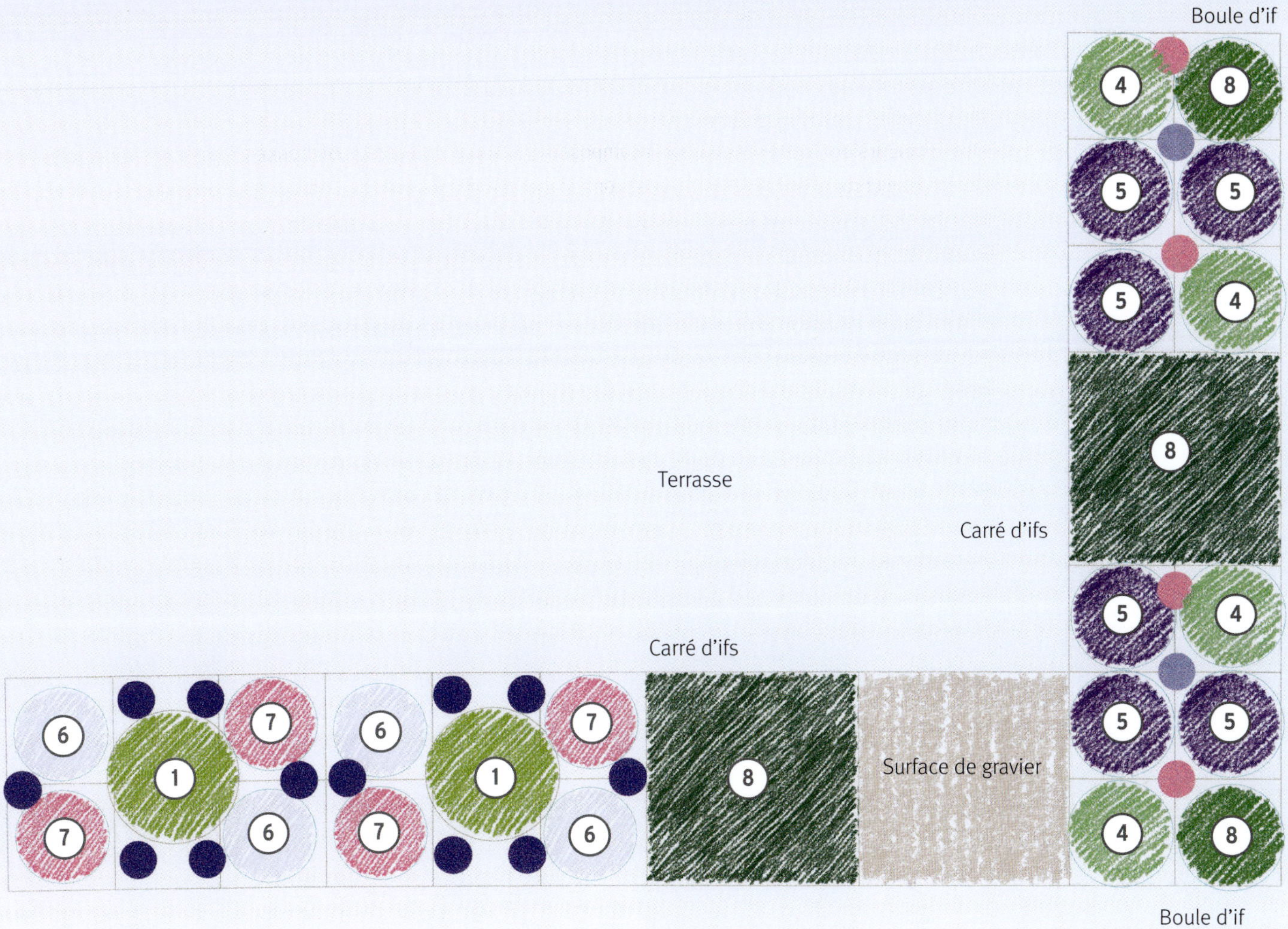

Liste d'achats
Plantes du module

① *Calamagrostis* × *acutiflora* 'Karl Foerster' (2)

④ *Pennisetum alopecuroides* 'Cassian' (4)

⑤ *Salvia nemorosa* 'Caradonna' (6)

Plantes complémentaires

⑥ *Echinacea* 'Fragrant Angel' (4)

⑦ *Hemerocallis* 'Little Grapette' (4)

⑧ *Taxus baccata* 'Renkes Kleiner Grüner' (10)

Plantes bulbeuses

- 1 × *Allium* 'Ambassador' (12)
- 3 × *Allium atropurpureum* (12)
- 3 × *Allium christophii* (6)

Plates-bandes de graminées conviviales

Il est important de prendre conscience que les graminées sont partie prenante de vastes étendues paysagées en Europe. Il suffit de penser aux prés et prairies sans oublier les herbes folles que l'on voit en bordure des chemins. Dans les espaces verts publics et les jardins privés, ces végétaux se sont imposés depuis longtemps et sont de plus en plus populaires. On les trouve aussi bien plantées en compagnie de vivaces à fleurs que sous une forme plus moderne, en tant qu'élément végétal architectonique. Leur diversité est si importante aujourd'hui qu'il en existe pour tous les goûts.

Si vous êtes à la recherche de compositions florales stimulantes et vivantes, tournez-vous vers les graminées. Leurs possibilités d'aménagement sont quasiment infinies et vous vous régalerez à l'idée de choisir parmi la multitude des espèces qui s'offrent à vous.

LES GRAMINÉES doivent en partie leur succès au fait que de nombreux cultivars ayant une belle valeur ornementale ont été mis au point. De plus, ces plantes peu exigeantes sont faciles d'entretien. Au début du xxe siècle, le célèbre jardinier et cultivateur de plantes vivaces allemand Karl Foerster (1874-1970) avait découvert la valeur des graminées ornementales et plaidé pour leur emploi. Sa phrase célèbre « les graminées sont la chevelure de Mère nature » exprime très justement l'importance de ces végétaux dans la plantation de nos jardins. Qu'elles occupent des massifs qui leur sont dédiés ou qu'elles soient associées à des vivaces à fleurs, les graminées nous offrent une multitude de possibilités d'aménagement. En automne, pendant que certaines vivaces se recroquevillent, beaucoup de graminées font une nouvelle entrée en scène en arborant les couleurs spectaculaires de leur feuillage. En outre, leurs tiges et leurs feuilles résistent souvent aux gelées, à l'humidité et à la neige, et structurent les compositions végétales jusqu'au printemps suivant.

Caractère

Élégant, transparent et d'une vitalité sans pareille, l'univers des graminées est multiple et envoûtant. Il s'étend de l'imposante eulalie *(Miscanthus)*, avec ses inflorescences légères et argentées qui, selon les variétés, peut atteindre 2 m de haut, à la calamagrostide lancéolée (*Calamagrostis × acutiflora*) au port érigé, sans oublier la pittoresque herbe aux écouvillons *(Pennisetum)*, retombante, ou les graminées de forêt gracieuses, telle la luzule des bois *(Luzula sylvatica)*, qui parvient à s'imposer dans des implantations difficiles, notamment sous des arbres adultes, et remplit admirablement la fonction de couvre-sol. Les inflorescences multiples, délicates et souvent translucides qui jouent avec le vent sur leurs longues tiges confèrent un charme particulier aux graminées et apportent de la légèreté à la plate-bande. Dans les massifs de graminées, les vivaces à fleurs ont un rôle secondaire, car elles soulignent surtout la beauté de leurs compagnes. En outre, ces plates-bandes peuvent aussi n'être composées que d'une seule espèce ou variété.

Ces plantes séduisent alors par leur disposition stricte et formelle.

Possibilités d'intégration dans le jardin

La forme et la diversité des couleurs des graminées ornementales incitent à les employer et les associer. Nous ne devons aucunement nous contraindre à suivre l'exemple donné par la nature. Non seulement les graminées peuvent être associées à des vivaces selon les différents milieux de vie, mais elles peuvent aussi être intégrées de manière formelle dans le jardin. Elles permettent également d'aménager des massifs qui transposent l'architecture moderne au jardin. Les hautes plantes peuvent également servir de paravent pour encadrer une terrasse, un salon de jardin ou encore faire office de haie.

Conditions d'implantation

Comme pour les autres plantes, les conditions d'implantation et les milieux de vie entrent en ligne de compte pour l'aménagement de plates-bandes de graminées. Cela vaut aussi pour une plantation moderne et réduite. La lumière est le facteur d'implantation le plus important dans la mesure où beaucoup de graminées assoiffées de soleil sont incapables de fleurir ou dépérissent dans des zones semi-ombragées.
Certaines d'entre elles conviennent aux implantations humides à fraîches, tandis que d'autres tolèrent très bien la sécheresse. Les graminées persistantes de forêt préfèrent, elles, les endroits ombragés. Leur feuillage se consume rapidement au soleil et devient inesthétique. La plupart des graminées de jardin s'épanouissent volontiers sur un sol bien drainé et modérément riche en nutriments. Elles supportent mal les sols gorgés d'eau, surtout en hiver.

Principes d'aménagement et de planification

La légèreté des graminées s'harmonise avec les grandes fleurs ou feuilles aux contours définis des vivaces, car il en résulte un contraste intéressant.

CI-DESSUS Avec les élégantes inflorescences retombantes du stipe barbu, il est possible de créer de pittoresques plantations. Ici, les fleurs rouges de l'ail pourpre se mêlent à celles du statice vivace 'Violetta'.

CI-DESSOUS Caractérisée par ses hampes florales, l'herbe aux écouvillons soyeuse ne résiste pas aux rigueurs de l'hiver sous nos latitudes. Le rudbeckia annuel peut-être semé dans la plate-bande et combler les surfaces nues.

Lorsqu'elles sont bien choisies, elles se valorisent les unes les autres, comme c'est le cas des inflorescences rondes de la boule azurée 'Veitch's Blue' *(Echinops ritro)* ou des fleurs vigoureuses du rudbeckia *(Echinacea)* en compagnie des nuages fleuris roses du sporobole à glumes inégales *(Sporobolus heterolepis)*, amateur de soleil.

Beaucoup de graminées servent de structure végétale ou donnent son rythme à la plate-bande. Selon leur hauteur et leur forme, on peut les disposer au premier plan, au milieu ou en arrière du massif. Les graminées persistantes sont très utiles dans la mesure où elles apportent couleur et structure à la plate-bande, même en hiver. Les pittoresques graminées retombantes ont besoin d'espace pour pouvoir épanouir leur beauté au fil des ans. Les calamagrostides lancéolées, au port érigé, peuvent être joliment plantées en groupes denses. Étirées en bandes à travers le massif, elles prennent certes beaucoup de place, mais sont du plus bel effet.

Veillez cependant à toujours choisir des graminées qui poussent en touffe, comme c'est le cas pour les modules et les plantes complémentaires que nous vous proposons. Elles ne forment pas de rhizomes et se développent à l'endroit qui leur a été dédié pour gagner essentiellement en volume.

Les graminées invasives à la croissance vigoureuse qui produisent des rhizomes empêchent les autres plantes de se développer et sont une véritable plaie.

Préparation du sol

Pour répondre aux exigences diverses des graminées, le sol doit être bien préparé. La plupart des graminées ornementales ne supportent pas les zones gorgées d'eau et ont besoin d'un sol meuble et perméable, qui ne soit pas trop riche en nutriments. Les sols argileux et mal drainés doivent être ameublis – après avoir éliminé toutes les mauvaises herbes – avant de procéder à la plantation. Il faut donc bien bêcher la terre avant d'ajouter un peu de compost et une grande quantité de sable propre (grains de 0 à 2 mm) ou du gravillon fin.

Plantation

Vous devrez procéder à la plantation au printemps, entre début avril et fin mai. Cela permettra aux graminées sensibles d'avoir le temps de se développer pour survivre à l'hiver suivant. Faites en sorte de mettre ces végétaux en terre à la hauteur à laquelle ils sont plantés dans les pots. Pour lutter contre l'évaporation, n'hésitez pas à ajouter une couche de 3 cm d'épaisseur de broyat d'écorce très fin ou de compost sur les surfaces encore relativement importantes qui séparent les plantes.

Cette couche empêchera l'apparition des mauvaises herbes et facilitera le désherbage.

Pour les graminées qui apprécient le soleil et la sécheresse, mulchez le sol avec du gravillon. À proximité des végétaux, la couche de paillis doit être assez fine pour protéger leurs racines de la putréfaction.

Soins au fil de l'année

Pendant les deux années qui suivent la plantation, il est nécessaire d'éliminer régulièrement les mauvaises herbes afin de permettre aux jeunes graminées et vivaces de s'épanouir pleinement. Chaque année, à la fin de l'hiver, entre fin février et mars, les graminées doivent être rabattues à environ 10-15 cm au-dessus du sol. Pour ce faire, vous pourrez employer un sécateur classique ou une cisaille à haie. Rabattez quasiment au sol les vivaces à fleurs qui accompagnent les graminées. Pensez à éliminer complètement les déchets de la plate-bande. Les graminées persistantes doivent être soigneusement peignées à la main ou à l'aide d'un petit râteau.

Si, au bout de quelques années, les plantes ont du mal à fleurir, deviennent glabres en leur centre ou sont devenues trop vigoureuses, n'hésitez pas à les diviser. Cela leur permettra de se multiplier. Faites-le à la fin de l'hiver. Retirez la touffe à la bêche, puis divisez-la en plusieurs plants avec la bêche ou la fourche. Replantez immédiatement un à deux morceaux de la touffe au même endroit avant de répandre sur le sol de l'engrais organique longue durée et un peu de compost. Vous pourrez replanter les autres morceaux de la touffe ailleurs dans le jardin ou bien en faire cadeau.

Certaines graminées ont besoin d'être protégées l'hiver. C'est notamment le cas de l'herbe de la pampa *(Cortaderia)* qui ne supporte pas les sols gorgés d'eau. Rassemblez ses feuilles et nouez-les de manière à ce que l'eau pénètre moins dans la touffe. Protégez la plante au niveau des racines avec une couche composée de feuillage et de brindilles.

CI-DESSUS, À GAUCHE
L'herbe aux diamants fleurit à l'automne, mais elle est en août d'agréable compagnie pour le cléome et le rudbeckia.

CI-DESSUS, À DROITE
Certaines grandes graminées au port érigé comme la calamagrostide lancéolée 'Karl Foerster' font des pousses très tôt et peuvent servir de paravent naturel.

CI-CONTRE Les hampes florales rose argenté de l'herbe aux diamants et les asters violet bleuté confèrent en septembre un nouvel éclat à la plate-bande. La pointe orangée du feuillage des pivoines qui ont terminé leur floraison depuis longtemps nuance la palette chromatique automnale.

Module 1 : paravent moderne

Si vous n'êtes pas intéressé par les classiques éléments en bois qui font écran aux regards intrusifs, mais que vous préférez, depuis la terrasse ou le salon de jardin, avoir une vue sur les graminées et vivaces pittoresques, ce module, qui peut être étendu à volonté, est une variation intéressante.

IMPLANTATION :
dégagée, plein soleil
SOL :
très perméable, argileux et humifère, riche en nutriments, très bien drainé
DIMENSIONS :
1,6 × 2 m

Liste d'achats

1. *Calamagrostis × acutiflora* 'Karl Foerster' (4)
2. *Sporobolus heterolepis* (3)
3. *Echinacea purpurea* 'Augustkönigin' (2)
4. *Salvia nemorosa* 'Amethyst' (5)
5. *Hemerocallis* 'Summer Wine' (2)
6. *Pennisetum alopecuroides* var. *viridescens* (3)

Plantes bulbeuses
● 3 × *Allium nigrum* (9)

Plan à l'échelle 1:20

Description des plantes du module

◄ **Calamagrostide lancéolée**
Calamagrostis × acutiflora 'Karl Foerster'

Implantation : ☼ EO 1-2, PB 1-2
Hauteur/Croissance : 150 cm, en touffe, port érigé

Floraison : juin-août, rose argenté
Soins : rabattre complètement en fin d'hiver

Variétés/Cultivars : 'Waldenbuch' : 160 cm, juill.-août, blanc-jaune

► **Rudbeckia**
Echinacea purpurea 'Augustkönigin'

Implantation : ☼ PB 1-2, EO 1-2
Hauteur/Croissance : 90 cm, en touffe, port érigé

Floraison : juill.-août, rose-pourpre
Soins : sol bien drainé, rabattre après la floraison, engrais

Variétés/Cultivars : 'Pink Double Delight' : 60 cm, juill.-sept., rose

◄ **Hémérocalle**
Hemerocallis 'Summer Wine'

Implantation : ☼ PB 2, EO 2, LP 2
Hauteur/Croissance : 50 cm, en touffe, retombant

Floraison : juin-juill., bordeaux clair
Soins : engrais, éliminer les tiges fanées, rabattre complètement à l'automne

Variétés/Cultivars : 'El Desperado' : 70 cm, juill.-août, jaune clair avec centre rouge

► **Herbe aux écouvillons**
Pennisetum alopecuroides var. *viridescens*

Implantation : ☼ EO 2, PB 2
Hauteur/Croissance : 80 cm, en touffe, buissonnant et retombant

Floraison : août-oct., brun-noir
Soins : arroser en cas de sécheresse, rabattre en fin d'hiver, diviser si floraison paresseuse

Variétés/Cultivars : 'Herbstzauber' : 100 cm, brun argenté, très belle couleur automnale

◄ **Sauge des bois**
Salvia nemorosa 'Amethyst'

Implantation : ☼ PB 1-2, EO 1-2
Hauteur/Croissance : 70 cm, en touffe, port érigé

Floraison : juin, sept., violet-pourpre, rose
Soins : rabattre complètement après la floraison

Variétés/Cultivars : 'Tänzerin' : 80 cm, violet bleuté

► **Sporobole à glumes inégales**
Sporobolus heterolepis

Implantation : EO 1-3
Hauteur/Croissance : 40 cm, en touffe, retombant délicatement

Floraison : août-sept., brun argenté
Soins : rabattre complètement en fin d'hiver

Variétés/Cultivars : 'Cloud' : 40 cm, brun argenté, tiges rouges

Calendrier des floraisons : paravent moderne

N°	Nom botanique	Nom vernaculaire	Hauteur (cm)	I	II	III	IV	V	VI	VII	VIII	IX	X	XI	XII	Espacement (cm)	Plantes/m²
	Vivaces																
	Aster pringlei 'Pink Star'	Aster	130													50	4
③	*Echinacea purpurea* 'Augustkönigin'	Rudbeckia	90													35	8
	Echinacea purpurea 'Sunrise'	Rudbeckia	80													35	8
	Echinops bannaticus 'Taplow Blue'	Boule azurée	120													60	2
	Helenium 'Double Trouble'	Hélénie	80													55	3
⑤	*Hemerocallis* 'Summer Wine'	Hémérocalle	50													60	2
④	*Salvia nemorosa* 'Amethyst'	Sauge des bois	70													35	8
	Graminées																
①	*Calamagrostis × acutiflora* 'Karl Foerster'	Calamagrostide lancéolée	140													60	2
	Miscanthus sinensis 'Morning Light'	Eulalie	150													60	2
	Panicum virgatum 'Northwind'	Panic érigé	170													60	2
⑥	*Pennisetum alopecuroides* var. *viridescens*	Herbe aux écouvillons	80													60	2
②	*Sporobolus heterolepis*	Sporobole à glumes inégales	40													40	6
	Plantes bulbeuses																
	Allium nigrum	Ail des Indes (▶ page 165)	80													40	6

Plantes du module — Plantes complémentaires

Module 1

Paravent moderne

La calamagrostide lancéolée 'Karl Foerster' (*Calamagrostis × acutiflora*, n° 1) au port érigé transforme ce module moderne et clairement structuré en un paravent idéal et légèrement transparent pour protéger la vue depuis une terrasse. Avec ses épis rose argenté, cette graminée ornementale embellit le jardin dès le mois de juin. Les végétaux qui l'accompagnent, notamment le rudbeckia 'Augustkönigin' (*Echinacea* n° 3) et les délicats épillets du sporobole à glumes inégales (*Sporobolus heterolepis*, n° 2), qui sent légèrement le miel, forment un contraste esthétique au premier plan du massif, pendant que les hampes florales de la sauge des bois 'Amethyst' (*Salvia nemorosa*, n° 4) s'étendent, telle une bande lumineuse à travers la plate-bande. En mai et juin, des inflorescences blanches et semi-sphériques se perchent sur les longues tiges élégantes de l'ail des Indes *(Allium nigrum)*. De l'autre côté de la plate-bande, la calamagrostide lancéolée profite de l'élégante et délicate compagnie des grandes fleurs bordeaux clair de l'hémérocalle 'Summer Wine' (*Hemerocallis*, n° 5) et d'une variété d'herbe aux écouvillons (*Pennisetum alopecuroides* var. *viridescens*, n° 6) qui se distingue par ses inflorescences sombres.

Adaptations et variations

Vous pourrez agrandir ou réduire ce module à volonté. Selon vos besoins, n'hésitez pas à supprimer ou à ajouter des bandes de trame. Gardez cependant toujours à l'esprit qu'un massif étendu sera du plus bel effet. Ce module peut aussi être adapté dans sa largeur en supprimant une ou plusieurs rangées de sauges des bois ou d'hémérocalles.

Comme pour tous les modules, vous pourrez faire évoluer sa palette chromatique. Si vous préférez les tons chauds, remplacez le rudbeckia rose 'Augustkönigin' *(Echinacea)* par la variété 'Sunrise', qui donne des fleurs jaunes, et la sauge des bois 'Amethyst' par l'hélénie 'Double Trouble' *(Helenium)* aux belles inflorescences jaunes également.

Les fleurs bleu acier de la boule azurée 'Taplow Blue' *(Echinops bannaticus)* conféreront une élégance plus froide au massif. Avec le panic érigé 'Northwind' *(Panicum virgatum)* vert-gris et l'eulalie 'Morning Light' aux fleurs blanches *(Miscanthus sinensis)*, qui pourront éventuellement se substituer à la calamagrostide lancéolée 'Karl Foerster', l'ambiance de la plate-bande sera nettement plus froide et tout à fait différente. En outre, au tout premier plan, on pourra remplacer le rudbeckia 'Augustkönigin' par l'aster 'Pink Star' *(Aster pringlei)* qui fleurit plus tardivement.

Milieux de vie :
Espaces ouverts/Plate-bande secs à frais (EO 1-2, PB 1-2)

CI-DESSOUS En forme de hérisson, le centre des fleurs du rudbeckia a un pouvoir attractif magique sur les insectes.

Module 2 : île pittoresque

Les graminées solitaires et attractives du monde entier, comme l'herbe de la pampa sud-américaine et l'herbe aux diamants d'Extrême-Orient, s'harmonisent à la perfection dans ce module pittoresque. Les fleurs lumineuses des vivaces viennent idéalement compléter ce tableau.

IMPLANTATION :
dégagée, ensoleillée
SOL :
meuble et perméable, argileux, humifère et riche en nutriments, bien drainé
DIMENSIONS :
ovale, 2,8 × 1,6 m

Liste d'achats

① *Cortaderia selloana* 'Pumila' (1)
② *Anemanthele lessoniana* (7)
③ *Panicum virgatum* 'Dallas Blues' (1)
④ *Aster dumosus* 'Blauer Gletscher' (9)
⑤ *Calamagrostis brachytricha* (2)
⑥ *Geranium* 'Pink Penny' (2)

Plantes bulbeuses
● 5 × *Allium sphaerocephalon* (35)

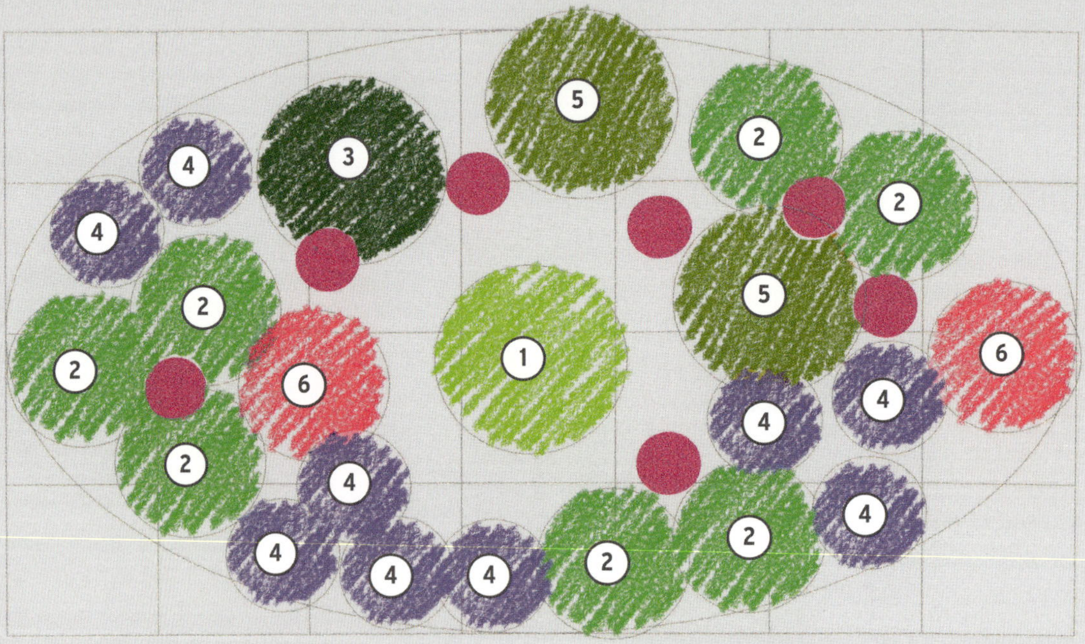

Plan à l'échelle 1:20

Description des plantes du module

◄ **Stipe de Nouvelle-Zélande**
Anemanthele lessoniana

Implantation :
☼ ◑
EO 2-3
Hauteur/Croissance :
60 cm, en touffe, retombant, persistant

Floraison : août-sept., brunâtre
Soins : en cas de gel, protéger avec des feuilles et des brindilles, plantation conseillée en fin d'hiver

Variétés/Cultivars :
'Sirocco' : 50 cm, août-oct., brun-rouge, couleur automnale particulièrement belle

► **Aster buissonnant**
Aster dumosus
'Blauer Gletscher'

Implantation :
☼
PB 2, EO 2
Hauteur/Croissance :
30 cm, port étalé, produit des rhizomes

Floraison : sept.-oct., violet bleuté
Soins : rabattre après la floraison, diviser tous les 3 à 4 ans et replanter

Variétés/Cultivars :
'Herbstgruß vom Bresserhof' : 40 cm, sept.-oct., rouge-rose ; 'Niobe' : 40 cm, sept.-oct., blanc

◄ **Herbe aux dimants**
Calamagrostis brachytricha

Implantation :
☼
PB 2, EO 2, LP 2
Hauteur/Croissance :
70 cm, en touffe, port érigé

Floraison : sept.-oct., rose argenté
Soins : rabattre au sol en fin d'hiver

Variétés/Cultivars : –

► **Herbe de la pampa**
Cortaderia selloana
'Pumila'

Implantation :
☼
EO 2, PB 2
Hauteur/Croissance :
en touffe, retombant

Floraison : sept.-nov., blanc argenté
Soins : rabattre en fin d'hiver, ajouter compost et copeaux de corne, protéger en hiver

Variétés/Cultivars :
'Evita' : 150 cm, août-oct., jaune clair, très résistant au gel

◄ **Géranium vivace**
Geranium 'Pink Penny'

Implantation :
☼ ◑
PB 2, EO 2
Hauteur/Croissance :
40 cm, en touffe, port très étalé

Floraison : juil.-nov., rose-pourpre
Soins : si besoin, rabattre complètement après la floraison, plantation en fin d'hiver conseillée

Variétés/Cultivars :
'Tiny Monster' : 40 cm, juill.-sept., magenta ; 'Johnson's Blue' : 40 cm, juin-août, bleu

► **Panic érigé**
Panicum virgatum
'Dallas Blues'

Implantation :
☼
EO 2, LP 2, PB 2
Hauteur/Croissance :
150 cm, en touffe lâche, port redressé

Floraison : juill.-sept., violet-brun
Soins : rabattre en fin d'hiver, diviser les touffes devenues trop abondantes

Variétés/Cultivars :
'Northwind' : 170 cm, vert-gris, très résistant et robuste

Calendrier des floraisons : île pittoresque

N°	Nom botanique	Nom vernaculaire	Hauteur (cm)	I	II	III	IV	V	VI	VII	VIII	IX	X	XI	XII	Espacement (cm)	Plantes/m²
	Vivaces																
8	*Achillea filipendulina* 'Coronation Gold'	Achillée (▸ page 164)	70													50	4
4	*Aster dumosus* 'Blauer Gletscher'	Aster buissonnant	30													30	11
6	*Geranium* 'Pink Penny'	Géranium vivace	40													40	6
9	*Salvia nemorosa* 'Schneehügel'	Sauge des bois (▸ page 172)	40													35	8
	Sedum 'Matrona'	Orpin	60													45	4
	Verbena bonariensis	Verveine de Buenos Aires	120													35	8
	Graminées																
2	*Anemanthele lessoniana*	Stipe de Nouvelle-Zélande	60													30	11
5	*Calamagrostis brachytricha*	Herbe aux diamants	70													70	2
1	*Cortaderia selloana* 'Pumila'	Herbe de la pampa	150													90	1
	Miscanthus sinensis 'Adagio'	Eulalie	130													90	1
3	*Panicum virgatum* 'Dallas Blues'	Panic érigé	150													80	1
7	*Panicum virgatum* 'Shenandoah'	Panic érigé (▸ page 47)	120													50	4
10	*Pennisetum alopecuroides* 'Hameln'	Herbe aux écouvillons (▸ page 47)	60													70	2
	Plantes bulbeuses																
	Allium sphaerocephalon	Ail à tête ronde (▸ page 165)	80													25	16

Plantes du module — Plantes complémentaires

Module 2

Île pittoresque

Avec ses longues inflorescences plumeuses argentées, l'herbe de la pampa 'Pumila' (*Cortaderia selloana*, n° 1) donne le ton au module. Très robuste et compacte, cette variété peut atteindre 1,8 m de haut. Véritablement envoûtant, le panic érigé 'Dallas Blues' (*Panicum virgatum*, n° 3) offre un élégant et large feuillage retombant gris-bleu. Les plantes qui l'accompagnent impressionnent tout autant par leur délicatesse pleine d'effet. Le stipe de Nouvelle-Zélande (*Anemanthele lessoniana*, n° 2) persistante au feuillage ondulant commence à se teinter de jaune, d'orange et de rouge au milieu de l'été. L'herbe aux diamants (*Calamagrostis brachytricha*, n° 5) vous séduira en septembre quand ses subtils épis fleuris capturent la rosée matinale et se mettent à scintiller comme une multitude de petits diamants. Entre les graminées pittoresques, les délicates boules pourpres de l'ail à tête ronde *(Allium sphaerocephalon)* associées aux fleurs lumineuses rose-pourpre du géranium vivace 'Pink Penny' (*Geranium*, n° 6) forment un contraste des plus harmonieux. L'aster buissonnant 'Blauer Gletscher' (*Aster dumosus*, n° 4) borde le massif et s'étend tel un tapis verdoyant devant les graminées majestueuses. À partir de septembre, il intègre le violet bleuté au tableau végétal avec ses nombreuses petites fleurs.

Adaptations et variations

Nous vous conseillons de ne pas réduire ce module pour éviter de lui faire perdre de son charme envoûtant. Il est attractif sous tous les angles et peut être également disposé sur une petite surface de gazon, donnant alors l'impression d'agrandir l'espace. Pour étoffer ce module, vous pourrez augmenter au premier plan le nombre des plantes couvre-sols qui accompagnent les graminées solitaires, notamment l'aster buissonnant et le stipe de Nouvelle-Zélande ou planter les vivaces que vous trouverez parmi les plantes complémentaires, notamment la sauge des bois 'Schneehügel' *(Salvia nemorosa)*, qui donne des fleurs blanches, et l'orpin 'Schneehügel' *(Salvia nemorosa)*, au feuillage gris-pourpre.

Vous pourrez remplacer le panic érigé 'Dallas Blues' par la variété 'Shendoah', qui offre une séduisante déclinaison de couleurs avec ses fleurs bordeaux. Il servira également d'arrière-plan à l'herbe de la pampa, une graminée assez délicate et sensible. Dans les régions au climat plus rude, optez plutôt pour l'eulalie 'Adagio' *(Miscanthus sinensis)*, qui résiste bien aux rigueurs de l'hiver.

Pour ceux qui apprécient la présence des vivaces à fleurs, l'achillée 'Coronation Gold' *(Achillea filipendulina)* peut se substituer au stipe de Nouvelle-Zélande. La verveine de Buenos Aires sera également du plus bel effet dans ce massif. Elle ne résiste pas au froid et aux gelées sous nos latitudes, mais se ressème constamment.

Le module proposé pages 134-135 vous indique comment faire de cette plate-bande ovale un grand massif insulaire circulaire en ayant recours aux plantes complémentaires.

Milieu de vie :
Espaces ouverts secs à frais (EO 1-2)

CI-DESSOUS Les achillées sont des compagnes idéales pour les graminées. Grâce à leurs inflorescences aux couleurs changeantes – qui existent aujourd'hui dans de nombreuses nuances –, elles permettent de créer des contrastes intéressants.

Variation du module 2 « île pittoresque »

Nous vous proposons ici un module circulaire de 3 m de diamètre qui comprend, par rapport au précédent, plusieurs plantes complémentaires. Vous disposez d'une grande surface de gazon dans votre jardin ? Si c'est le cas, cette île de graminées pittoresque s'y adaptera parfaitement. D'un diamètre de 3 m, le plan de ce massif est conçu de façon à ce que l'on puisse profiter sous tous les angles d'un tableau végétal à chaque fois différent. Les asters buissonnants 'Blauer Gletscher' (*Aster dumosus*, n° 4) et le stipe de Nouvelle-Zélande (*Anemanthele lessoniana*, n° 2) sont plus nombreux que dans le module précédent. Cette plate-bande compte aussi trois herbes aux diamants (*Calamagrostis brachytricha*, n° 5) au lieu de deux, ainsi qu'un spécimen supplémentaire du panic érigé 'Dallas Blue' (*Panicum virgatum*, n° 3). En outre, la palette chromatique s'étend avec la présence de graminées et de vivaces choisies parmi les plantes complémentaires. Les panicules rouges du panic érigé 'Shenandoah' (*Panicum virgatum*, n° 7) rehaussent les couleurs du massif et s'harmonisent en automne avec les graminées qui se teintent de jaune et d'orange. Au premier plan de la plate-bande, les touffes de l'herbe aux écouvillons 'Hameln' (*Pennisetum alupecuroides*, n° 10) sont combinées avec les inflorescences jaune d'or de l'achillée 'Coronation Gold' (*Achillea filipendulina*, n° 8) et les épis floraux blancs de la sauge des bois 'Schneehügel' (*Salvia nemorosa*, n° 9).

Ce massif insulaire a besoin de place. On peut le disposer sur une grande pelouse ou sur une vaste surface de gravier, voire l'insérer dans une belle terrasse ronde ou rectangulaire. Il convient de planter ou de diviser le panic érigé et l'herbe aux écouvillons au printemps pour leur permettre de se développer avant l'arrivée de l'hiver. Comme ces végétaux ornent délicatement la plate-bande jusqu'en hiver, il est préférable d'attendre le printemps suivant pour tailler leurs tiges et couper leurs panicules.

CI-DESSOUS Pour s'épanouir pleinement, les graminées de ce pittoresque massif insulaire ont besoin de plusieurs années. Vous en profiterez au fil des ans sans avoir à consacrer trop de temps à leur entretien.

Variation du module 2 « île pittoresque »

Liste d'achats
Plantes du module

1. *Cortaderia selloana* 'Pumila' (1)
2. *Anemanthele lessoniana* (9)
3. *Panicum virgatum* 'Dallas Blues' (2)
4. *Aster dumosus* 'Blauer Gletscher' (13)
5. *Calamagrostis brachytricha* (3)
6. *Geranium* 'Pink Penny' (2)

Plantes bulbeuses

● 5 × *Allium sphaerocephalon* (35)

Plantes complémentaires

7. *Panicum virgatum* 'Shenandoah' (1)
8. *Achillea filipendulina* 'Coronation Gold' (4)
9. *Salvia nemorosa* 'Schneehügel' (8)
10. *Pennisetum alopecuroides* 'Hameln' (6)

Module 3 : jeu de couleurs solaire

Moins il y en a, mieux c'est – cette devise s'applique aussi à ce module « jeu de couleurs solaire », une composition florale cohérente dans laquelle l'unique graminée, la très belle canche cespiteuse 'Goldschleier', est accompagnée de vivaces à fleurs arborant les chaudes et lumineuses couleurs de l'été.

IMPLANTATION :
ensoleillée à semi-ombragée
SOL :
meuble, bien perméable, pas trop sec à frais
DIMENSIONS :
circulaire, diamètre : 1,2 m

Liste d'achats

1. *Deschampsia cespitosa* 'Goldschleier' (2)
2. *Hemerocallis* 'Burning Daylight' (1)
3. *Echinacea* 'Orange Luxury' (2)
4. *Echinacea purpurea* 'Fatal Attraction' (1)
5. *Achillea filipendulina* 'Hella Glashoff' (1)

Plantes bulbeuses

- 5 × *Narcissus* 'Jack Snipe' (20)
- 3 × *Allium* 'Mount Everest' (3)

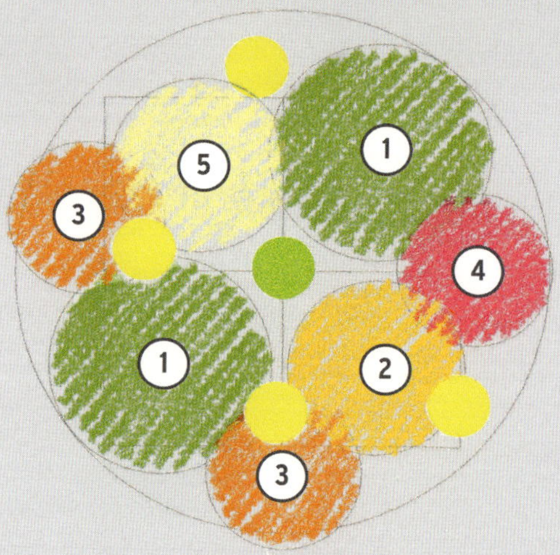

Plan à l'échelle 1:20

Description des plantes du module

◄ **Achillée**
Achillea filipendulina 'Hella Glashoff'

Implantation : ☼
PB 2, EO 2
Hauteur/Croissance : 60 cm, en touffe, buissonnant, port redressé

Floraison : juin-juill., sept., jaune crème
Soins : couper les fleurs fanées, diviser au bout de 3 à 4 ans, rabattre en automne

Variétés/Cultivars : 'Terracotta' : 60 cm, rouge brique à jaunâtre ; 'Helios' : 50 cm, jaune

► **Canche cespiteuse**
Deschampsia cespitosa 'Goldschleier'

Implantation : ☼ ◑
LP 2-3, EO 2-3
Hauteur/Croissance : 90 cm, en touffe, retombant

Floraison : juin-août, jaune clair
Soins : rabattre avant la montée à graine ou en fin d'hiver

Variétés/Cultivars : 'Bronzeschleier' : 100 cm, juin-juill., brun doré

◄ **Rudbeckia**
Echinacea purpurea 'Fatal Attraction'

Implantation : ☼
PB 1-2, EO 1-2
Hauteur/Croissance : 70 cm, en touffe, port érigé

Floraison : juill.-sept., magenta
Soins : couper les tiges après la floraison, engrais, pas de sol gorgé d'eau

Variétés/Cultivars : 'Little Magnus' : 50 cm, rose

► **Rudbeckia**
Echinacea 'Orange Luxury'

Implantation : ☼
PB 1-2, EO 1-2
Hauteur/Croissance : 120 cm, en touffe, port érigé

Floraison : juill.-août, orange à saumon
Soins : pas de sol gorgé d'eau, couper les tiges après la floraison, engrais

Variétés/Cultivars : 'Hot Papaya' : 80 cm, juill.-sept., orange foncé, double

◄ **Hémérocalle**
Hemerocallis 'Burning Daylight'

Implantation : ☼
PB 2, EO 2, LP 2
Hauteur/Croissance : 60 cm, en touffe, retombant

Floraison : juil.-sept, jaune orangé
Soins : engrais, couper les tiges fanées, rabattre complètement en automne

Variétés/Cultivars : 'Mauna Loa' : 60 cm, juin-août, orange ; *Hemerocallis citrina* : 100 cm, juin-sept., jaune clair

Calendrier des floraisons : jeu de couleurs solaire

N°	Nom botanique	Nom vernaculaire	Hauteur (cm)	I	II	III	IV	V	VI	VII	VIII	IX	X	XI	XII	Espacement (cm)	Plantes/m²
	Vivaces																
⑤	*Achillea filipendulina* 'Hella Glashoff'	Achillée	60													40	6
⑥	*Achillea Millefolium* 'Pomegranate'	Achillée millefeuille (▸ page 164)	60													40	6
	Cortia wallichiana	Cortia wallichiana	90													80	1
④	*Echinacea purpurea* 'Fatal Attraction'	Rudbeckia	70													35	8
③	*Echinacea* 'Orange Luxury'	Rudbeckia	120													35	8
②	*Hemerocallis* 'Burning Daylight'	Hémérocalle	60													60	2
	Hemerocallis 'Crimson Pirate'	Hémérocalle	80													60	2
	Graminées																
	Chasmanthium latifolium	Avoine sauvage	80													60	2
①	*Deschampsia cespitosa* 'Goldschleier'	Canche cespiteuse	90													60	2
⑦	*Panicum virgatum* 'Rehbraun'	Panic érigé (▸ page 171)	120													60	2
	Plantes bulbeuses																
	Allium atropurpureum	Ail pourpre	120													20	30
	Allium 'Mount Everest'	Ail d'ornement (▸ page 165)	120													20	30
	Narcissus 'Jack Snipe'	Narcisse cyclamineus (▸ page 170)	35													10	50
	Tulipa praestans 'Shogun'	Tulipe praestans (▸ page 172)	15													10	100

Plantes du module — Plantes complémentaires

Module 3

Jeu de couleurs solaire

Pour ce module, nous n'avons prévu qu'une seule graminée ornementale, la splendide canche cespiteuse 'Goldschleier' (*Deschampsia cespitosa*, n° 1), dont les touffes persistantes structurent ce massif très variable. Sa floraison, qui commence au début de l'été, offre des panicules vaporeuses jaunes qui s'étendent comme un véritable voile au-dessus de la plate-bande. Élégante et transparente, cette graminée est assez envoûtante. Les plantes qui l'accompagnent, notamment l'hémérocalle 'Burning Daylight' (*Hemerocallis*, n° 2) et le rudbeckia 'Orange Luxury' (*Echinacea*, n° 3), dont les fleurs orangées sont très structurées, créent de jolis contrastes. Avec ses inflorescences compactes rose-pourpre, le rudbeckia 'Fatal Attraction' (*Echinacea purpurea*, n° 4) offre un contraste plus saisissant encore. Les douces ombelles jaune clair de l'achillée 'Hella Glashoff' (*Achillea filipendulina*, n° 5) constituent à l'inverse un pôle plus apaisant. Au printemps, vous aurez droit également à votre lot de floraisons, avec l'épanouissement des fleurs jaune-blanc du narcisse cyclamineus 'Jack Snipe' *(Narcissus)*. Tandis que, de mai à juin, vous profiterez des boules fleuries et blanches de l'ail d'ornement 'Mount Everest' *(Allium)* qui surplomberont le massif.
Ce jeu de couleurs sera pleinement mis en valeur si vous disposez la plate-bande près d'une haie verte formelle ou d'une plante ligneuse solitaire. Vous pourrez employer ce module plusieurs fois et le placer sur une pelouse ou une surface de gravier.

Adaptations et variations

Ce module est essentiellement composé d'une graminée et de quatre vivaces différentes, mais il peut être décliné avec plusieurs plantes complémentaires.
Vous pourrez notamment remplacer la canche cespiteuse 'Goldschleier' par le panic érigé 'Rehbraun' *(Panicum virgatum)*, qui illuminera le massif en août avec ses feuilles à la pointe fauve. Avec son feuillage fin, Cortia wallichiana *(Cortia wallichiana)* pourra également se substituer à la canche cespiteuse. Cette vivace impressionnante, qui a besoin de place pour s'épanouir, attirera tous les regards avec ses feuilles vert clair, ses tiges rougeoyantes et ses énormes ombelles blanches.
Elle s'harmonisera très joliment avec les inflorescences pourpres du rudbeckia 'Fatal Attraction' *(Echinacea purpurea)*.
Vous pourrez facilement adapter cette plate-bande circulaire pour en faire un massif carré de 0,8 × 0,8 m en supprimant les vivaces qui ne rentrent pas dans ce cadre. Pour obtenir un massif plus grand, quelle qu'en soit sa forme, il suffira de juxtaposer ce module plusieurs fois. Les pages 140 et 141 vous en proposent un exemple.

Milieu de vie :
Espaces ouverts (EO 2-3)

CI-DESSOUS
D'un entretien facile, les hémérocalles sont des vivaces ayant une belle longévité. Leur feuillage et leurs fleurs sont très séduisants. Le cultivar 'Crimson Pirate' illumine cette plate-bande de graminées avec ses superbes inflorescences rouges.

Variation du module 3 « jeu de couleurs solaire »

Au niveau de la palette chromatique, nous avons décliné le 3e module de plate-bande de graminées en lui associant plusieurs plantes complémentaires. Juxtaposé quatre fois, ce module se transformera en un grand massif carré de 1,6 × 1,6 m.

Avec un impressionnant jeu de couleurs dans les tons orange et rouges, cette plate-bande de graminées composée de six plantes différentes constituera un tableau végétal estival particulièrement lumineux.

Le module 3 circulaire intitulé « jeu de couleurs solaire » sert de base à ce massif. Pour obtenir une forme carrée, il suffira d'abord de supprimer les deux rudbeckias 'Orange Luxury' et 'Fatal Attraction' (*Echinacea*, nos 3 et 4). Pour séduire les amateurs de couleurs soutenues, nous avons remplacé l'achillée 'Hella Glashoff' (*Achillea*, n° 5) à fleurs jaune clair par la variété 'Pomegranate' (n° 6) dont les inflorescences rouge grenat sont à couper le souffle.

Grâce au panic érigé 'Rehbraun' (*Panicum*, n° 7), qui s'orne dès le mois d'août de tiges rouge feu et vient remplacer un spécimen de la canche cespiteuse 'Goldschleier' (*Deschampsia*, n° 1), ce module prendra un tout nouveau visage.

Pour finir, les petites tulipes orangées 'Shogun' *(Tulipa praestans)*, d'un bel orangé soutenu, se substitueront aux narcisses 'Jack Snipe'.

Ce module sera juxtaposé quatre fois pour former une plate-bande de 1,6 × 1,6 m.

Ceux qui préfèrent les vivaces à fleurs aux graminées pourront remplacer facilement un ou plusieurs spécimens du panic érigé 'Rehbraun' ou de la canche cespiteuse 'Goldschleier' par différentes vivaces à fleurs choisies parmi les plantes complémentaires que nous avons proposées pour ce module. N'hésitez pas à laisser libre cours à votre imagination.

CI-DESSOUS

Nouvelles nuances de couleurs : choisis parmi les plantes complémentaires, le panic érigé 'Rehbraun' et l'achillée 'Pomegranate' animent et font flamboyer le module 3 d'origine.

Variation du module 3 « jeu de couleurs solaire »

Variation carrée du module 3

La variation carrée du module 3 a été reproduite quatre fois et juxtaposée pour former un grand massif.

Listes d'achats
Plantes du module

① *Deschampsia cespitosa* 'Goldschleier' (4)

② *Hemerocallis* 'Burning Daylight' (4)

Plantes bulbeuses

● 3 × *Allium* 'Mount Everest' (12)

Plantes complémentaires

⑥ *Achillea Millefolium* 'Pomegranate' (4)

⑦ *Panicum virgatum* 'Rehbraun' (4)

Plantes bulbeuses

● 5 × *Tulipa praestans* 'Shogun' (80)

Mixed-border style

Il y a plus de cent ans, les Anglais nous ont montré la voie pour organiser de belles compositions de vivaces, graminées, fleurs d'été, rosiers et autres plantes ligneuses. Celles qu'on appelle « mixed-borders » ont toujours fasciné les amoureux du jardin, des néophytes aux férus de jardinage. On les a donc rapidement importées sur le continent, où elles font office de grande école pour l'emploi des plantes. Grâce aux modules que nous vous proposons, vous parviendrez facilement à aménager votre mixed-border.

Avec leurs nombreuses vivaces ornementales, ces compositions florales artistiques et hautes en couleur exercent une véritable fascination sur leurs observateurs. Ces bordures très esthétiques attirent le regard pendant toute la saison.

EN ENTENDANT PRONONCER LE NOM DE « MIXED-BORDER », les connaisseurs penseront sans doute immédiatement aux impressionnantes « long-borders », des bordures de 60 m de long et de plus de 4 m de large composées de vivaces, que l'ambitieux écrivain et jardinier Christopher Lloyd (1921-2006) a aménagées dans l'envoûtant jardin de sa propriété Great Dixter, située dans le comté du Kent. À moins que cela ne vous évoque les grandes bordures de vivaces créées par Gertrude Jekyll (1843-1932), spécialiste du jardin et « mère » de l'emploi des vivaces en Angleterre, dans son jardin de Munstead Wood, au début du XXe siècle. Très familiarisée avec l'emploi des couleurs, cette artiste peintre est passée maître dans l'organisation chromatique d'une composition florale. Son ouvrage *Colour Schemes for the Flower Garden* nous révèle la façon dont elle procède pour aménager ses grandes bordures de vivaces. Très artistique, sa composition chromatique montre comment les couleurs froides, comme le gris, le blanc et les nuances de bleu évoluent avec une grande fluidité vers des tons chauds et beaucoup plus soutenus, tels que le jaune, l'orange et le rouge. Les « double-borders » (bordures doubles) correspondent à deux longs massifs parallèles qui encadrent un chemin pierreux ou une allée de gazon. Ils sont souvent composés de plantations disposées en miroir de manière à ce que les mêmes groupes de végétaux soient face à face. Malgré l'abondance de fleurs, il en résulte un ensemble rythmé, organisé et apaisant.

Caractère

Les jardiniers ambitieux ne sont pas les seuls à se pâmer à la vue du foisonnement de fleurs et de couleurs d'une bordure mixte dans le style anglais. Les néophytes ont eux aussi beaucoup de mal à se soustraire à la séduction exercée par de telles compositions florales. De toute évidence, nous sommes frappés par les fleurs et feuilles impressionnantes, les compositions chromatiques complexes, les combinaisons fabuleuses de plantes et de fleurs d'été, de roses et de vivaces qui sont mêlées les unes aux autres et se répètent

à un rythme précis dans le respect des règles imposées en remportant l'adhésion absolue de l'observateur.

De telles bordures ne sont simples ni à planifier ni à aménager. En outre, leur entretien doit être assez rigoureux dans la mesure où beaucoup de vivaces ornementales comme le pied-d'alouette *(Delphinium)* ont besoin de soins particuliers et d'engrais. Elles doivent être protégées, divisées régulièrement et replantées aux endroits souhaités afin de préserver la perfection de la composition florale. Les fleurs d'été doivent être extraites à la fin de l'hiver avant d'être replantées à la bonne place entre les vivaces. Les bulbes des dahlias, qui sont sensibles au froid, doivent être déterrés à l'automne, conservés au sec et replantés au printemps, après la pousse en pot, à la place qui leur est attribuée dans le massif. Ceux qui ont vu le résultat d'une bordure aménagée avec doigté et sensibilité et qui ont l'âme d'un jardinier seront enthousiasmés à l'idée de pouvoir admirer une telle œuvre florale dans leur propre jardin. Quoi qu'il en soit, le jeu en vaut la chandelle !

En démarrant avec les modules « mixed-border style » que nous vous proposons, vous ne prendrez pas de risques démesurés et aurez la chance de pouvoir aménager dans votre jardin une somptueuse plantation de vivaces à l'anglaise dont vous pourrez profiter.

Possibilités d'intégration dans le jardin

Il est évidemment impossible d'aménager dans un jardin privé de taille normale de grandes bordures mesurant plus de 70 m de long conçues selon le modèle anglais. En réalité, il suffit qu'elles soient le plus grandes possible ! Plus elles seront étendues, plus vous obtiendrez l'effet souhaité. Les bordures de vivaces ornementales peuvent longer une allée ou encadrer une terrasse.

Les allées larges offrent un espace suffisant aux fleurs foisonnantes qui s'inclinent élégamment hors de la bordure. Quand elles se positionnent devant des allées de gazon, des murs ou des haies aux formes rigoureuses, les bordures sont très avantageuses. En outre, les murs permettent

CI-DESSUS La grisaille ne change rien à la beauté de ce site : les haies d'ifs taillées rigoureusement et le gazon parfaitement tondu encadrent cette bordure double dans le style mixed-border : ici, la propriété Legsheath Farm dans le comté du Sussex, dans le sud de l'Angleterre.

CI-DESSUS
Le pied-d'alouette – ici la variété 'Ouverture' – compte parmi les plus somptueuses vivaces de massif classiques. C'est un incontournable des bordures réalisées dans le style mixed-border, même s'il est très exigeant.

aux plantes grimpantes, notamment aux rosiers et aux clématites de pouvoir s'exprimer pleinement.

Conditions d'implantation

Les exigeantes variétés de vivaces ornementales aux fleurs et couleurs somptueuses sont attribuées au milieu de vie « plate-bande » (PB). La plupart de ces plantes ont besoin d'une implantation ensoleillée ou semi-ombragée et d'un sol aéré, profond et riche en nutriments, qui doit être constamment humide.

Principes d'aménagement et de planification

Une bordure de vivaces ornementales ne peut fleurir abondamment que dans une période limitée. Nous vous recommandons dès le départ de déterminer la période de floraison qui vous convient – que ce soit le début de l'été ou l'automne – et de choisir les plantes en conséquence. Une planification habile vous permettra de profiter à d'autres moments de l'année des floraisons qui surviendront dans des zones différentes du massif.

Les bordures de vivaces ornementales doivent être aménagées en respectant certains principes d'organisation (pages 18-21). Il peut s'agir d'une thématique chromatique ou de la répétition de certaines vivaces ou de groupes de vivaces à un rythme prédéfini. L'échelonnement des hauteurs a lui aussi un rôle à jouer dans l'impression d'ensemble. Il est donc important de prendre en compte le moment de la floraison et les couleurs, mais aussi la hauteur des plantes et la manière dont elles se développent. Pour commencer la planification, nous vous conseillons de rassembler les vivaces choisies avec toutes les informations et le calendrier des floraisons s'y référant.

Préparation du sol

Mieux vous préparerez le sol avant la plantation, plus le résultat sera satisfaisant. N'hésitez pas à en tenir compte !

Les sols argileux et lourds doivent impérativement être ameublis. Bêchez la terre à 30 à 40 cm de profondeur. Pour améliorer la structure du sol, ajoutez du compost en quantité suffisante ainsi qu'une couche de sable grossier et propre de 5 à 10 cm d'épaisseur que vous incorporerez dans la terre. En bêchant une dernière fois, vous pourrez intégrer du compost. Pour finir, ajoutez un mélange d'engrais organique et minéral que vous répartirez sur la plate-bande en ratissant. Il est cependant conseillé de renouveler complètement la terre en cas de sol très lourd (page 34).

Plantation

Commencez par préparer un mélange de compost et d'engrais organique et mettez-en l'équivalent d'une pelle dans les trous préparés pour les plantes.

Veillez à ce que les vivaces qui viennent d'être plantées soient suffisamment arrosées dans les semaines qui suivent. Selon les conditions météorologiques, il peut être nécessaire de les arroser abondamment tous les jours.

En outre, n'hésitez pas à répartir entre les vivaces qui viennent d'être mises en terre une couche de compost de 5 cm d'épaisseur pour combattre l'évaporation et faciliter le désherbage.

Soins au fil de l'année

Vous pourrez dès la fin de l'automne couper les parties mortes des plantes et les éliminer du massif. Faites-le au plus tard avant la reprise, soit à la fin de l'hiver et jusqu'à la fin mars. Certaines vivaces ornementales ont besoin d'être arrosées suffisamment en cas de sécheresse pour rester attractives. Contrôlez régulièrement la plate-bande et arrosez les végétaux dès que leurs feuilles commencent à s'affaisser.

Pensez à leur apporter de l'engrais, car ces plantes ont généralement besoin d'une quantité importante de nutriments. Procurez-vous un mélange d'engrais organique et minéral que vous étalerez à la fin de l'hiver, lors de la reprise des vivaces, et une nouvelle fois au milieu de l'été. Conformez-vous aux indications du fabricant. En outre, chaque année, après le rabattage de fin d'hiver, vous pourrez étaler une fine couche de compost entre les plantes en la ratissant légèrement.

Les massifs de vivaces ornementales doivent toujours être très soignés sous peine de perdre de leur beauté. Les plantes ont chacune une place qui leur est dédiée. Il faut donc impérativement contenir les espèces « vagabondes » qui se ressèment spontanément. N'hésitez pas à éliminer les semis indésirables et à couper régulièrement les fleurs fanées.

À la fin de l'automne, déterrez à la bêche les dahlias sensibles aux gelées. Disposez-les à l'abri d'une cave, dans une cagette en bois après les avoir enveloppés dans du papier journal. À la fin de l'hiver, vous favoriserez leur reprise en les mettant dans des pots remplis d'une terre végétale de qualité. Disposez-les à leur place dans le massif dès qu'ils auront atteint une certaine taille et qu'il n'y aura plus de risque de gelées, aux alentours de mi-mai. Les fleurs d'été que vous aurez achetées pourront également être plantées à ce moment-là.

Tuteurage

Certaines vivaces ont tendance à s'affaisser. Il faut donc procéder à leur tuteurage au bon moment. L'idéal est de parvenir à camoufler au maximum le tuteur et le matériel nécessaire au maintien des plantes pour conserver la beauté naturelle des végétaux. Nous vous recommandons de planter dès la fin de l'hiver des branches de bouleau ou de noisetier près des vivaces en pleine reprise. Ces tuteurs naturels seront progressivement dissimulés par le feuillage.

Si une vivace en fleurs menace de s'affaisser, vous pourrez toujours la redresser avec un bâton de noisetier que vous enfoncerez dans le sol près de la plante et d'une ficelle fine. Dans le commerce, vous trouverez également de jolis tuteurs en métal ou en bois parfaitement adaptés aux rosiers.

CI-DESSOUS

La « long border » du jardin de Great Dixter attire les regards au début de l'été, mais on peut bien sûr en profiter en toute saison !

Module 1 : bordures fleuries

Le potentiel de ce module vous permettra de réaliser une grande bordure selon le modèle anglais. Les fleurs d'été, les vivaces et les plantes ligneuses s'harmonisent parfaitement pour offrir de mai à la fin de l'automne un foisonnement de fleurs – avec en plus la possibilité de créer de jolis bouquets !

IMPLANTATION :
dégagée, ensoleillée
à semi-ombragée
SOL :
profond, humifère, riche en nutriments, frais à humide
DIMENSIONS :
1,2 × 2 m

Plan à l'échelle 1:20

Liste d'achats

1. *Rosa* 'Proud Bride' (1)
2. *Hydrangea arborescens* 'Pink Annabelle' (2)
3. *Achillea Filipendulina* 'Lilac Beauty' (2)
4. *Delphinium* 'Magic Fountain Rosa' (2)
5. *Campanula lactiflora* 'Prichard's Variety' (2)
6. *Phlox paniculata* 'Düsterlohe' (2)
7. *Digitalis purpurea* 'Apricot' (1)

Fleurs d'été

8. *Dahlia* 'Le Baron' (2)
9. *Zinnia* 'Zinderella Peach' (1)

Description des plantes du module

◄ Achillée
Achillea Filipendulina 'Lilac Beauty'

Implantation : ☼ PB 1, EO 1
Hauteur/Croissance : 60 cm, en touffe, port redressé, buissonnant

Floraison : juin-juill., sept., rose mauve
Soins : couper les fleurs fanées, diviser après 3 à 4 ans, rabattre en automne

Variétés/Cultivars : 'Walter Funcke' : 60 cm, rouge velouté ; *A. Millefolium* 'Belle Époque' : 60 cm, rouge clair à rose tendre

► Campanule
Campanula lactiflora 'Prichard's Variety'

Implantation : ☼ ◑ PB 2, EO 2, LP 2
Hauteur/Croissance : 80 cm, en touffe, buissonnant

Floraison : juin-août, violet bleuté clair
Soins : rabattre de moitié après la 1re floraison pour stimuler la 2e

Variétés/Cultivars : 'Superba' : 100 cm, bleu violacé ; 'Alba' : 90 cm, blanc ; 'White Pouffe' : 30 cm, blanc, au premier plan du massif

◄ Pied-d'alouette
Delphinium 'Magic Fountain Rosa'

Implantation : ☼ PB 2
Hauteur/Croissance : 90 cm, en touffe, port érigé

Floraison : juin-juill., vieux rose
Soins : rabattre après la 1re floraison pour stimuler la reprise et la 2e floraison, engrais !

Variétés/Cultivars : 'Magic Fountain Weiß' : 100 cm, blanc avec des taches sombres

► Digitale pourpre
Digitalis purpurea 'Apricot'

Implantation : ☼ ◑ LP 2, EO 2, PB 2
Hauteur/Croissance : 90 cm, port érigé, bisannuelle

Floraison : juin-juill., rose abricot teinté de jaune
Soins : perdure en se ressemant, laisser quelques inflorescences

Variétés/Cultivars : 'Gloxiniaeflora' : 150 cm, rouge-rose ; 'Snow Thimble' : 90 cm, blanc

◄ Hortensia de Virginie
Hydrangea arborescens 'Pink Annabelle'

Implantation : ◑ ●
Hauteur/Croissance : 100 cm, arbuste bien ramifié

Floraison : juill.-sept., rose
Soins : rabattre en mars à 30 cm, arroser en cas de sécheresse

Variétés/Cultivars : 'Incrediball' : 150 cm, blanc, très stable

► Phlox paniculé
Phlox paniculata 'Düsterlohe'

Implantation : ☼ ◑ PB 2-3, EO 2-3, LP 2-3
Hauteur/Croissance : 100 cm, en touffe, port érigé

Floraison : juill.-août, violet-pourpre sombre
Soins : bien arroser au printemps, couper les panicules fanées, compost

Variétés/Cultivars : 'Laura' : 100 cm, violet ; 'Hesperis' : 130 cm, violet-mauve, fleurs miniatures ; 'Pax' : 80 cm, blanc

◄ Rosier anglais
Rosa 'Proud Bride'

Implantation : ☼
Hauteur/Croissance : 100 cm, plante arbustive et buissonnante

Floraison : juin-sept., rose abricot
Soins : rabattre d'un à deux tiers en fin d'hiver, engrais longue durée

Variétés/Cultivars : 'Port Sunlight' : 100 cm, juill.-sept., abricot soutenu ; 'Eglantyne' : 100 cm, rose

Calendrier des floraisons : bordures fleuries

N°	Nom botanique	Nom vernaculaire	Hauteur (cm)	I	II	III	IV	V	VI	VII	VIII	IX	X	XI	XII	Espacement (cm)	Plantes/ m²
	Vivaces																
(14)	*Achillea Filipendulina* 'Credo'	Achillée (▶ page 164)	80						■	■		■				40	6
(3)	*Achillea Filipendula* 'Lilac Beauty'	Achillée	60						■	■		■				40	6
(15)	*Aster novae-angliae* 'Rosa Sieger'	Aster de Nouvelle-Angleterre (▶ page 166)	120									■	■			90	1
(5)	*Campanula lactiflora* 'Prichard's Variety'	Campanule	80						■	■	■					80	1
(11)	*Delphinium Elatum* 'Ouvertüre'	Pied-d'alouette élevé (▶ page 168)	160						■			■				80	1
(4)	*Delphinium* 'Magic Fountain Rosa'	Pied-d'alouette	90						■	■						70	2
(7)	*Digitalis purpurea* 'Apricot'	Digitale pourpre	90						■	■						40	6
(12)	*Paeonia Lactiflora* 'Germaine Bigot'	Pivoine (▶ page 171)	90					■	■							90	1
(6)	*Phlox paniculata* 'Düsterlohe'	Phlox paniculé	100							■	■					50	4
(10)	*Phlox paniculata* 'Freudenfeuer'	Phlox paniculé (▶ page 171)	90								■	■				50	4
(16)	*Papaver orientale* 'Karine'	Pavot d'Orient (▶ page 69)	60					■	■							60	2
	Plantes ligneuses																
(2)	*Hydrangea arborescens* 'Pink Annabelle'	Hortensia de Virginie	100							■	■	■				60	–
(13)	*Rosa gallica* 'Belle Isis'	Rosier gallique (▶ page 171)	100						■	■	■	■				60	–
(1)	*Rosa* 'Proud Bride'	Rosier anglais	100						■	■	■	■				60	–
	Fleurs d'été																
(8)	*Dahlia* 'Le Baron'	Dahlia (▶ page 167)	100							■	■	■	■			40	6
(17)	*Dahlia* 'Franz Kafka'	Dahlia (▶ page 167)	90							■	■	■	■			40	6
(9)	*Zinnia* 'Zinderella Peach'	Zinnia (▶ page 173)	50							■	■	■	■	■		20	6
	Plantes bulbeuses																
	Allium atropurpureum	Ail pourpre (▶ page 164)	90						■	■						15	16
	Tulipa viridiflora 'Nightrider'	Tulipe (▶ page 173)	50					■								15	30

Plantes du module   Plantes complémentaires

Module 1

Bordures fleuries

Vert, orange, violet, rose et bleu clair – les couleurs de l'arc-en-ciel et les compositions chromatiques parfois osées règnent sur cette plate-bande conçue dans le style mixed-border anglais. L'hortensia de Virginie 'Pink Annabelle' (*Hydrangea arborescens*, n° 2) épanouit ses grosses boules de fleurs roses de juin à septembre et s'harmonise parfaitement avec le rosier anglais 'Proud Bride' (*Rosa*, n° 1), dont les pétales rose abricot offrent un jeu chatoyant de couleurs, ainsi qu'avec les très belles hampes florales rose-jaune de la digitale 'Apricot' (*Digitalis purpurea*, n° 7). Cette noble variété occupe élégamment la première rangée du massif. Les corymbes de fleurs de l'achillée 'Lilac Beauty' (*Achillea Filipendula*, n° 3) s'expriment dans les tons violet clair avant de prendre différentes nuances de rose. Au cœur de l'été, le phlox paniculé 'Düsterlohe' (*Phlox paniculata*, n° 6) offre ses inflorescences violet foncé et compose un tableau ton sur ton avec le pied-d'alouette 'Magic Fountain Rosa' (*Delphinium*, n° 4) – un incontournable des bordures de vivaces à fleurs – et la campanule 'Prichard's Variety' (*Campanula lactiflora*, n° 5).
Ce massif doit aussi son charme si particulier à la présence du zinnia 'Zinderella Peach' (*Zinnia*, n° 9), une fleur d'été que vous pourrez semer chaque année. Avec ses fleurs doubles aux couleurs évoluant de l'abricot au jaune et au rose, il complète superbement la palette chromatique. Fleurissant dans les tons violet foncé, le dahlia 'Le Baron' (*Dahlia*, n° 8) est une plante bulbeuse qui ne résiste pas aux gelées. Il a donc besoin de soins et d'attention, et doit être évacué du massif à l'automne. Le jeu en vaut la chandelle, car cette fleur resplendit aussi bien en terre que dans un vase.

Adaptations et variations

Selon la surface dont vous disposez, vous pourrez employer ce module pour une longue bordure en juxtaposant ses reproductions ou en disposant ces dernières en vis-à-vis de chaque côté d'une allée. Vous aurez tout loisir de diversifier ce module de plate-bande conçu dans le style mixed-border anglais en ayant recours aux plantes complémentaires que nous avons sélectionnées. Laissez libre cours à votre imagination pour interchanger les végétaux afin de faire évoluer la palette chromatique. Vous pourrez aussi constituer de petits groupes d'une seule variété pour élargir la bordure. L'alternative proposée aux pages 150 et 151 vous montrera comment procéder. Laissez parler votre créativité et sachez que les plantes complémentaires sont toutes adaptées les unes aux autres. Les jardiniers les plus expérimentés pourront aussi sélectionner d'autres vivaces qui ne figurent pas dans la liste des plantes complémentaires.

Ajout de plantes bulbeuses

Les amateurs de tulipes pourront distribuer des bouquets violet foncé entre les vivaces avec la tulipe 'Nightrider' *(Tulipa viridiflora)*. Les inflorescences de l'ail pourpre *(Allium atropurpureum)* s'épanouissent en juin et juillet. Vous pourrez planter cette bulbeuse seule ou par groupes de trois entre les vivaces.

Milieu de vie :
Milieu de vie « plate-bande » (PB 2-3)

CI-DESSOUS Les fleurs de la tulipe viridiflora – ici la variété 'Nightrider' – qui s'épanouissent en mai sont parcourues de bandes vertes ou parsemées de taches.

Variation du module 1 « bordures fleuries »

Pour cette nouvelle composition, nous avons agrandi le module 1 et l'avons étoffé de plantes complémentaires.

Pour les amoureux des jardins qui souhaitent rassembler un maximum de plantes à fleurs dans leur massif, cette bordure sera une véritable révélation. Elle vous permettra tout au long de l'année ou presque de cueillir de superbes bouquets. Comme si le vent avait refaçonné un arc-en-ciel selon son bon plaisir, les couleurs des fleurs illuminent cette bordure de vivaces ornementales conçue dans le style mixed-border anglais et osent une composition chromatique du plus bel effet.

Le plan a été réalisé sur la base du module 1 « bordures fleuries », qui a été juxtaposé deux fois et prolongé à l'arrière d'une longueur de trame. Ce massif mesure 4 m de long sur 1,6 m de large. Avec les vivaces tirées de la palette des plantes complémentaires que nous avons sélectionnées, cette plate-bande ravira tous ceux qui sont avides de couleurs.

Pour les amateurs de roses, nous avons ajouté le rosier gallique 'Belle Isis' (*Rosa gallica*, n° 13) aux fleurs rose tendre délicatement parfumées. Nous avons également introduit la pivoine 'Germaine Bigot' (*Paeonia*, n° 12) au parfum incomparable.

Avec ses inflorescences jaune crème, l'achillée 'Credo' (*Achillea*, n° 14) est disposée à côté du rosier 'Proud Bride' (*Rosa* n° 2) et remplace l'un des spécimens du pied-d'alouette 'Magic Fountain Rosa' (*Delphinium*, n° 4). Le pavot d'Orient 'Karine' (*Papaver orientale*, n° 16), offrant de grandes fleurs roses ornées de macules rouge foncé en leur centre, se substitue à l'un des dahlias 'Le Baron'.

Disposé dans la dernière rangée de la bordure, le pied-d'alouette élevé 'Ouvertüre' (*Delphinium elatum*, n° 11) ouvre ses fleurs bleu ciel très tôt, dès le début du mois de juin, tandis que l'aster 'Rosa Sieger' (*Aster novae-angliae*, n° 15), dans son immédiate proximité, prend le relais à l'automne avec de grandes inflorescences rose clair. Au printemps, les petites touffes de tulipes viridiflora 'Nightrider' disposées entre les vivaces embellissent le massif.

CI-DESSOUS
Cette splendide bordure de vivaces séduit par sa composition chromatique inhabituelle alternant entre le rose, l'orange, le violet et le jaune. L'abondance de fleurs vous permettra de créer de très jolis bouquets.

Variation du module 1 « bordures fleuries »

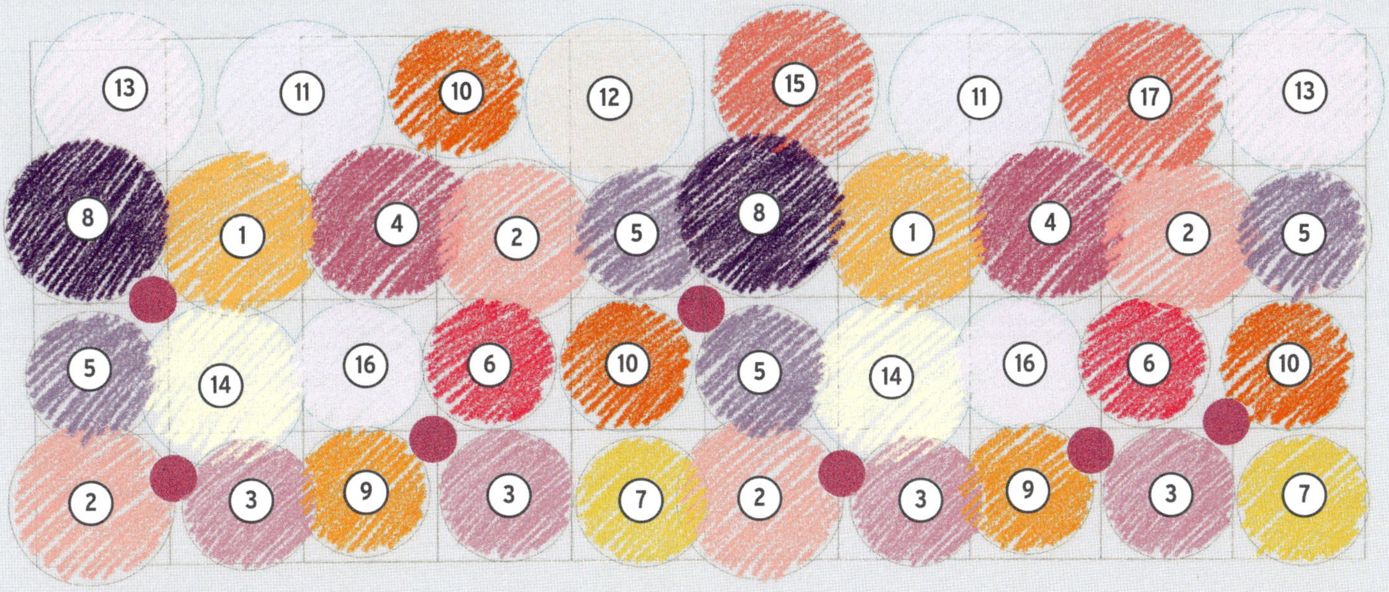

Liste d'achats
Plantes du module

① *Rosa* 'Proud Bride' (2)
② *Hydrangea arborescens* 'Pink Annabelle' (4)
③ *Achillea Filipendulina* 'Lilac Beauty' (4)
④ *Delphinium* 'Magic Fountain Rosa' (2)
⑤ *Campanula lactiflora* 'Prichard's Variety' (4)
⑥ *Phlox paniculata* 'Düsterlohe' (2)
⑦ *Digitalis purpurea* 'Apricot' (2)

Fleurs d'été

⑧ *Dahlia* 'Le Baron' (2)
⑨ *Zinnia* 'Zinderella Peach' (2)

Plantes complémentaires

⑩ *Phlox paniculata* 'Freudenfeuer' (3)
⑪ *Delphinium Elatum* 'Ouvertüre' (2)
⑫ *Paeonia Lactiflora* 'Germaine Bigot' (1)
⑬ *Rosa gallica* 'Belle Isis' (2)
⑭ *Achillea Filipendulina* 'Credo' (2)
⑮ *Aster novae-angliae* 'Rosa Sieger' (1)
⑯ *Papaver orientale* 'Karine' (2)

Fleurs d'été

⑰ *Dahlia* 'Franz Kafka' (1)

Plantes bulbeuses

● 3 × *Tulipa* 'Nightrider' (21)

Module 2 : élégante blancheur

Même si elles ne sont pas appréciées ou recherchées par tous, les plates-bandes qui fleurissent dans une unique gamme de couleur ont un charme tout particulier. Ces bordures de vivaces peuvent aussi bien mettre à l'honneur le rouge ou le jaune, ou encore adopter une forme ronde dans les tons roses. Une bordure toute habillée de blanc résulte d'une ambitieuse composition florale.

IMPLANTATION :
dégagée, ensoleillée à semi-ombragée tout au plus

SOL :
profond, humifère, riche en nutriments, frais à humide

DIMENSIONS :
demi-cercle, diamètre : 2 m

Liste d'achats

1. *Rosa* 'Glamis Castle' (1)
2. *Paeonia lactiflora* 'Festiva Maxima' (1)
3. *Phlox amplifolia* 'David' (2)
4. *Veronica longifolia* 'Schneeriesin' (2)
5. *Delphinium Bella-donna* 'Moerheimii' (2)
6. *Campanula latifolia* var. *macrantha* 'Alba' (1)
7. *Hemerocallis* 'Joan Senior' (2)

Fleurs d'été

8. *Dahlia* 'White Renova' (1)

Plan à l'échelle 1:20

Description des plantes du module

◄ Campanule à larges feuilles
Campanula latifolia var. *macrantha* 'Alba'

Implantation :
☼ ◐
LP 2, L 2, PB 2
Hauteur/Croissance :
100 cm, en touffe, port érigé

Floraison : juin-août, blanc
Soins : rabattre après la floraison pour éviter le semis spontané

Variétés/Cultivars :
Campanula persicifolia 'Grandiflora Alba' : 70 cm, juin-juill., blanc pur

► Pied-d'alouette
Delphinium Belladonna 'Moerheimii'

Implantation :
☼
PB 2, EO 2
Hauteur/Croissance :
100 cm, port érigé, en touffe

Floraison : juin-juill., oct., blanc pur
Soins : rabattre après la 1re floraison en vue de la 2e, engrais

Variétés/Cultivars :
Delphinium Elatum-F1 'Green Twist' : 140 cm, juin, sept., blanc et vert, double

◄ Hémérocalle
Hemerocallis 'Joan Senior'

Implantation :
☼ ◐
PB 2, EO 2, LP 2
Hauteur/Croissance :
70 cm, en touffe, retombant

Floraison : juin-juill., blanc, centre jaune tendre
Soins : couper les tiges fanées, rabattre complètement en automne, engrais

Variétés/Cultivars :
'White Temptation' : août-sept., 80 cm, blanc

► Pivoine
Paeonia lactiflora 'Festiva Maxima'

Implantation :
☼
PB 2
Hauteur/Croissance :
90 cm, en touffe, buissonnant

Floraison : mai-juin, blanc, taches rouges
Soins : engrais organique longue durée, ne pas planter trop profond

Variétés/Cultivars :
'Immaculée' : 80 cm, blanc, semi-double ; 'Jan van Leeuwen' : 70 cm, blanc-jaune

◄ Phlox
Phlox amplifolia 'David'

Implantation :
☼ ◐
PB 2-3, EO 2-3, LP 2-3
Hauteur/Croissance :
80 cm, en touffe, port érigé

Floraison : juill.-août, blanc pur
Soins : bien arroser au printemps, couper les panicules fanées, ajouter du compost

Variétés/Cultivars :
'David' : 120 cm, juill.-sept., blanc

► Rosier
Rosa 'Glamis Castle'

Implantation :
☼
Hauteur/Croissance :
80 cm, plante arbustive et buissonnante

Floraison : juin-sept., blanc
Soins : rabattre d'un à deux tiers en fin d'hiver, ajout d'engrais longue durée

Variétés/Cultivars :
'Desdemona' : 120 cm, juin-oct., blanc, bourgeons rose tendre

◄ Véronique à feuilles longues
Veronica longifolia 'Schneeriesin'

Implantation :
☼
EO 2-3, PB 2-3
Hauteur/Croissance :
70 cm, s'étend, port érigé

Floraison : juin-juill., blanc pur
Soins : couper les inflorescences fanées au-dessus des feuilles, engrais

Variétés/Cultivars :
Veronicastrum virginicum 'Diana', véronique de Virginie : 120 cm, juin-août, blanc pur

Calendrier des floraisons : élégante blancheur

N°	Nom botanique	Nom vernaculaire	Hauteur (cm)	I	II	III	IV	V	VI	VII	VIII	IX	X	XI	XII	Espacement (cm)	Plantes/m²
	Vivaces																
9	*Anemone Japonica* 'Whirlwind'	Anémone du Japon (▸ page 166)	100													45	4
14	*Aster ericoides* 'Lovely'	Aster d'automne (▸ page 166)	70													50	4
6	*Campanula latifolia* var. *macrantha* 'Alba'	Campanule à larges feuilles	100													50	4
5	*Delphinium Belladonna* 'Moerheimii'	Pied-d'alouette	100													50	4
12	*Delphinium Elatum* 'Waldenburg'	Pied-d'alouette (▸ page 168)	160													80	1
7	*Hemerocallis* 'Joan Senior'	Hémérocalle	65													50	4
13	*Lupinus Polyphyllus* 'Fräulein'	Lupin des jardins (▸ page 170)	80													55	3
2	*Paeonia lactiflora* 'Festiva Maxima'	Pivoine	80													90	1
10	*Papaver orientale* 'Perry's White'	Pavot d'Orient (▸ page 171)	80													70	2
3	*Phlox amplifolia* 'David'	Phlox	80													60	2
4	*Veronica longifolia* 'Schneeriesin'	Véronique à feuilles longues	70													40	6
	Plantes ligneuses																
11	*Hydrangea paniculata* 'Bombshell'	Hortensia paniculé (▸ page 170)	100													60	–
1	*Rosa* 'Glamis Castle'	Rosier	80													60	–
	Fleurs d'été																
8	*Dahlia* 'White Renova'	Dahlia (▸ page 167)	90													50	3
	Plantes bulbeuses																
	Allium 'White Giant'	Ail d'ornement (▸ page 165)	150													20	10
	Tulipa 'Winterberg'	Tulipe (▸ page 173)	40													15	30

Plantes du module — Plantes complémentaires

Module 2

Élégante blancheur

Ce module s'inspire du légendaire « jardin blanc » aménagé par Vita Sackville-West (1892-1962), romancière, poète et grande jardinière passionnée, dans sa propriété réputée, au château de Sissinghurst, au milieu du XXe siècle. Le blanc est synonyme d'élégance, de discrétion et d'harmonie. Mais tous les blancs ne se ressemblent pas, comme le prouve le module que nous vous présentons ici ! Cette plate-bande monochrome surprend par son étendue fleurie composée de mille et une nuances de blanc et par ses plantes au feuillage et aux fleurs attractives. La floraison connaît son apogée au début de l'été, mais apporte aussi quelques belles surprises à d'autres moments de l'année. En mai s'ouvrent les épais bourgeons de la superbe pivoine 'Festiva Maxima' (*Paeonia lactiflora*, n° 2) donnant naissance à des fleurs doubles et blanches à macules irrégulières lie de vin qui embaument merveilleusement.
Dès la fin du mois de juin débute la floraison du rosier 'Glamis Castle' (*Rosa*, n° 1), qui se prolonge jusqu'en septembre. Elle est accompagnée de celle de la campanule à larges feuilles 'Alba' (*Campanula latifolia* var. *macrantha*, n° 6), des belles hampes florales blanches du pied-d'alouette (*Delphinium Belladonna*, n° 5), des grandes fleurs blanc crème de l'hémérocalle 'Joan Senior' (*Hemerocallis*, n° 7) et des longs épis blancs de la véronique à feuilles longues 'Schneeriesin' (*Veronica longifolia*, n° 4).
Un peu plus tard, le phlox 'David' (*Phlox amplifolia*, n° 3) aux délicates fragrances prend la relève en saluant le dahlia blanc 'White Renova' (*Dahlia*, n° 8), qui fleurit en même temps que lui.

Adaptations et variations

Ce module en demi-cercle s'adaptera idéalement devant une terrasse ou le mur d'une maison. Le vert sombre d'une haie d'ifs formelle constituera également un arrière-plan parfait et constrastera harmonieusement avec la blancheur des fleurs. Vous pourrez aussi reproduire ce module en miroir le long d'une allée et l'encadrer avec une haie arrondie de manière à créer un espace vert indépendant.
Il est possible de décliner la plate-bande de mille et une façons en ayant recours aux plantes complémentaires. Dès le début de l'été, le pavot d'Orient 'Perry's White' *(Papaver orientale)* vient enrichir la composition florale avec ses bourgeons volumineux qui donnent naissance à des fleurs chiffonnées prenant le temps d'épanouir leur pleine beauté. Il forme un tableau vivant et délicat avec les épis floraux blanc crème du lupin des jardins *(Lupinus Polyphyllus)*. Les élégantes fleurs blanches de l'anémone du Japon 'Whirlwind' *(Anemone Japonica)* prennent le relais à la fin de l'été.
Ce module en demi-cercle peut être agrandi pour former une bordure blanche mixte – une « white mixed-border » –, comme le montre l'alternative présentée aux pages 156 et 157.

Ajout de plantes bulbeuses

Avec les grandes ombelles blanches de l'ail d'ornement 'White Giant' *(Allium)* et les fleurs roses de la tulipe 'Winterberg' *(Tulipa)*, vous pourrez conférer un aspect plus formel à la plate-bande.

Milieu de vie :
Milieu de vie « plate-bande » (PB 2-3)

CI-DESSOUS Cette plate-bande aux belles nuances de blanc est une véritable révélation. Malgré la douceur de ses couleurs, elle est pleine de dynamisme et n'a rien d'ennuyeux.

Variation du module 2 « élégante blancheur »

Avec la répétition de plusieurs variétés végétales et en intégrant six plantes complémentaires, le module 2 en demi-cercle devient une grande bordure rectangulaire mesurant 1,6 × 2,4 m. Deux nouvelles plantes bulbeuses sont également associées à ce module.

Cette impressionnante bordure blanche dans le style mixed-border vous permettra peut-être de réaliser un rêve secret que vous nourrissez depuis longtemps. Le massif fleurit de début mai à la fin de l'automne en offrant un tableau floral sans cesse renouvelé. Les nombreuses nuances de blanc et les fleurs aux formes multiples se détachent sur la vaste gamme de verts offerte par le feuillage structurant.

Comme pour une véritable bordure anglaise, deux plantes ligneuses délicates constituent la structure de la plate-bande, avec la présence du rosier 'Glamis Castle' (*Rosa*, n° 1), qui fleurit tout l'été, et l'hortensia paniculé 'Bombshell' (*Hydrangea paniculata*, n° 11).

Le lupin des jardins 'Fräulein' (*Lupinus Polyphyllus*, n° 13) aux inflorescences blanc crème et le pavot d'Orient 'Perry's White' (*Papaver orientale*, n° 10) animent merveilleusement le massif au début de l'été pendant que la sobre tulipe 'Winterberg' *(Tulipa)* se fane lentement.

Au premier plan, les fleurs doubles et blanches de l'anémone du Japon 'Whirlwind' (*Anemone Japonica*, n° 9) apportent une fraîcheur envoûtante à l'ensemble. Dans cette bordure blanche, l'ail d'ornement *(Allium)* compte parmi les incontournables. Et les très volumineuses ombelles blanches de la variété 'White Giant' sont des plus adaptées.

Pour élargir la palette chromatique, nous avons introduit certains tons pastel. Le pied-d'alouette 'Waldenburg' (*Delphinium elatum*, n° 12) offre ses épis floraux transparents bleu roi et domine somptueusement son cousin, le petit pied-d'alouette 'Moerheimii' (*Delphinium belladonna*, n° 5) à la floraison blanche. En automne, les belles fleurs rose clair du pittoresque aster d'automne 'Lovely' (*Aster ericoides*, n° 14) vous réjouiront juste avant que l'hiver ne s'installe définitivement.

Si vous disposez d'un grand jardin, n'hésitez pas à prolonger cette bordure à volonté en la juxtaposant plusieurs fois. L'effet n'en sera que plus beau. À moins que vous ne la reproduisiez sur les deux côtés d'une allée, vous offrant la possibilité de réaliser une bordure double.

CI-DESSOUS Vous pourrez disposer cette bordure de vivaces blanches devant une haie sombre, qui aura en outre l'avantage de protéger les plantes du vent.

Variation du module 2 « élégante blancheur »

Liste d'achats
Plantes du module

(1) *Rosa* 'Glamis Castle' (1)
(2) *Paeonia lactiflora* 'Festiva Maxima' (2)
(3) *Phlox amplifolia* 'David' (3)
(4) *Veronica longifolia* 'Schneeriesin' (3)
(5) *Delphinium Belladonna* 'Moerheimii' (2)
(6) *Campanula latifolia* var. *macrantha* 'Alba' (1)
(7) *Hemerocallis* 'Joan Senior' (2)

Fleurs d'été

(8) *Dahlia* 'White Renova' (2)

Plantes complémentaires

(9) *Anemone Japonica* 'Whirlwind' (2)
(10) *Papaver orientale* 'Perry's White' (2)
(11) *Hydrangea paniculata* 'Bombshell' (1)
(12) *Delphinium Elatum* 'Waldenburg' (2)
(13) *Lupinus Polyphyllus* 'Fräulein' (1)
(14) *Aster ericoides* 'Lovely' (1)

Plantes bulbeuses

1 × *Allium* 'White Giant' (7)
5 × *Tulipa* 'Winterberg' (10)

Module 3 : bleu et jaune

Le jaune et le bleu sont deux couleurs fréquemment employées. Nous les avons associées dans ce massif à des nuances de violet. Les plantes complémentaires sélectionnées vous offriront la possibilité de décliner le jeu des couleurs et des formes. N'hésitez pas à vous lancer !

IMPLANTATION :
dégagée, ensoleillée à semi-ombragée

SOL :
profond, perméable, modérément sec à frais

DIMENSIONS :
1,2 × 2 m

Liste d'achats

1. *Rosa* 'Graham Thomas' (1)
2. *Lupinus polyphyllus* 'Masterpiece' (2)
3. *Iris barbata-elatior* 'Gala Madrid' (3)
4. *Aconitum carmichaelii* 'Arendsii' (2)
5. *Heliopsis helianthoides* var. *scabra* 'Venus' (1)
6. *Coreopsis grandiflora* 'Christchurch' (1)
7. *Geranium* 'Rozanne' (1)
8. *Nepeta* × *faassenii* 'Walkers Low' (3)

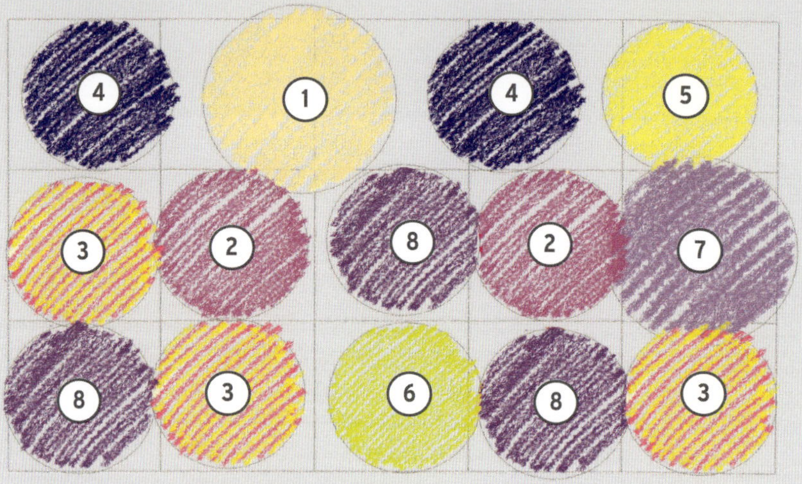

Plan à l'échelle 1:20

Description des plantes du module

◄ Aconit de Carmichael
Aconitum carmichaelii 'Arendsii'

Implantation : ☼ ◑ ● PB 2, LP 2
Hauteur/Croissance : 100 cm, en touffe, port érigé

Floraison : sept.-oct., violet bleuté
Soins : couper les fleurs fanées à la fin de l'automne, engrais

Variétés/Cultivars : *A. lamarckii* : 120 cm, juin-juill., jaune clair, *A. napellus* 'Kleiner Ritter' : 90 cm, mai-juill., violet

► Coréopsis à grandes fleurs
Coreopsis grandiflora 'Christchurch'

Implantation : ☼ PB 2
Hauteur/Croissance : 50 cm, buissonnant, en touffe

Floraison : juin-oct., jaune orangé
Soins : rabattre près du sol au début de l'automne pour revitaliser

Variétés/Cultivars : *C. lanceolata* 'Sterntaler', coréopsis vivace : 30 cm, jaune avec centre brun-rouge

◄ Géranium vivace
Geranium 'Rozanne'

Implantation : ☼ ◑ PB 2
Hauteur/Croissance : 50 cm, en touffe, buissonnant, sarmenteux

Floraison : juin-nov., bleu à cœur blanc
Soins : rabattre après la 1re floraison si trop envahissant

Variétés/Cultivars : *G. Gracile* 'Sirak' : 50 cm, juin-juill., rose-violet

► Faux hélianthe
Heliopsis helianthoides var. *scabra* 'Venus'

Implantation : ☼ PB 2, EO 2
Hauteur/Croissance : 100 cm, buissonnant, en touffe, port redressé

Floraison : juill.-sept., jaune d'or
Soins : couper régulièrement les fleurs fanées

Variétés/Cultivars : 'Goldgrünherz' : 120 cm, jaune à cœur vert, double ; 'Asahi' : 70 cm, jaune d'or, fleurs doubles

◄ Iris barbata-eliator
Iris barbata-elatior 'Gala Madrid'

Implantation : ☼ PB 1-2, EO 1-2
Hauteur/Croissance : 60 cm, port redressé, feuilles gladiées

Floraison : mai-juin, jaune/violet-brun
Soins : éliminer le feuillage jauni, ne pas couvrir tout le rhizome

Variétés/Cultivars : 'Gold Galore' : 80 cm, jaune d'or ; 'Full Tide' : 90 cm, bleu moyen

► Lupin des jardins
Lupinus polyphyllus 'Masterpiece'

Implantation : ☼ PB 2, EO 2
Hauteur/Croissance : 70 cm, en touffe, port redressé

Floraison : juin-août, violet-bleu foncé
Soins : couper régulièrement les fleurs fanées, arroser en cas de sécheresse

Variétés/Cultivars : 'Kronleuchter' : 80 cm, juin-août, jaune

◄ Herbe à chat
Nepeta × faassenii 'Walkers Low'

Implantation : ☼ PB 1-2, EO 1-2
Hauteur/Croissance : 70 cm, buissonnant, en touffe

Floraison : mai-juill., sept., bleu violacé
Soins : rabattre après la 1re floraison, fleurit une 2e fois

Variétés/Cultivars : *N. racemosa* 'Superba' : 40 cm, avril-juill., sept., bleu-mauve

► Englische Strauchrose
Rosa 'Graham Thomas'

Implantation : ☼
Hauteur/Croissance : 150 cm, buissonnant, plante arbustive

Floraison : juin-oct., jaune
Soins : rabattre d'un à deux tiers en fin d'hiver, apport d'engrais longue durée

Variétés/Cultivars : 'Austin's Buttercup' : 120 cm, juin-oct., jaune, semi-double ; 'Englands Rose' : 120 cm, juin-oct., rose

Calendrier des floraisons : bleu et jaune

N°	Nom botanique	Nom vernaculaire	Hauteur (cm)	I	II	III	IV	V	VI	VII	VIII	IX	X	XI	XII	Espacement (cm)	Plantes/m²
	Vivaces																
④	*Aconitum carmichaelii* 'Arendsii'	Aconit de Carmichael	80													40	6
⑥	*Coreopsis grandiflora* 'Christchurch'	Coréopsis à grandes fleurs	40													40	6
⑦	*Geranium* 'Rozanne'	Géranium vivace	50													50	4
	Geranium psilostemon 'Anne Thomson'	Géranium vivace	50													40	3
⑤	*Heliopsis helianthoides* var. *scabra* 'Venus'	Faux hélianthe	100													60	2
③	*Iris barbata-elatior* 'Gala Madrid'	Iris barbata-eliator	60													60	40
②	*Lupinus polyphyllus* 'Masterpiece'	Lupin des jardins	70													40	6
⑧	*Nepeta × faassenii* 'Walkers Low'	Herbe à chat	70													35	8
	Papaver orientale 'Patty's Plum'	Pavot d'Orient	70													50	2
	Veronicastrum virginicum 'Erika'	Véronique de Virginie	150													60	2
	Plantes ligneuses																
	Clematis 'Perle d'Azur'	Clématite	300													–	–
	Cotinus coggygria 'Golden Spirit'	Arbre à perruques	200													–	–
①	*Rosa* 'Graham Thomas'	Rosier	150													60	–
	Fleurs d'été																
	Gladiolus callianthus 'Murielae'	Glaïeul d'Abyssinie	90													35	8
	Plantes bulbeuses																
	Allium aflatunense 'Purple Sensation'	Ail d'ornement (▶ page 164)	90													25	15

Plantes du module   Plantes complémentaires

Module 3

Bleu et jaune

Composé de plantes séduisantes qui fleurissent sans interruption de mai à la fin de l'automne, ce module est un massif pittoresque dédié aux fleurs roses, jaunes et violettes. En outre, il est très facile à entretenir, ce qui ne gâche rien.

Avec ses fleurs doubles qui arborent un jaune lumineux, le beau rosier 'Graham Thomas' (*Rosa*, n° 1) donne le ton de juin à octobre.

En contrepoint, le géranium vivace 'Rozanne' (*Geranium*, n° 7) fleurit sans discontinuer dans une belle nuance de violet-bleu jusqu'en novembre. Si cette vivace, dont la croissance est vigoureuse, devait devenir trop envahissante, n'hésitez pas à la rabattre vigoureusement sans le moindre état d'âme. Elle retrouvera en un rien de temps son habit de fleurs et de feuilles.

Le lupin des jardins 'Masterpiece' (*Lupinus polyphyllus*, n° 2), aux épis floraux violet foncé, et l'iris 'Gala Madrid' (*Iris barbata-elatior*, n° 3), offrant ses singulières fleurs violet-jaune, forment un duo spectaculaire en juin. Ils sont environnés des épis violet tendre de l'herbe à chat 'Walkers Low' (*Nepeta* × *faassenii*, n° 8), qui fleurit une seconde fois en septembre à condition d'avoir été rabattue après la première floraison ayant lieu de mai à juillet. À partir de mai, le petit coréopsis à grandes fleurs 'Christchurch' (*Coreopsis grandiflora*, n° 6) fleurit sans interruption au premier plan du massif. Le robuste et stable faux élianthe 'Venus' (*Heliopsis helianthoides* var. *scabra*, n° 5) ouvre ses belles corolles jaunes en juillet.

En octobre, les grappes florales violet bleuté de l'aconit de Carmichael 'Arendsii' (*Aconitum carmichaelii*, n° 4) illuminent la plate-bande une nouvelle fois. Cette vivace aux teintes inhabituelles est très résistante et facile à entretenir. Un vrai bonheur !

Adaptations et variations

Les différentes plantes complémentaires vous permettront de moduler cette plate-bande pour en faire un opulent massif de vivaces ornementales.

Le beau feuillage vert-jaune de l'arbre à perruques 'Golden Spirit' *(Cotinus coggygria)* introduit de nouvelles nuances de jaune. N'hésitez pas à rabattre cet arbuste à la fin de l'hiver si nécessaire. Vous pourrez le disposer idéalement dans la dernière rangée du massif, près du rosier 'Graham Thomas'. Pour agrandir la plate-bande, pensez à placer en arrière-plan la véronique de Virginie 'Erika' *(Veronicastrum verginicum)* qui mesure 1,5 m de haut et offre des épis floraux violets.

Le géranium vivace rose foncé 'Anne Thomson' *(Geranium psilostemon)* est un véritable régal pour les yeux. Rabattez-le s'il devient trop envahissant.

Idéale pour orner un mur se dressant derrière le massif, la clématite 'Perle d'Azur' *(Clematis)* peut aussi se développer au-dessus du rosier et de l'arbre à perruques.

Ajout de plantes bulbeuses

Pour apporter des touches violettes, n'hésitez pas à planter l'ail d'ornement 'Purple Sensation' *(Allium aflatunense)* isolément avec un espacement de 40 cm. Laissez-lui ses grandes fleurs fanées pendant un certain temps, car elles sont très décoratives.

Milieu de vie :
Milieu de vie « plate-bande » (PB 1-2)

CI-DESSOUS Tissées de soie rose violacé, les fleurs du pavot d'Orient 'Patty's Plum' confèrent à ce module un charme inhabituel.

Description des plantes complémentaires

L'aménagement d'une plate-bande en ayant recours aux modules vous offrira une multitude de possibilités. Vous n'aurez aucune difficulté à créer de beaux massifs, même si vous ne bénéficiez pas encore de l'expérience d'un jardinier chevronné. Vous pourrez reprendre les modules tels qu'ils vous sont proposés dans cet ouvrage, mais vous aurez aussi tout le loisir de choisir parmi les plantes complémentaires, introduites dans le calendrier des floraisons de chaque module, si vous souhaitez improviser selon vos propres envies. Les pages suivantes vous présentent une description détaillée de toutes les plantes complémentaires qui apparaissent dans les modules alternatifs.

La palette des plantes complémentaires vous permettra de diversifier ou d'agrandir les différents modules avec des végétaux parfaitement adaptés à l'implantation et au style du massif.

CI-CONTRE La plume du Kansas est une impressionnante vivace de prairie et un régal pour les papillons, mais elle peut aussi trouver sa place dans des massifs de vivaces ornementales. En grands groupes, elle a une beauté à couper le souffle.

LA PALETTE DES PLANTES SERVANT À L'AMÉNAGEMENT DE PLATES-BANDES DE VIVACES est si large et diversifiée qu'il est souvent difficile de faire des choix. Les goûts personnels jouent en cela un rôle important. En outre, pour choisir les végétaux adaptés, il faut tenir compte de leur croissance, des exigences d'implantation et de beaucoup d'autres facteurs permettant de réussir une plantation. Les indications s'y rapportant sont donc très précieuses pour les jardiniers débutants.
Avec les plantes complémentaires que nous avons sélectionnées pour chaque module, vous serez sûr de ne pas vous tromper. Elles vous aideront à adapter ces derniers à vos envies, notamment en matière de couleur et de période de floraison. Remplacer un ou deux végétaux du module par des plantes complémentaires peut donner au massif un tout autre visage. Nous vous conseillons donc de faire vos propres expériences.
Dans le calendrier des floraisons de chaque module, vous retrouverez les plantes complémentaires avec des indications de couleur. Pour vous faire une idée plus précise de ces végétaux employés dans les alternatives aux différents modules, nous les avons décrits brièvement et classés par ordre alphabétique. Pour chaque plante, des informations sur le type d'implantation et le milieu de vie souhaité, ainsi que sur sa croissance et la couleur de ses fleurs vous sont fournies. Vous saurez également dans quels modules elle sert aux adaptations ou dans quelles alternatives aux modules elle a été employée.
Outre les vivaces, graminées, fougères et plantes ligneuses qui permettent d'adapter les modules, vous aurez droit aux descriptions de toutes les plantes bulbeuses et fleurs d'été choisies dans les alternatives aux différents modules.
Les espèces des modules, quant à elles, excepté les bulbeuses et les fleurs d'été, sont décrites directement avec la présentation de chaque module. Là, vous trouverez aussi des variétés ou des espèces que nous vous recommandons dans le cas où les végétaux présentés avec les modules et les plantes complémentaires ne suffiraient pas ou ne répondraient pas pleinement à vos attentes.

Description des plantes complémentaires

◄ Achillée
Achillea filipendulina
'Coronation Gold'

Implantation : ☼
PB 2, EO 2
Hauteur/Croissance : 70 cm, port redressé, en touffe

Floraison : juill.-août, jaune
Soins : peut être rabattue après la 1re floraison, fleurit une 2e fois

Thématique/Module : Plates-bandes de graminées : Module 2 : pages 130-133
Alternative : pages 134-135

► Achillée
Achillea Filipendulina
'Feuerland'

Implantation : ☼
PB 2, EO 2
Hauteur/Croissance : 100 cm, port redressé, en touffe

Floraison : juin-juill., sept., rouge feu
Soins : couper les fleurs fanées, refleurit après la taille

Thématique/Module : Plates-bandes de prairie : Module 2 : pages 52-55
Alternative : pages 56-57

◄ Achillée
Achillea Filipendulina
'Credo'

Implantation : ☼
PB 2, EO 2
Hauteur/Croissance : 80 cm, port redressé, en touffe

Floraison : juin-juill., sept., jaune crème
Soins : diviser et replanter si floraison trop lente, engrais

Thématique/Module : Mixed-border Style : Module 1 : pages 146-149
Alternative : pages 150-151

► Achillée millefeuille
Achillea Millefolium
'Pomegranate'

Implantation : ☼
PB 2, EO 1
Hauteur/Croissance : 60-80 cm ; inflorescences dressées

Floraison : juin-juill., sept., rouge grenat
Soins : tolère plus de sécheresse, fleurit une 2e fois après avoir été rabattue

Thématique/Module : Plates-bandes de graminées : Module 3 : pages 136-139
Alternative : pages 140-141

◄ Ail d'ornement
Allium aflatunense
'Purple Sensation'

Implantation : ☼
P 1-2, EO 1-2
Hauteur/Croissance : port érigé

Floraison : mai-juin, violet-pourpre
Soins : ne pas couper les feuilles des *Allium* avant qu'elles ne jaunissent

Thématique/Module : Plates-bandes de prairie : Module 1 : pages 46-49
Mixed-border Style : Module 3 : pages 158-161

► Ail pourpre
Allium atropurpureum

Implantation : ☼
PB 1-2, EO 1-2
Hauteur/Croissance : 80 cm, port érigé

Floraison : juin-juill., rouge bordeaux
Soins : en fin d'hiver, apport d'engrais organique (poudre de corne) et compost

Thématique/Module : Plates-bandes de prairie : Module 3 : pages 58-61
Mixed-Border Style : Module 1 : pages 146-149

◄ Ail de Perse
Allium christophii

Implantation : ☼
EO 1-2, PB 1-2
Hauteur/Croissance : 50 cm, port érigé

Floraison : juin-juill., améthyste
Soins : couper plus tard les calices fructifères jaunes

Thématique/Module : Plates-bandes de gravier : Module 2 : pages 72-75
Pour les puristes : Module 2 : pages 114-117

Description des plantes complémentaires

◄ **Ail géant**
Allium
'Ambassador'

Implantation :
☼ ◑
EO 1-2, PB 1-2
Hauteur/Croissance :
130 cm, port érigé

Floraison : juin-juill., violet sombre
Soins : protection anti-taupes : envelopper les bulbes dans un fin grillage métallique

Thématique/Module :
Pour les puristes :
Module 2 : pages 114-117

► **Ail d'ornement**
Allium
'Forelock'

Implantation :
☼ ◑
EO 1
Hauteur/Croissance :
120 cm, port érigé

Floraison : juin-juill., vert bordeaux
Soins : –

Thématique/Module :
Plates-bandes de gravier :
Module 1 : pages 68-71

◄ **Ail d'ornement**
Allium
'Mount Everest'

Implantation :
☼ ◑
PB 1-2, EO 1-2
Hauteur/Croissance :
120 cm, port érigé

Floraison : mai-juin, blanc
Soins : –

Thématique/Module :
Pour les puristes :
Module 1 : pages 110-113
Plates-bandes de graminées :
Module 3 : pages 136-139

► **Ail des Indes**
Allium nigrum

Implantation :
☼
EO 1-2, PB 1-2
Hauteur/Croissance :
70 cm, port érigé

Floraison : mai-juill., blanc
Soins : apport d'engrais organique (poudre de corne) et de compost en fin d'hiver

Thématique/Module :
Plates-bandes de prairie :
Module 3 : pages 58-61
Plates-bandes de graminées :
Module 1 : pages 126-129

◄ **Ail à tête ronde**
Allium sphaerocephalon

Implantation :
☼
PB 1-2, EO 1-2
Hauteur/Croissance :
90 cm, port érigé

Floraison : juill., couleurs pourpres
Soins : pas de sols trop riches pour cette variété

Thématique/Module :
Plates-bandes de prairie :
Module 1 : pages 46-49
Plates-bandes de graminées :
Module 2 : pages 130-133

► **Ail d'ornement**
Allium 'White Giant'

Implantation :
☼
EO 1-2, PB 1-2
Hauteur/Croissance :
150 cm, port érigé

Floraison : mai-juin, blanc
Soins : les variétés d'*Allium* ont besoin d'un sol bien drainé et non gorgé d'eau !

Thématique/Module :
Mixed-border Style :
Module 2 : pages 152-155
Alternative :
pages 156-157

◄ **Anémone de Grèce**
Anemone blanda
'White Splendour'

Implantation :
◑
EO 1-2, PB 1-2, LP 1-2
Hauteur/Croissance :
15 cm, buissonnant, en touffe

Floraison : mars-avr., blanc pur
Soins : tremper les bulbes plusieurs heures dans l'eau tiède avant de les planter

Thématique/Module :
Plates-bandes d'ombre :
Module 1 : pages 90-93

Description des plantes complémentaires

◄ Anémone du Japon
Anemone Japonica 'Bressingham Glow'

Implantation :
☼ ◑
LP 2, EO 2, PB 2
Hauteur/Croissance :
110 cm, buissonnant, port redressé

Floraison : août-oct., vieux rose
Soins : planter en fin d'hiver ; arroser en cas d'implantation ensoleillée

Thématique/Module :
Plates-bandes d'ombre :
Module 1 : pages 90-93
Alternative :
pages 94-95

► Anémone du Japon
Anemone Japonica 'Whirlwind'

Implantation :
☼ ◑
LP 2 (L 2, PB 2)
Hauteur/Croissance :
110 cm, buissonnant, port redressé

Floraison : août-oct., blanc
Soins : couvrir de feuillage et de brindilles l'hiver qui suit la plantation

Thématique/Module :
Mixed-border Style :
Module 2 : pages 152-155
Alternative :
pages 156-157

◄ Anémone des bois
Anemone nemorosa

Implantation :
☼ ◑
L 2, LP 2
Hauteur/Croissance :
10 cm, rhizome rampant

Floraison : mars-avr., blanc
Soins : –

Thématique/Module :
Plates-bandes d'ombre :
Module 3 : pages 100-103
Alternative :
pages 104-105

► Aster d'automne
Aster ericoides 'Lovely'

Implantation :
☼
PB 2, EO 2
Hauteur/Croissance :
70 cm, en touffe

Floraison : oct.-nov., rose tendre
Soins : rabattre après la floraison, apport d'engrais en fin d'hiver

Thématique/Module :
Mixed-border Style :
Module 2 : pages 152-155
Alternative :
pages 156-157

◄ Aster lisse
Aster laevis 'Calliope'

Implantation :
☼ ◑
EO 1-2, LP 1-2, PB 1-2
Hauteur/Croissance :
130 cm, en touffe

Floraison : oct.-nov., violet clair
Soins : rabattre complètement après la floraison, apport d'engrais en fin d'hiver

Thématique/Module :
Plates-bandes de prairie :
Module 2 : pages 52-55
Alternative :
pages 56-57

► Aster de Nouvelle-Angleterre
Aster novae-angliae 'Rosa Sieger'

Implantation :
☼
PB 2, EO 2
Hauteur/Croissance :
130 cm, port érigé

Floraison : sept.-oct., rose tendre
Soins : diviser tous les 3 à 4 ans, améliorer le sol d'abord, engrais régulier

Thématique/Module :
Mixed-border Style :
Module 1 : pages 146-149
Alternative :
pages 150-151

◄ Aster
Aster pringlei 'Pink Star'

Implantation :
☼
PB 2, EO 2
Hauteur/Croissance :
110 cm, buissonnant

Floraison : sept.-oct., rose
Soins :
apport régulier d'engrais organique, ajout de compost

Thématique/Module :
Plates-bandes de prairie :
Module 1 : pages 46-49
Plan 1 : pages 50-51

Description des plantes complémentaires

◄ **Arbre aux anémones**
Calycanthus floridus

Implantation : ☼ ◑
Hauteur/Croissance : 300 cm, plante arbustive

Floraison : juin-juill., rouge-brun
Soins : peut être taillé si besoin

Thématique/Module : Plates-bandes de prairie :
Module 1 : pages 46-49
Plan 1 : pages 50-51

► **Camassia**
Camassia leichtlinii ssp. *leichtlinii* 'Semiplena'

Implantation : ☼ ◑
EO 2-3, LP 2-3
Hauteur/Croissance : 70 cm, port redressé, herbeux, en touffe

Floraison : mai-juin, blanc crème
Soins : couper les feuilles quand elles sont jaunies, pas de sol gorgé d'eau

Thématique/Module : Plates-bandes de prairie :
Module 1 : pages 46-49
Plan 1 : pages 50-51

◄ **Gloire des neiges**
Chionodoxa forbesii 'Pink Giant'

Implantation : ☼ ◑
EO 1-2, LP 1-2
Hauteur/Croissance : 15 cm, plante tapissante

Floraison : mars-avr., rose-mauve, centre blanc
Soins : –

Thématique/Module : Plates-bandes d'ombre :
Module 2 : pages 96-99

► **Corydale creuse**
Corydalis cava

Implantation : ◑ ●
L 1-2, LP 1-2
Hauteur/Croissance : 15 cm, buissonnant, se ressème

Floraison : mars-avr., pourpre à violet et blanc
Soins : –

Thématique/Module : Plates-bandes d'ombre :
Module 3 : pages 100-103
Alternative : pages 104-105

◄ **Dahlia**
Dahlia 'Franz Kafka'

Implantation : ☼
PB 2
Hauteur/Croissance : 80 cm, buissonnant redressé

Floraison : juill.-oct., rose foncé
Soins : planter les bulbes dès fin avril, les couvrir de 5 cm de terre

Thématique/Module : Mixed-border Style :
Module 1 : pages 146-149
Alternative : pages 150-151

► **Dahlia**
Dahlia 'Le Baron'

Implantation : ☼
PB 2
Hauteur/Croissance : 100 cm, buissonnant dressé

Floraison : juill.-oct., couleurs pourpres
Soins : couper les fleurs fanées régulièrement pour prolonger la période de floraison

Thématique/Module : Mixed-border Style :
Module 1 : pages 146-149

◄ **Dahlia**
Dahlia 'White Renova'

Implantation : ☼
PB 2
Hauteur/Croissance : 90 cm, buissonnant dressé

Floraison : juill.-oct., blanc crème
Soins : déterrer avant les premières gelées et rentrer

Thématique/Module : Mixed-border Style :
Module 2 : pages 152-155

Description des plantes complémentaires

◄ **Pied-d'alouette**
Delphinium elatum 'Waldenburg'

Implantation : ☼ PB 2
Hauteur/Croissance : 160 cm, port érigé

Floraison : juin-juill., oct., doux bleu roi
Soins : peut s'incliner, utiliser un cerclage pour les cultivars d'*Elatum*

Thématique/Module : Mixed-border Style : Alternative : pages 156-157

► **Pied-d'alouette**
Delphinium elatum 'Ouvertüre'

Implantation : ☼ PB 2
Hauteur/Croissance : 160 cm, port érigé

Floraison : juin, sept., bleu ciel à rose tendre
Soins : rabattre complètement après la 1re floraison pour stimuler la 2e, engrais

Thématique/Module : Mixed-border Style : Module 1 : pages 146-149 Alternative : pages 150-151

◄ **Fougère mâle**
Dryopteris filix-mas

Implantation : ◐ ● L 2, LP 2, EO 2,
Hauteur/Croissance : 100 cm, port redressé, en entonnoir

Floraison : -
Soins : arroser en cas de sécheresse prolongée

Thématique/Module : Plates-bandes d'ombre : Module 3 : pages 100-103 Alternative : pages 104-105

► **Rudbeckia**
Echinacea 'Fragrant Angel'

Implantation : ☼ PB 1-2, EO 1-2
Hauteur/Croissance : 80 cm, en touffe, port érigé

Floraison : sept.-oct., blanc
Soins : sol bien drainé, rabattre les tiges après la floraison, apport de poudre de corne

Thématique/Module : Pour les puristes : Module 2 : pages 114-117 Alternative : pages 118-119

◄ **Rudbeckia**
Echinacea 'Sunrise'

Implantation : ☼ PB 1-2, EO 1-2
Hauteur/Croissance : 80 cm, en touffe, port érigé

Floraison : juill.-sept., jaune clair
Soins : sol bien drainé, rabattre les tiges après la floraison, apport de poudre de corne

Thématique/Module : Plates-bandes de prairie : Module 1 : pages 46-49 Plan 1 : pages 50-51 Plates-bandes de graminées : pages 126-129

► **Rudbeckia**
Echinacea 'Tomato Soup'

Implantation : ☼ PB 1-2, EO 1-2
Hauteur/Croissance : 70 cm, en touffe, port érigé

Floraison : juil-août, rouge tomate
Soins : sol bien drainé, rabattre après la floraison, apport de poudre de corne

Thématique/Module : Plates-bandes de prairie : Module 2 : pages 52-55 Alternative : pages 56-57

◄ **Oursin à têtes rondes**
Echinops sphaerocephalus 'Arctic Glow'

Implantation : ☼ EO 1-2, PB 1-2, LP 1-2
Hauteur/Croissance : 80 cm, port redressé, en touffe

Floraison : juill.-août, blanc
Soins : couper les tiges fanées si besoin

Thématique/Module : Plates-bandes de gravier : Module 3 : pages 78-81 Alternative : pages 82-83

Description des plantes complémentaires

◄ Perce-neige
Galanthus nivalis

Implantation :
◑ ●
EO 2, LP 2
Hauteur/Croissance :
15 cm, en touffe

Floraison : févr.-mars, blanc
Soins : a besoin de temps pour s'établir

Thématique/Module :
Plates-bandes d'ombre :
Module 1 : pages 90-93
Plan 1 : pages 94-95

► Avoine vivace
Helictotrichon sempervirens
'Saphirsprudel'

Implantation :
☼
EO 1
Hauteur/Croissance :
100 cm, en touffe, port redressé

Floraison : juill.-août, jaune argenté
Soins : rabattre en fin d'hiver

Thématique/Module :
Plates-bandes de gravier :
Module 2 : pages 72-75
Alternative : pages 76-77

◄ Hémérocalle
Hemerocallis
'Little Grapette'

Implantation :
☼ ◑
PB 2, EO 2, LP 2
Hauteur/Croissance :
60 cm, en touffe, retombant

Floraison : juin-août, rouge bordeaux
Soins : engrais, couper les tiges fanées, rabattre complètement en automne

Thématique/Module :
Pour les puristes :
Module 2 :
pages 114-117
Alternative :
pages 118-119

► Hémérocalle
Hemerocallis 'Olive Bailey Langdon'

Implantation :
☼ ◑
PB 2, EO 2, LP 2
Hauteur/Croissance :
60 cm, en touffe, retombant

Floraison : juill.-août, pourpre, centre jaune
Soins : engrais, couper les tiges fanées, rabattre complètement en automne

Thématique/Module :
Plates-bandes de prairie :
Module 1 : pages 46-49
Plan 1 : pages 50-51

◄ Anémone hépatique
Hepatica nobilis

Implantation :
◑ ●
L 2, LP 2
Hauteur/Croissance :
10 cm, plante tapissante

Floraison : mars-avr., bleu
Soins : –

Thématique/Module :
Plates-bandes d'ombre :
Module 3 : pages 100-103
Alternative :
pages 104-105

► Jacinthe d'Espagne
Hyacinthoides hispanica

Implantation :
◑ ●
LP 2
Hauteur/Croissance :
30 cm, en touffe

Floraison : avr.-mai, bleu
Soins : flétrissement des feuilles après la floraison : les éliminer quand elles sont desséchées

Thématique/Module :
Pour les puristes :
Module 1 : pages 110-113

◄ Hortensia de Virginie
Hydrangea arborescens
'Incrediball'

Implantation :
☼ ◑
Hauteur/Croissance :
150 cm, plante arbustive et buissonnante

Floraison : juill.-sept., blanc
Soins : arroser si besoin, rabattre au sol en fin d'hiver, éliminer les rhizomes

Thématique/Module :
Plates-bandes d'ombre :
Module 1 : pages 90-93
Plan 1 : pages 94-95

Description des plantes complémentaires

◄ **Hortensia paniculé**
Hydrangea paniculata 'Bombshell'

Implantation : ☼ ◑
Hauteur/Croissance : 100 cm, compact, plante arbustive

Floraison : juin-août, blanc
Soins : rabattre en fin d'hiver

Thématique/Module : Mixed-border Style : Module 2 : pages 152-155
Alternative : pages 156-157

► **Genévrier**
Juniperus scopulorum 'Blue Arrow'

Implantation : ☼
Hauteur/Croissance : 600 cm, port érigé, forme en colonne

Floraison : insignifiante
Soins : –

Thématique/Module : Plates-bandes de gravier : Module 2 : pages 72-75
Alternative : pages 76-77

◄ **Plume du Kansas**
Liatris spicata

Implantation : ☼
EO 2, PB 2
Hauteur/Croissance : 70 cm, en touffe, herbeux, port redressé

Floraison : juill.-sept., violet
Soins : sol bien drainé surtout en hiver, apport d'engrais organique

Thématique/Module : Plates-bandes de prairie : Module 1 : pages 46-49
Plan 1 : pages 50-51

► **Lis martagon**
Lilium martagon

Implantation : ☼ ◑
LP 2, L 2
Hauteur/Croissance : 100 cm, port redressé, en touffe

Floraison : juill.-août, rose-pourpre, macules brunes
Soins : éliminer les criocères du lis pour éviter la défoliation

Thématique/Module : Plates-bandes d'ombre : Module 3 : pages 100-103

◄ **Lupin des jardins**
Lupinus Polyphyllus 'Fräulein'

Implantation : ☼
PB 2, EO 2
Hauteur/Croissance : 80 cm, en touffe, port redressé

Floraison : juin-août, blanc crème
Soins : pas d'engrais, rabattre de moitié après la 1re floraison pour stimuler la 2e

Thématique/Module : Mixed-border Style : Module 2 : pages 152-155
Alternative : pages 156-157

► **Narcisse cyclamineus**
Narcissus 'Jack Snipe'

Implantation : ☼
PB 2, EO 2, LP 2
Hauteur/Croissance : 35 cm, port redressé, en touffe

Floraison : févr.-mars, jaune avec cœur orange
Soins : rabattre après la floraison si besoin, couper les feuilles jaunies

Thématique/Module : Plates-bandes de graminées : Module 3 : pages 136-139

◄ **Narcisse jaune**
Narcissus pseudonarcissus ssp. *lobularis*

Implantation : ☼ ◑
EO 1-2
Hauteur/Croissance : 20 cm, port redressé

Floraison : févr.-mars, jaune clair
Soins : -

Thématique/Module : Plates-bandes de gravier : Module 3 : pages 78-81

Description des plantes complémentaires

◄ **Pivoine**
Paeonia Lactiflora 'Germaine Bigot'

Implantation : ☼
PB 2
Hauteur/Croissance : 90 cm, en touffe, buissonnant

Floraison : mai-juin, rose
Soins : apport d'engrais longue durée, mulcher avec du compost, ne pas planter trop profond

Thématique/Module : Mixed-border Style :
Module 1 : pages 146-149
Alternative : pages 150-151

► **Panic érigé**
Panicum virgatum 'Heavy Metal'

Implantation : ☼
EO 2, LP 2, PB 2
Hauteur/Croissance : 120 cm, en touffe, port érigé

Floraison : août-sept., vert-bleu
Soins : rabattre en fin d'hiver, couper ou diviser les touffes qui ont trop grandi

Thématique/Module : Plates-bandes de prairie :
Module 1 : pages 46-49
Plan 1 : pages 50-51

◄ **Panic érigé**
Panicum virgatum 'Rehbraun'

Implantation : ☼
EO 2, LP 2, PB 2
Hauteur/Croissance : 120 cm, en touffe lâche, port redressé

Floraison : août-sept., brunâtre
Soins : arroser en cas de sécheresse les premières années qui suivent la plantation

Thématique/Module : Plates-bandes de graminées :
Module 3 : pages 136-139
Alternative : pages 140-141

► **Pavot d'Orient**
Papaver orientale 'Perry' s White'

Implantation : ☼
PB 1-2, EO 1-2
Hauteur/Croissance : 80 cm, en touffe dressée

Floraison : mai-juin, blanc avec centre noir
Soins : couper le feuillage avant qu'il ne se rétracte s'il est inesthétique

Thématique/Module : Mixed-border Style :
Module 2 : pages 152-155
Alternative : pages 156-157

◄ **Phlox paniculé**
Phlox paniculata 'Freudenfeuer'

Implantation : ☼ ◑
PB 2-3
Hauteur/Croissance : 90 cm, port redressé, en touffe

Floraison : août-sept., rouge orangé
Soins : bien arroser au printemps, couper les panicules fanées, apport de compost

Thématique/Module : Mixed-border Style :
Module 1 : pages 146-149
Alternative : pages 150-151

► **Rosier gallique**
Rosa gallica 'Belle Isis'

Implantation : ☼
Hauteur/Croissance : 100 cm, buissonnant, port redressé

Floraison : juin-juill., rose tendre
Soins : rabattre d'un tiers en fin d'hiver et après la floraison

Thématique/Module : Mixed-border Style :
Module 1 : pages 146-149
Alternative : pages 150-151

◄ **Rosier gallique**
Rosa gallica 'Officinalis'

Implantation : ☼ ◑
Hauteur/Croissance : 120 cm, buissonnant, port redressé

Floraison : juin, rouge magenta
Soins : supprimer les gourmands si besoin

Thématique/Module : Plates-bandes de gravier :
Module 3 : pages 78-81
Alternative : pages 82-83

Description des plantes complémentaires

◄ Rudbeckia
Rudbeckia missouriensis

Implantation : ☼ PB 2, EO 2
Hauteur/Croissance : 40 cm, en touffe, port redressé

Floraison : juill.-sept., jaune
Soins : rabattre complètement les tiges fanées

Thématique/Module : Plates-bandes de prairie
Module 2 : pages 52-55
Alternative : pages 56-57

► Sauge des bois
Salvia nemorosa 'Schneehügel'

Implantation : ☼ PB 1-2, EO 1-2
Hauteur/Croissance : 40 cm, buissonnant, compact

Floraison : juin, sept., blanc
Soins : rabattre au sol après la 1re floraison pour stimuler la 2e

Thématique/Module : Plates-bandes de graminées :
Module 2 : pages 130-133
Alternative : pages 134-135

◄ Sauge des prés
Salvia pratensis

Implantation : ☼ EO 1
Hauteur/Croissance : 50 cm, port redressé, en touffe

Floraison : juin-août, sept., violet bleuté
Soins : rabattre après la 1re floraison pour en stimuler d'autres

Thématique/Module : Plates-bandes de gravier
Module 3 : pages 78-81
Alternative : pages 82-83

► Solidage
Solidago 'Strahlenkrone'

Implantation : ☼ PB 2, EO 2
Hauteur/Croissance : 60 cm, port redressé, en touffe

Floraison : juill.-août, jaune d'or
Soins : rabattre complètement en fin d'automne

Thématique/Module : Plates-bandes de prairie :
Module 2 : pages 52-55
Alternative : pages 56-57

◄ If commun
Taxus baccata 'Renkes Kleiner Grüner'

Implantation : ☼ ◑ LP 2 (L 2, PB 2)
Hauteur/Croissance : pousse lente, buissonnant et étendu

Floraison : insignifiante
Soins : tailler dans la forme souhaitée au début de l'été et en automne

Thématique/Module : Pour les puristes :
Module 2 : pages 114-117
Alternative : pages 118-119

► Tulipe nénuphar
Tulipa kaufmanniana 'Early Harvest'

Implantation : ☼ PB 2, EO 2
Hauteur/Croissance : 25 cm, port érigé

Floraison : mars-avr., rouge orangé
Soins : éviter les sols gorgés d'eau

Thématique/Module : Plates-bandes de prairie
Module 2 : pages 52-55
Alternative : pages 56-57

◄ Tulipe praestans
Tulipa praestans 'Shogun'

Implantation : ☼ EO 1-2
Hauteur/Croissance : 20 cm, port redressé

Floraison : avr.-mai, jaune orangé
Soins : éviter les sols gorgés d'eau, ne rabattre qu'une fois le feuillage flétri

Thématique/Module : Plates-bandes de graminées :
Module 3 : pages 136-139
Alternative : pages 140-141

Description des plantes complémentaires

◄ **Tulipe du Turkestan**
Tulipa turkestanica

Implantation :
☼
EO 1-2
Hauteur/Croissance :
25 cm, en touffe

Floraison : mars-avr., blanc
Soins : diviser les grandes touffes si besoin, éviter les sols gorgés d'eau

Thématique/Module :
Plates-bandes de gravier :
Module 2 : pages 72-75
Alternative :
pages 76-77

► **Tulipe**
Tulipa viridiflora
'Nightrider'

Implantation :
☼ ◑
PB 1-2
Hauteur/Croissance :
50 cm, port érigé

Floraison : mai, violet foncé avec du vert
Soins : replanter si elle ne fleurit plus, protection anti-taupes

Thématique/Module :
Mixed-border Style :
Module 1 : pages 146-149
Alternative :
pages 150-151

◄ **Tulipe**
Tulipa 'Winterberg'

Implantation :
☼ ◑
PB 1-2
Hauteur/Croissance :
40 cm, port redressé

Floraison : avr.-mai, blanc
Soins : replanter si elle ne fleurit plus, protection anti-taupes

Thématique/Module :
Mixed-border Style :
Module 2 : pages 152-155
Alternative :
pages 156-157

► **Zinnia**
Zinnia 'Zinderella Peach'

Implantation :
☼
PB 1-2
Hauteur/Croissance :
50 cm, port redressé, annuel

Floraison : juill.-sept., jaune, rose pêche
Soins : semer en fin d'hiver et planter dans le massif les jeunes plantes ultérieurement

Thématique/Module :
Mixed-border Style :
Module 1 : pages 146-149

Index

Les folios en **caractères gras** se réfèrent aux illustrations.

Achillea filipendulina 'Coronation Gold' 132, 133, 134, 135, 164, **164**
Achillea Filipendulina 'Credo' 148, 150, 151, 164, **164**
– 'Feuerland' 47, 54, 56, 57, 164, **164**
– 'Hannelore Pahl' 47
– 'Heinrich Vogeler' 46, 47, **47**, 48, 49, 51
– 'Helios' 47
– 'Hella Glashoff' 136, 137, **137**, 138, 139, 140
– 'Lilac Beauty' 146, 147, **147**, 148, 149, 151
– 'Walter Funcke' 147
Achillea millefolium 78, 79, **79**, 80, 81, 83
– 'Belle Époque' 147
– 'Excel' 60, 61
– 'Pomegranate' 138, 140, 141, 164, **164**
Achillée **20**, 47, **47**, 48, 49, 54, 56, 132, 133, **133**, 134, 135, 137, **137**, 139, 140, 138, 140, 147, **147**, 148, **148**, 149, 150,
Achillée millefeuille 60, 61, 79, **79**, 80, 81, 164, **164**
Aconit de Carmichael 92, 93, 94, 159, **159**, 160, 161
Aconitum carmichaelii 'Arendsii' 92, 93, 94, 95, 158, 159, **159**, 160, 161
– *lamarckii* 159
– *napellus* 'Kleiner Ritter' 159
Actée à grappes 91, 92, 93, 94
Adaptation des modules 30, 31, 32, 33
Agapanthe africaine 76
Agapanthus africanus 76
Agastache 'Ayala' 58, 59, **59**, 60, 61
Agastache 59, 61
Agastache Rugosa 'Black Adder' 59
Agave 75, 76
Ail à tête ronde 48, 132, 133, 165, **165**
Ail d'ornement 36, 41, 48, 49, 70, 71, 74, 75, 112, 113, 138, 139, 154, 155, 156, 160, 161, **164**, **165**
Ail de Perse 74, 116, 117, 164, **164**
Ail des Indes 60, 165, **165**
Ail géant 116, 117, 165, **165**
Ail pourpre 15, **15**, 60, 61, 116, 117, 121, 148, 149, 164, **164**
Akelei **87**
Alchémille **18**
Allium 16
– *aflatunense* 'Purple Sensation' 46, 48, 49, 160, 161, 164, **164**
– 'Ambassador' 114, 116, 117, 119, 165, **165**
– *atropurpureum* 58, 59, 60, 61, 114, 116, 117, 119, 138, 148, 149, 164, **164**
– *christophii* 72, 73, 74, 75, 77, 114, 116, 117, 119, 164, **164**
– 'Forelock' 68, 70, 71, 165, **165**
– *karataviense* 'Ivory Queen' 74
– 'Mount Everest' 110, 112, 113, 136, 138, 139, 141, 165, **165**
– *nigrum* 60, 126, 128, 129, 165, **165**
– *sphaerocephalon* 46, 48, 49, 130, 132, 133, 135, 165, **165**
– 'White Giant' 154, 155, 156, 157, 165, **165**
Améliorer le sol 13
Andropogon 53, 54, 55, 60
Andropogon 'Präriesommer' 52, 53, **53**, 54, 55, 57
– *scoparius* 'Cairo' 53, 60
Anemanthele lessoniana 130, 131, **131**, 132, 133, 134, 135
– 'Sirocco' 131
Anemone blanda 'White Splendour' 90, 92, 93, 95, 165, **165**
– *japonica* 84
– *Japonica* 'Bressingham Glow' 92, 93, 94, 95, 166, **166**
– *Japonica* 'Whirlwind' 154, 155, 156, 157, 166, **166**
– *nemorosa* 86, 102, 103, 105, 166, **166**
– 'Serenade' 96, 97, **97**, 98, 99
– *tomentosa* 'Robustissima' 97
Anémone de Grèce 92, 93, 165, **165**
Anémone des bois 86, 102, 103, **103**, 104, 166, **166**
Anémone du Japon 84, 92, 94, 97, **97**, 98, 99, 154, 155, 156, 166, **166**
Anémone hépathique 86, 102, 103, 104, 169, **169**
Anémone pulsatille 79, **79**, 80, 81
Anthemis tinctoria 79
– *tinctoria* 'Dwarf Form' 78, 79, **79**, 80, 81, 82
– *tinctoria* 'Sauce Hollandaise' 79
Arbre à perruques 160, 161
Arbre aux anémones 48, 49, 50, 167, **167**
Arbre aux mouchoirs 91, **91**, 92, 93
Arbrisseaux 10, 16, 62, 65
Asaret 86, 102, 103
Asarum europaeum 86, 102, 103
Aster 40, 48, 50, **66-67**, 97, 98, 99, **124-125**
– d'automne 154, 156, 166, **166**
– d'été 79, **79**, 80, 81, 82
– de la Nouvelle-Angleterre 17, **47**, 48, 49, 148, 150, 166
– lisse 54, 55, 56, 166, **166**
Aster amellus 'Mira' 79
– × *herveyi* 'Twilight' 96, 97, **97**, 98, 99
– *amellus* 'Silbersee' 79
– *amellus* 'Veilchenkönigin 78, 79, 80, 81, 82
– *divaricatus* 'Tradescant' 98
– *dumosus* 'Blauer Gletscher' 130, 131, 132, 133, 134, 135
– *dumosus* 'Herbstgruß vom Bresserhof' 131
– *dumosus* 'Niobe' 131
– *ericoides* 'Lovely' 154, 156, 157, 166, **166**
– *laevis* 'Calliope' 54, 55, 56, 57, 166, **166**
– *macrophyllus* 'Albus' 97
– *novae-angliae* 'Andenken an Paul Gerber' 46, **47**, 48, 49, 51
– *novae-angliae* 'Purple Dome' 47
– *novae-angliae* 'Rosa Sieger' 47, 148, 150, 151, 166, **166**
– *novae-angliae* 'Violetta' 17, 47
– *pringlei* 'Pink Star' 48, 50, 51, 128, 129, 166, **166**
Aster buissonnant 131, **131**, 132, 133, 134, 135
Aster divariqué 98
Astilbe 17, 108
– *chinensis* var. *pumila* 'Visions in Red' 111
– *chinensis* var. *pumila* 110, 111, 112, 113
– *chinensis* var. *taquetii* 'Purpurlanze' 90, 91, **91**, 92, 93, 94, 95
– *Japonica* 'Europa' 91
Astilbe de Chine 17, **88-89**, 93, 108
– 'Purpurlanze' **15**, **85**, 91, **91**, 92, 93, 94
Astilbe de Chine naine 111, **111**, 112, 113
Astrantia major 'Abbey Road' 110, 111, **111**, 112, 113
– *major* 'Florence' 111
– *major* 'Moulin Rouge' 111
– *major* 'Shaggy' 112, 113
– *major* 'Venice' 110, 111, **111**, 112, 113
Aubrieta 17
Aubriète 17
Avoine sauvage 138
Avoine vivace 74, 75, 76, 77, 169, **169**
– 'Saphirsprudel' **76**

Baptisia 'Purple Smoke' 58, 59, **59**, 60, 61
Baptisia 59, 61
Baptisia alba var. *macrophylla* 59
Bergenia 'Baby Doll' 97, 112, 113
Bergenia 'Herbstblüte' 96, 97, 98, 99
Bergénia 97, **97**, 98, 99, **107**, 112, 113
Bleuet des montagnes 69, **69**, 70, 71
Bordures blanches **155**, **156**
Bordures doubles **27**, 142, **143**
Bordures mixtes 12
Boule azurée **19**, 128, 129
Briza media 80, 81
Brize 80, 81
Brunnera macrophylla 97
– *macrophylla* 'Dawson' s White' 90, 91, **91**, 92, 93, 94, 95
– *macrophylla* 'Jack Frost' 96, 97, **97**, 98, 99

Calamagrostide lancéolée 'Karl Foerster' 115, 117, 118, 120, **123**
Calamagrostide lancéolée 60, 116, 117, 120, 122, 127, **127**, 128, 129
Calamagrostis × *acutiflora* 120
– × *acutiflora* 'Karl Foerster' 60, 114, 115, **115**, 116, 117, 118, 119, 126, 127, **127**, 128, 129
– × *acutiflora* 'Overdam' 115
– × *acutiflora* 'Waldenbuch' 127
– *brachytricha* 52, 53, **53**, 54, 55, 56, 57, 130, 131, **131**, 132, 133, 134, 135
– *emodensis* 53
Calament nepeta 80, 81
Calamintha nepeta 'Triumphator' 80, 81
Calcaire 13
Calendrier des floraisons 18, 29
Caltha palustris 17
Calycanthus floridus 48, 49, 50, 51, 167, **167**
Camassia 48, 49, 50, 167, **167**
Camassia leichtlinii ssp. *leichtlinii* 'Semiplena' 48, 49, 50, 51, 167
Camomille des teinturiers 79, **79**, 80, 81, 82
Campanula lactiflora 'Alba' 147
– *lactiflora* 'Prichard' s Variety' 146, 147, **147**, 148, 149, 151
– *lactiflora* 'Superba' 147
– *lactiflora* 'White Pouffe' 147
– *latifolia* var. *macrantha* 'Alba' 152, 153, **153**, 154, 155, 157
– *persicifolia* 'Grandiflora Alba' 153
Campanule 147, **147**, 148, 149
– à larges feuilles 153, **153**, 154, 155
Canche cespiteuse **107**, 137, **137**, 138, 139, 140
Carex morrowii var. *foliosissima* 'Silver Sceptre' 112, 113
– *oshimensis* 'Evergold' 98
Caryopteris 10
Caryoptéris 10, 65
Centaurea montana 'Carnea' 69
– *montana* 'Purple Prose' 68, 69, **69**, 70, 71
– *scabiosa* 78, 79, **79**, 80, 81, 83
Centaurée scabieuse 79, **79**, 80, 81, **81**
Centranthus 16, 65
– *angustifolius* 69
– *ruber* 'Albus' 68, 69, **69**, 70, 71
– *ruber* var. *coccineus* 'Rosenrot' 69
Cercle chromatique 18
Chasmanthium latifolium 138
Cheveux d'ange **41**, 59, 61
Chiendent 34
Chionodoxa forbesii 'Blue Giant' 98
– *forbesii* 'Pink Giant' 96, 98, 99, 167, **167**
Choix des plantes 18, 19
Cierge d'argent 91, **91**, 92, 93, 111, **111**, 112, 113
Cimicifuga 16, 84, 108
– *japonica* var. *acerina* 'Compacta' 111

– *racemosa* 90, 91, **91**, 92, 93, 95
– *racemosa* var. *cordifolia* 91
– *simplex* 'Brunette' 111
– *simplex* 'Chocoholic' 110, 111, **111**, 112, 113
– *simplex* 'White Pearl' 90, 91, 92, 93, 94, 95
Citronnier 76
Clematis 'Perle d'Azur' 160, 161
– × *jouiniana* 'Praecox' 98, 99
Clématite 98, 99, 160, 161
Cléome 123
Commande des plantes 35
Compost 34
Conditions d'implantation 24, 41
Conifère nain 75
Coquelourde des jardins 70, 71
Coréopsis à grandes fleurs 159, **159**, 160, 161
Coreopsis grandiflora 'Christchurch' 158, 159, **159**, 160, 161
– *lanceolata* 'Sterntaler' 159
Cornouiller du Japon 10, 86
Cornus kousa 10, 86
Cortaderia 123
– *selloana* 'Evita' 131
– *selloana* 'Pumila' 130, 131, **131**, 132, 133, 135
Cortia wallichiana 138, 139
Corydale creuse 102, **103**, 104, 167, **167**
Corydalis cava 102, 103, 104, 105, 167, **167**
Cotinus coggygria 'Golden Spirit' 160, 161
Couleur des fleurs 19
Couleur du feuillage 19
Couleurs 18, 19
Coûts 26, 27
Crocus 41, 102, 103
Crocus doré 54, 55
Crocus flavus 54, 55
– *tommasinianus* 102, 103
Cyprès 75, 76

Dahlia 'Franz Kafka' 148, 151, 167, **167**
– 'Le Baron' 146, 147, **147**, 148, 149, 150, 151, 167, **167**
– 'White Renova' 152, 153, **153**, 154, 155, 157, 167, **167**
Darmera 17
Davidia involucrata var. *vilmoriniana* 90, 91, **91**, 92, 93, 95
Delphinium 17, 143
– *Belladonna* 'Moerheimii' 152, 153, **153**, 154, 155, 156, 157
– *Elatum* 'Waldenburg' 154, 156, 157, 168, **168**
– *Elatum* 'Green Twist' 153
– *Elatum* 'Ouvertüre' 148, 150, 151, 168
– 'Magic Fountain rosa' 146, 147, **147**, 148, 149, 150, 151
Deschampsia cespitosa 'Goldschleier' 136, 137, **137**, 138, 139, 140, 141
Désherber 34
Dianthus carthusianorum 78, 79, **79**, 80, 81, 83
Digitale 16, 92, 93, 147, **147**, 148, 149
Digitalis 16
– *purpurea* 'Apricot' 146, 147, **147**, 148, 149, 151
– *purpurea* 'Gloxiniaeflora' 147
– *purpurea* 'Snow Thimble' 92, 93, 147
Dimensions de la plate-bande 25, 29, 32
Disposer la plate-bande 25
Disposer les plantes 35, 36
Double Border 152
Dryopteris 15
– *affinis* 86
– *filix-mas* 102, 103, 104, 105, 168, **168**

Échelonnement des hauteurs 20, 21
Echinacea 40
– 'Flame Thrower' 114, 115, **115**, 116, 117, 118
– 'Fragrant Angel' 116, 118, 119, 168, **168**
– 'Orange Luxury' 136, 137, **137**, 138, 139, 140
– *pallida* 58, 59, **59**, 60, 61
– *pallida* 'Hula Dance' 59
– *paradoxa* 58, 59, **59**, 60, 61
– 'Pixi Meadowbrite' 115
– *purpurea* 'Augustkönigin' 126, 127, **127**, 128, 129
– *purpurea* 'Fatal Attraction' 136, 137, 138, 139, 140
– *purpurea* 'Harvest Moon' 47
– *purpurea* 'Milkshake' 47
– *purpurea* 'Pica Bella' 46, 47, **47**, 48, 49, 50, 51
– *purpurea* 'Pink Double Delight' 127
– *purpurea* 'Sunrise' 128, 129
– 'Summer Cocktail' 115
– 'Sunrise' 48, 49, 50, 51, 168, **168**
– 'Tomato Soup' 54, 56, 57, 114, 115, **115**, 116, 117, 118, 168
Échinacée 11, 28, 40, 41, 44, 56
Échinacée pâle 59, 60, 61
Échinacée pourpre jaune 60, 61
Echinops bannaticus 'Taplow Blue' 128, 129
– *sphaerocephalus* 'Arctic Glow' 80, 81, 82, 83, 168, **168**
Égopode podagraire 34
Elaeagnus angustifolia 62
Engrais 34
Entretien 26, 27
Épiaire laineuse 65, 69, **69**, 70, 71
Epimedium 84
– × *perralchicum* 'Frohnleiten' 97
– *pinnatum* ssp. *colchicum* 'Black Sea' 96, 97, **97**, 98, 99
Érable 10
– du Japon 'Bloodgood' **10**
– panaché 'Variegatum' **31**
Eragrostis 59, 61
Eragrostis spectabilis 'Purpurflirren' 59
– *trichodes* 'Bend' 58, 59, **59**, 60, 61
Eranthis hyemalis 86
Espaces ouverts 133
– ensoleillés, humides **15**
– frais 41, 49
– frais à humides 17
– secs 15, 16, 41, 62, 64
Eulalie 120, 128, 129, 132, 133
Eupatoire 17
Eupatorium 17
Euphorbe 65
Euphorbe characias 73, **73**, 74, 75
Euphorbe de Séguier 62, 69, **69**, 70, 71
Euphorbia 62, 65
– *characias* ssp. *wulfenii* 'Shorty' 72, 73, 74, 75, 77
– *myrsinites* 69
– *polychroma* 'Purpurea' 73
– *seguieriana* ssp. *niciciana* 68, 69, **69**, 70, 71

Fausse fougère mâle 86
Faux hélianthe 159, **159**, 160, 161
Faux lupin 59
Fertiliser 13
Fétuque glauque **75**
Fleur des elfes jaune 84, 97, **97**, 98, 99
Fleurs d'été 10, 11
Foerster, Karl 120
Fonction de la plate-bande 25
Forme de la plate-bande 25, 26, 29, 30, 32
Forme des fleurs 19
Forme du feuillage 19
Fougère allemande **86**
Fougère mâle 15, 102, 103, 104, 168, **168**
Fougères 11, **14**

Galanthus nivalis 11, 92, 93, 94, 95, 169, **169**
Gaura de Lindheimer 60, 61
Gaura lindheimeri 60, 61
Genévrier 74, 75, 76, 77, 170, **170**
– 'Blue Arrow' **76**
Géranium **17**, 73, **73**, 74, 75, 77, 97, **97**, 98, 99, 131, **131**, 132, 133, 135, 159, **159**, 160, 161
Géranium à feuilles de crêpe 73, **73**, 74, 75
Géranium à tige noueuse 97, **97**, 98
Géranium des prés 17
Geranium Gracile 'Sirak' 159
– 'Johnson' s Blue' 131
– *nodosum* 'Clos du Coudray' 97
– *nodosum* 96, 97, **97**, 98, 99
– 'Pink Penny' 130, 131, **131**, 132, 133, 135
– *pratense* 17
– *psilostemon* 'Anne Thomson' 160, 161
– *psilostemon* 18
– *Renardii* 'Philippe Vapelle' 72, 73, **73**, 74, 75, 77
– *renardii* 73
– 'Rozanne' 158, 159, **159**, 160, 161
– sanguineum 'Elsbeth' 60, 61
– *sanguineum* 16, 85
– 'Tiny Monster' 131
Géranium sanguin 16, 60, 61, 85
Gesse de printemps 101, **101**, 102, 103, 104
Giroflée 11
Gladiolus callianthus 'Murielae' 160
– *communis* ssp. *byzantinus* 70, 71
Glaïeul d'Abyssinie 160
Glaïeul de Byzance 70, 71, **71**
Gloire des neiges 65, 98, 167, **167**
Graminées 11
Grande astrance **15**, **85**, 111, **111**, 112, 113
Gravier 64
Gravillon 64
Great Dixter, long border **145**

Haie d'ifs formelle **143**
Hamamelis 86
Hamamélis 86
Hélénie 15, 53, **53**, 54, 55, 128, 129
Helenium 'Double Trouble' 53, 128, 129
– 'Luc' 53
– 'Rubinzwerg' 52, 53, **53**, 54, 55, 57
Helictotrichon sempervirens 'Saphirsprudel' 74, 75, 76, 77, 169, **169**
Heliopsis helianthoides var. *scabra* 'Goldgrünherz' 159
– *helianthoides* var. *scabra* 'Venus' 158, 159, **159**, 160, 161
Hellébore **14**, 97, **97**, 98, 99
Hellébore d'hiver 86
Hellébore noir 99, 101, **101**, 102, 103, 104
Helleborus 11
Helleborus niger 100, 101, **101**, 102, 103, 104, 105
– *niger* 'Praecox' 101
– *orientalis* 'Pink Lady' 96, 97, **97**, 98, 99
– *orientalis* 'White Spotted Lady' 97
Hémérocalle 48, 50, 53, **53**, 54, 55, 116, 117, 127, **127**, 128, 129, 137, **137**, 138, 139, 153, **153**, 154, 155, 169, **169**
Hemerocallis 'Augustfreude' 53
– 'All American chief' ou 'Geronimo' 52, 53, **53**, 54, 55, 57
– 'Burning Daylight' 136, 137, **137**, 138, 139, 141
– 'Crimson Pirate' 138, **139**
– 'El Desperado' 127
– 'Joan Senior' 152, 153, **153**, 154, 155, 157
– 'Little Grapette' 116, 117, 118, 119, 169, **169**
– 'Little Joy' 53
– 'Olive Bailey Langdon' 48, 50, 51, 169, **169**
– 'Summer Wine' 126, 127, **127**, 128, 129
– 'White Temptation' 153
Hepatica nobilis 86, 102, 103, 104, 105, 169, **169**
Herbe à chat 70, 71, 159, **159**, 160, 161, **161**

Herbe aux diamants 53, **53**, 54, 55, 56, **123**, **124-125**, 131, **131**, 132, 133, 134, 135
Herbe aux écouvillons 28, 47, **47**, 48, 49, 50, 115, 117, 118, 120, **122**, 127, **127**, 128, 129, 132, 134, 135
Herbe de la pampa 123, 131, **131**, 132, 133, 135
Heuchera 11, 85
Heuchère 11, **31**, 85
Hortensia 13
– 'Annabelle' **21**
Hortensia à feuilles de chêne 112, 113
Hortensia de Virginie 92, 93, 94, 147, **147**, 148, 149, 169, **169**
Hortensia paniculé 154, 156, 170, **170**
Hosta 11, 15, 17, **18**, **31**, 86, **86**, **91**, **91**, 92, 93, 94, 106, 112, 113
Hosta 11, 15, 17, **86**, 106
– 'Diana Remembered' 90, 91, **91**, 92, 93, 94, 95
– 'Fire and Ice' 91
– 'Patriot' 112, 113
Houx crénelé 85, 116, 118
Humidité du sol 24
Humus 13
Hyacinthoides hispanica 110, 112, 113, 169, **169**
– *non-scripta* 86
Hydrangea 13
– *arborescens* 'Incrediball' 92, 93, 94, 95, 147, 169, **169**
– *arborescens* 'Pink Annabelle' 146, 147, **147**, 148, 149, 151
– *paniculata* 'Bombshell' 154, 156, 170, **170**
– *quercifolia* 'Pee Wee' 112, 113

If commun 10, 85, 172
If du Japon 112, 116, 117, 118
Ilex crenata 85
– *crenata* 'Dark Green' 116, 118
Immortelles d'argent **43**
Implantation 12, 13, 24
Iris barbata-elatior **9**, 69, **69**, 70, 71, 108, 116, 117, 159, **159**, 160, 161
– *barbata-elatior* 'Full Tide' 159
– *barbata-elatior* 'Gala Madrid' 158, 159, 160, 161
– *barbata-elatior* 'Gold Galore' 159
– *barbata-elatior* 'Gypsy Romance' 69
– *barbata-elatior* 'K. H. Darwin' 69
– *barbata-elatior* 'Lovely Again' 68, 69, **69**, 70, 71, 116, 117
– *laevigata* 17
– *pseudacorus* 17
Iris d'eau japonais 17

Jacinthe 86
– d'Espagne 112, 113, 169, **169**
Jardin de gravier **64**
Jekyll, Gertrude 142
Julienne des dames **9**, **35**
Juniperus scopulorum 'Blue Arrow' 74, 75, 76, 77, 170

Kirengeshoma 92, 93
Kirengeshoma palmata 92, 93

Laîche 98
Laîche japonaise 112, 113
Lamier orvale 101, **101**, 102, 103, 104
Lamium orvala 100, 101, **101**, 102, 103, 104, 105
– *orvala* 'Album' 101
Lathyrus vernus 100, 101, **101**, 102, 103, 104, 105
– *vernus* 'Alboroseus' 101
Laurier cerise 10
Laurier-rose 76
Lavande 16, 62, 108
Lavande officinale 73, **73**, 74, 75, 77, 116, 117
Lavandula 16, 62
– *angustifolia* 'Blue Cushion' 73
– *angustifolia* 'Blue Mountain White' 73
– *angustifolia* 'Jamlitz' 73
– *angustifolia* 'Miss Katherine' 72, 73, **73**, 74, 75, 77, 116, 117
Legsheath Farm, Sussex **143**
Liatris spicata 48, 49, 50, 51, 170, **170**
Ligulaire 17
Ligularia 17
Lilium martagon 100, 102, 103, 105, 170, **170**
Lin vivace 60, 61
Linaire pourpre 73, **73**, 74, 75, 77
Linaria purpurea 72, 73, **73**, 74, 75, 77
– *purpurea* 'Alba' 73
Linum perenne 'Nanum Saphir' 60, 61
Lis martagon 102
Liseron des champs 34
Lisière des plantes ligneuses 15, **85**, **86**, **88-89**
Liste d'achats 28, 29, 31
Lloyd, Christopher 142
Lumière 12, 24
Lunaire vivace 101, **101**, 102, 103, 104
Lunaria rediviva 100, 101, **101**, 102, 103, 104, 105
Lupin des jardins 154, 155, 156, 159, **159**, 160, 161, 170, **170**
Lupinus Polyphyllus 'Fräulein' 154, 155, 156, 157
– *polyphyllus* 'Kronleuchter' 159
– *polyphyllus* 'Masterpiece' 158, 159, 159, 160, 161
Luzula sylvatica 120
– *sylvatica* 'Marginata' 102, 103
Luzule des bois 102, 103, 120
Lychnis coronaria 70, 71
Lysimaque de Chine **21**

Magnolia à fleur de lis 10
Magnolia liliiflora 10
Mahonia 98, 99
Mahonia aquifolium 'Apollo' 98, 99
Marguerite **21**
Marjolaine **10**, 62, 74
– 'Herrenhausen' **15**
Milieux de vie 14, 15, 16, 17, 24
– Espaces ouverts 14, 15, 16, 17
– Ligneux 14, 15
– Lisière des plantes ligneuses 14, 15, 17
– Milieu aquatique 15, 17
– Plates-bandes 14, 17
– Rives et berges 14, 17
– Roselière 15, 17
– Terrains pierreux 14
– Zone marécageuse 15
Miscanthus 120
– *sinensis* 'Adagio' 132, 133
– *sinensis* 'Morning Light' 128, 129
Misères **17**
Mixed-Border Style **9**, 12, 142, 143, **143**, 144, 145, 146, **146**, 147, 148, 149, **150**, 152, **152**, 153, 154, 155, **156**, 158, **158**, 159, 160, **161**
Molènes à fleurs denses 79, **79**, 80, 81, 82
Molinie 'Edith Dudszus' **107**
Monarda 17, 40
– *didyma* 'Squaw' 52, 53, **53**, 54, 55, 57
– *Fistulosa* 'Purple Ann' 46, 47, **47**, 48, 49, 51
– *Fistulosa* 'Schneewolke' 53
Monarde 17, 20, 44, 45, 47, **47**, 48, 49, 50, 53, **53**, 54, 55, **109**
Muflier 11
Mulcher 37
Muscari 80, 81
Muscari botryoides 80, 81
Myosotis du Caucase 91, **91**, 92, 93, 94, 97, **97**, 98, 99

Narcisse 11, 36, 92, 93, 165, **165**
Narcisse *cyclamineus* 138, 139, 170, **170**
Narcisse jaune 80, 81, 170, **170**
Narcissus 11
– 'February Silver' 92, 93
– 'Jack Snipe' 136, 138, 139, 140, 170, **170**
– *pseudonarcissus* ssp. *lobularis* 78, 79, **79**, 80, 81, 83, 170, **170**
Nepeta × faassenii 'Walkers Low' 158, 159, **159**, 160, 161
– *racemosa* 'Odeur Citron' 70, 71
– *racemosa* 'Superba' 159
New German Style 12, 14, 62, 84
Nom botanique 28, 29
Nom des plantes 11

Œillet des chartreux 79, **79**, 80, 81
Oenothera 65
Olivier 75
Ombre 12
Onagre 65
Origanum 62
– *Laevigatum* 'Aromatico' 74
– *vulgare* 80
Orpin 70, 71, **75**, **132**, **133**
– 'Matrona' **109**
Osterglocken 11
Oursin à têtes rondes 80, 81, 82, 168, **168**

Paeonia 11, 18
– *lactiflora* 'Festiva Maxima' 152, 153, **153**, 154, 155, 157
– *Lactiflora* 'Germaine Bigot' 148, 150, 151, 171, **171**
– *lactiflora* 'Immaculée' 153
– *lactiflora* 'Jan van Leeuwen' 153
Paillis 37, **37**
Panic érigé 40, 47, **47**, 48, 49, 50, 128, 129, 131, **131**, 132, 133, 134, 135, 138, 139, 140, 171, **171**
Panicum virgatum 40
– *virgatum* 'Dallas Blues' 130, 131, **131**, 132, 133, 134, 135
– *virgatum* 'Heavy Metal' 48, 49, 50, 51, 171, **171**
– *virgatum* 'Heiliger Hain' 47
– *virgatum* 'Northwind' 128, 129, 131
– *virgatum* 'Rehbraun' 138, 139, 140, 141, 171, **171**
– *virgatum* 'Shenandoah' 46, 47, **47**, 48, 49, 50, 132, 133, 134, 135
Papaver 65
– *orientale* 'Karine' 68, 69, **69**, 70, 71, 148, 150
– *orientale* 'Patty's Plum' 160, 161
– *orientale* 'Perry' s White' 154, 155, 156, 157
– *orientale* 'Royal Wedding' 69
Pavot 65
Pavot d'Orient
– 'Karine' 68, 69, **69**, 70, 71, 148, 150
– 'Patty's Plum' 160, **161**
– 'Perry's White' 154, 155, 156, 157
Pennisetum 28
– *alopecuroides* 'Cassian' 114, 115, **115**, 116, 117, 118, 119
– *alopecuroides* 'Hameln' 46, 47, **47**, 48, 49, 50, 51, 132, 134, 135
– *alopecuroides* 'Little Bunny' 47
– *alopecuroides* 'Red Head' 115
– *alopecuroides* var. *viridescens* 'Herbstzauber' 127
– *alopecuroides* var. *viridescens* 126, 127, **127**, 128, 129
Perce-neige 11, **14**, 92, 93, 94, 169, **169**
Période de floraison 18
Période de plantation 34, 35
Perovskia 10, 16
– *atriplicifolia* 'Blue Spire' 73
– *atriplicifolia* 'Little Spire' 72, 73, **73**, 74, 75, 76, 77
pH 13
Phlomis 65
– *russeliana* 59
– *tuberosa* 'Amazone' 58, 59, **59**, 60, 61
Phlomis tubéreux 59, 60, 61, 65
Phlox **15**, 40
– *amplifolia* 'Apanatschi' 47
– *amplifolia* 'David' 153
– *amplifolia* 'Great Smoky Mountains' 47
– *amplifolia* 'Winnetou' 46, 47, **47**, 48, 49, 51
– *amplifolia* 'David' 152, 153, **153**, 154, 155, 157
– *paniculata* 17

– *paniculata* 'Düsterlohe' 146, 147, **147**, 148, 149, 151
– *paniculata* 'Freudenfeuer' 148, 151, 171, **171**
– *paniculata* 'Furioso' 53
– *paniculata* 'Hesperis' 147
– *paniculata* 'Laura' 147
– *paniculata* 'Orange' 53
– *paniculata* 'Pax' 147
– *paniculata* 'Red Riding Hood' 52, 53, **53**, 54, 55, 57
Phlox 17, 40, 47, **47**, 48, 49, 53, **53**, 55, 59, **109**, 147, **147**, 148, **148**, 149, 153, **153**, 154, 155, 171, **171**
Pied-d'alouette 17, 143, 147, **147**, 148, 149, 150, 153, 153, 154, 155, 156, 168, **168**
– 'Ouvertüre' **144**
– élevé 148, 150
Pinus sylvestris 'Watereri' 75
Pivoine 11, 18, **124-125**, 148, 150, 153, **153**, 154, 155, 171, **171**
Plan 28
– dessiner 30, 33
– trame **36**
Planification 28, 29
Planifier sa plate-bande 24, 25
Plantation 34, 35, 36, 37
Plante ombrelle 17
Planter les bulbes 36
Plantes 35, 36
Plantes bulbeuses 11, 16
Plantes complémentaires 29
Plantes de jardins pierreux 17
Plantes des modules 29
Plantes ligneuses 10
– persistantes 85
– solitaires 10
Plates-bandes d'ombre **31**, 84, 85, **85**, 86, 87, **88-89**, 90, **90**, 91, 92, 93, **94**, 96, **96**, 97, 98, 99, 100, **100**, 101, 102, 103, **104**
Plates-bandes de graminées 120, 121, **121**, 122, 123, **124-125**, 126, **126**, 127, 128, 129, 130, **130**, 131, 132, 133, **134**, 136, **136**, 137, 138, 139
Plates-bandes de gravier 62, 63, **63**, 64, 65, **66-67**, 68, **68**, 69, 70, 71, 72, **72**, 73, 74, 75, **76**, 78, **78**, 79, 80, 81, **82**
Plates-bandes de prairie 40, 41, **41**, 42, 43, **43**, **44-45**, 46, **46**, 47, 48, 49, **50**, 52, **52**, 53, 54, 55, **56**, 58, **58**, 59, 60, 61
Plates-bandes de vivaces ornementales 12, **150**, **156**
Plume du Kansas **42**, 48, 49, 50, **163**, 170, **170**
Poirier à fleurs de saule 62, 73, **73**, 74, 75, 76, 77
Polygonatum 'Striatum' 90, 91, **91**, 92, 93, 95
– *multiflorum* 100, 101, **101**, 102, 103, 104, 105
– *odoratum* var. *pluriflorum* 'Variegatum' 91
Polyphyllus 'Fräulein' 170, **170**
Polypode commun 101, **101**, 102, 103, 104
Polypodium vulgare 100, 101, **101**, 102, 103, 104, 105
Populage des marais 17
Pour les puristes 106, 107, **107**, **107**, 108, 110, **110**, 111, 112, 113, 114, **114**, 115, 116, 117
Prairie d'herbes hautes 41
Prairie d'herbes mixtes 41
Prairie d'herbes rases 41
Prairies nord-américaines 17, 40
Primevère commune 101, **101**, 102, 103, 104
Primula elatior 101
Primula vulgaris 100, 101, **101**, 102, 103, 104, 105
Prunus laurocerasus 10
Pulmonaire 15
Pulmonaria 15
Pulsatilla vulgaris 78, 79, **79**, 80, 81, 83
– *vulgaris* 'Alba' 79, 81
Pyrus salicifolia 62
– *salicifolia* 'Pendula' 72, 73, **73**, 74, 75, 76, 77

Qualité du sol 13

Remplacer la terre 34
Renouée ornementale **66-67**
Rhododendron 'Tamarindos' **10**
Rhododendron 13
Robinie 10
Rodgersia 86, **86**, **88-89**, 108, 111, **111**, 112, 113
– *henrici* 'Die Schöne' 110, 111, **111**, 112, 113
– *podophylla* 'Rotlaub' 111
Rosa 'Austin's Buttercup' 159
– 'Desdemona' 153
– 'Eglantyne' 147
– 'England' s Rose' 159
– *gallica* 'Belle Isis' 148, 150, 151, 171, **171**
– *gallica* 'Officinalis' 80, 81, 82, 83, 171, **171**
– 'Glamis Castle' 152, 153, **153**, 154, 155, 156, 157
– 'Graham Thomas' 158, 159, **159**, 160, 161
– 'Port Sunlight' 147
– 'Proud Bride' 146, 147, **147**, 148, 149, 150, 151
Rosier 147, **147**, 148, 149, 150, 153, **153**, 154, 155, 156
Rosier anglais 147, **147**, 148, 149
Rosier gallique 80, 81, 82, 83, 148, 150, 171, **171**
Rudbeckia **16**, 17, 40, 41, 52, 53, 54, 55, 56, 57, 67, 115, 117, 118, 122, 123, 128, 129, 129, 137, 138, 139, 140, 168, 172, 172
Rudbeckia 17, 40, 55
– *fulgida* var. *sullivantii* 'Goldsturm' 52, 53, **53**, 54, 55, 57
– *fulgida* var. *sullivantii* 'Little Goldstar' 53
– *maxima* 53
– *missouriensis* 54, 56, 57, 172, **172**
Rudbeckia pourpre 47, **47**, 48, 49

Sackville-West, Vita 155
Salvia nemorosa 18, 108
– *nemorosa* 'Amethyst' 126, 127, **127**, 128, 129
– *nemorosa* 'Caradonna' 68, 69, **69**, 70, 71, 114, 115, **115**, 116, 117, 119
– *nemorosa* 'Mainacht' 115
– *nemorosa* 'Ostfriesland' 69
– *nemorosa* 'Schneehügel' 132, 133, 134, 135, 172, **172**
– *nemorosa* 'Tänzerin' 127
– *nemorosa* 'Viola Klose' 69
– *offcinalis* 65, 75
– *pratensis* 80, 82, 83, 172, **172**
Santolina 62
– *chamaecyparissus* 72, 73, **73**, 74, 75, 76, 77
– *rosmarinifolia* ssp. *rosmarinifolia* 73
Santoline 62
Santoline petit cyprès 73, **73**, 74, 75, 76, 77
Sauge 10, 16, **63**, 65, 73, **73**, 74, **75**, 76, 77
Sauge d'Afghanistan 73, **73**, 74, 75
Sauge des bois 18, 68, 69, **69**, 70, 71, 108, 114, 115, **115**, 116, 117, 119, 127, 128, 129, 132, 133, 134, 135, 172, **172**
Sauge des bois 'Caradonna' **117**
Sauge des prés 80, 82, 172, **172**
Sauge officinale 65, 75
Scabieuse à fleurs de lait 80
Scabiosa ochroleuca 80
Sceau de Salomon 91, **91**, 92, 93, 101, **101**, 102, 103, 104
Sedum 'Karfunkelstein' 70, 71
– 'Matrona' 132, 133
Semi-ombragé 12
Soins 37
Sol 12, 13
– préparation 23
Solidage **15**, **42**, 54, 55, 56, 172, **172**
Spiraea japonica 10
Spirée du Japon 10
Sporobole 54
Sporobole à glumes inégales 127, **127**, 128, 129
Sporobolus heterolepis 126, 127, **127**, 128, 129
– *heterolepis* 'Cloud' 54, 127
Stachys 65
– *byzantina* 'Big Ears' 69
– *byzantina* 'Silver Carpet' 68, 69, **69**, 70, 71
Statice 'Violetta' **121**
Stipa gigantea 70
– *pennata* 59
– *tenuissima* 58, 59, **59**, 60, 61
Stipe barbu **121**
Stipe de Nouvelle-Zélande 131, **131**, 132, 133, 134, 135
Stipe géant **63**, 70
Stipe penné 59
Structuration en hauteur 19, 21

Taxus 85
– *baccata* 'Renkes Kleiner Grüner' 116, 117, 118, 119, 172, **172**
– *baccata* 10
– *cuspidata* 'Lescow' 112, 113
Teneur en humus 13
Terrains pierreux 17
Test du toucher 12, 13
Thym 74, 75
Thymus 75
– *doerfleri* 'Bressingham Seedling' 74
Tison de Satan **66-67**
Tulipa
– *bakeri* 'Lilac Wonder' 60, 61
– *clusiana* 'Cynthia' 60, 61
– *kaufmanniana* 'Early Harvest' 54, 55, 57, 172, **172**
– *praestans* 'Shogun' 138, 140, 141, 172, **172**
– *turkestanica* 74, 75, 77, 173, **173**
– *viridiflora* 'Nightrider' 148, 149, 151, 173, **173**
– 'Winterberg' 154, 155, 156, 157, 173, **173**
Tulipe **35**, 36, 41, 60, 61, 140, 148, 149, 154, 155, 166, 173, **173**
– du Turkestan 74, 75, 173, **173**
– nénuphar 54, 55, 172, **172**
– *praestans* 138, 172, **172**
– *viridiflora* 149, 173, **173**
Type de sol 12, 13, 24

Valériane 65
Valériane des jardins 69, **69**, 70, 71
Verbascum densiflorum 78, 79, **79**, 80, 81, 82
– *nigrum* 'Album' 79
Verbena bonariensis 52, 53, **53**, 55, 57, 132, 133
– *bonariensis* 'Lollipop' 53
Veronica longifolia 'Schneeriesin' 152, 153, **153**, 154, 155, 157
Veronicastrum virginicum 'Diana' 153
– *virginicum* 'Erika' 160, 161
Véronique à feuilles longues 153, **153**, 154, 155
Véronique de Virginie **19**, 153, 160, 161
Verveine de Buenos Aires 53, **53**, 54, 55, 132, 133
Vesces 11
Violette 11
Viorne du Japon **17**
Vivaces accompagnatrices 21
Vivaces d'ombre 12, 13, **30**
Vivaces de prairie 41
Vivaces ornementales 17, **86**
Vivaces persistantes 11
Vivaces solitaires 21
Vivaces structurantes 21

Waldsteinia 15

Yucca filamenteux 74, 75
– 'Bright Edge' **66-67**
Yucca lamentosa 74, 75

Zinnia 'Zinderella Peach' 146, 147, **147**, 148, 149, 151, 173, **173**
Zinnia 148, 149, 173, **173**
Zone marécageuse 17

Crédits photographiques

Première de couverture : **Lars Baus** (illustration)

Frank M. von Berger : 44-45, 64, 66-67, 88-89 ; **Christine Breier :** 2-3, 4-2, 5-1, 6, 9, 10, 11, 13, 14, 15-1, 15-2, 16, 17, 18, 19, 20, 21, 22, 25, 26, 27, 29, 30, 31, 32-1, 32-2, 32-3, 33-1, 33-2, 33-3, 35, 38, 41, 42, 43, 53-3, 59-7, 61, 63, 65, 69-6, 71, 75, 79-6, 85, 86, 87, 91-1, 91-3, 91-6, 97-3, 97-4, 97-6, 101-4, 103, 107, 108, 109, 111-2, 111-4, 115-5, 117, 122, 123-1, 123-2, 124-125, 127-3, 129, 131-5, 137-2, 137-3, 137-4, 143, 144, 145, 147-1, 147-2, 147-3, 147-5, 147-7, 149, 153-5, 153-7, 155, 159-4, 159-7, 159-8, 164-3, 165-3, 166-1, 166-3, 167-6, 168-1, 168-2, 168-5, 169-3, 169-7, 170-3, 170-4, 171-1, 172-5 ; **Rachele Z. Cecchini :** 37-1 ; **Flora Press/Bildagentur Beck :** 47-2, 47-7, 99, 139-1, 164-1 ; **Jonathan Buckley :** 79-3 ; **Christine Ann Föll :** 53-1, 53-4, 137-1, 166-7, 173-2 ; **GWI :** 91-4, 97-7, 115-2, 131-2, 167-3, 168-7, 172-7 ; **Modeste Herwig :** 127-4 ; **Martin Hughes-Jones :** 53-6, 59-4, 97-2, 115-3, 147-6, 170-2, 171-3, 172-1 ; **Andrew Lawson :** 101-6, 165-7 ; **MAP :** 47-3, 59-1, 153-2, 153-6, 159-5, 164-4, 169-4, 172-2 ; **Nova Photo Graphik :** 167-7, 170-1, 173-3 ; **Royal Horticultural Society** : 97-5 ; **Visions :** 113, 165-6, 170-7, 172-4 ; **Staudengärtnerei Gaißmayer, Illertissen :** 59-5, 69-4, 159-2, 170-5, 171-5 ; **GAP Photos/Matt Anker :** 133 ; **Carole Drake :** 49 ; **Heather Edwards :** 55, 79-1 ; **Robert Mabic :** 47-5, 115-1, 127-1 ; **Howard Rice :** 91-5 ; **MMGi/Marianne Majerus :** 47-4 ; Johan Debecker : 115-4 ; **Mauritius Images/Nicolas and Sherry Lu Aldridge :** 164-5 ; **allotment boy 1 :** 165-2 ; **Alan Beaumont :** 101-2 ; **Dave Bevan :** 73-6 ; **Bloom Pictures :** 147-4 ; **Bluered :** 101-3 ; **Mark Bolton :** 69-2 ; **Chris Bosworth :** 4-1, 127-2 ; **Botanic Images Inc. :** 127-6 ; **Chris Burrows :** 172-6 ; **David Chapman :** 73-4 ; **Lindsay Constable :** 59-6 ; **Oscar D'arcy :** 93 ; **Gilles Delacroix :** 53-7, 73-2, 153-3, 168-4, 169-2 ; **Dorling Kindersley ltd :** 79-5 ; **Jacqui Dracup :** 79-4 ; **Carole Drake :** 137-5 ; **Elburg Botanic Media :** 159-6 ; Zena Elea : 73-5 ; **Bernhard Ernst :** 73-7 ; **Wolfgang Filser :** 79-7 ; **Guenter Fischer :** 101-5 ; **Florapix :** 69-3, 153-4 ; **Tim Gainey :** 47-6, 168-6 ; **GFK-Flora :** 167-1 ; **Anne Gilbert :** 73-3 ; **John Glover :** 47-1, 165-1, 171-6 ; **Steffen Hauser :** 59-2, 97-1, 121, 164-2, 164-6, 166-4 ; **Ina Hesmer :** 167-4 ; **Esa Hiltula :** 163 ; **Martin Hughes-Jones :** 69-5, 131-1, 166-5, 167-2, 171-4 ; **Rowan Isaac :** 161 ; **Adrian James :** 166-2 ; **Terry Jennings :** 111-5, 164-7, 169-6 ; **Andrea Jones :** 101-7 ; **jrw-photos :** 127-5 ; **Hans Lang :** 101-1 ; **Harald Lange :** 169-1 ; **Sarah Lee :** 59-3 ; **John Martin :** 131-4, 165-5, 166-6, 171-2 ; **Hans-Roland Müller :** 5-2, 69-7, 159-3, 168-3 ; **RBflora :** 69-1, 91-2 ; **John Richmond :** 111-3 ; **RM Floral :** 131-6, 159-1, 167-5, 173-1 ; **Ole Schoener :** 171-7 ; **Ottfried Schreiter :** 172-3 ; **Trevor Sims :** 53-2, 73-1, 131-3 ; **Stocktaker :** 153-1 ; **Rodger Tamblyn :** 53-8 ; **Lee Thomas :** 91-7, 165-4 ; **P. Widmann :** 169-5 ; **Wolstenholme Images :** 81 ; **Dave Zubraski :** 53-5, 170-6 ; **Zoonar :** 79-2, 111-1 ; **Marion Nickig :** 36-1, 36-2, 37-2 ; **Trachtpflanzen24.de/Thomas Neumann :** 173-4

Les illustrations de l'ouvrage et de la quatrième de couverture ont toutes été réalisées par Johann Brandstetter.

Syndication :
www.seasons.agency

Adresses

VIVACES

Le Jardin d'Adoué
8 chemin du Rupt d'Adoué
54690 Lay Saint Christophe
www.jardin-adoue.com

Le Jardin du Morvan
La Brosse
58370 Larochemillay
www.jardindumorvan.com

Le Jardin du Pic Vert
26 Carrière Dorée
59310 Orchies
www.jardindupicvert.com

Pépinière Lepage
Chemin du Portu
49130 Les Ponts-de-Cé
www.lepage-vivaces.com

Promesse de Fleurs
23 route du Fresnel
59116 Houplines
www.promessedefleurs.com

PLANTES LIGNEUSES, ARBRES, ARBUSTES

Pépinière Mes Arbustes
10 la Boursiere
85190 Venansault
www.mesarbustes.fr

Pépinière Bauchery
Place de l'église
41220 Crouy-sur-Cosson
www.bauchery.fr

BULBES

Ernest Turc
Rue de la Croix de Bois
49800 Brain-sur-l'Authion
www.ernestturcboutique.com

Planteurs de Brigaudière
1177 chemin des Combes
38760 Varces
www.lesplanteursdebrigaudiere.fr

Iris Cayeux
La Carcaudière
45500 Poilly lez Gien
www.iris-cayeux.com

Fluwel V.O.F.
Belkmerweg 20 A
1754 GB Burgerbrug
Pays-Bas
www.fluwel.fr

ANALYSE DU SOL

Pour trouver un laboratoire d'analyse près de chez vous :
www.annuaires.gissol.fr

ROSES

Roses Guillot
26 Carrière Dorée
59310 Orchies
www.roses-guillot.com

Pépinières et roseraies Georges Delbard
9 route de Commentry
03600 Malicorne
www.georgesdelbard.com

Roses Anciennes André Eve
301 route de Courcy - Gallerand
45170 Chilleurs au Bois
www.roses-anciennes-eve.com

David Austin Roses
Bowling Green Lane,
Albrighton,
Wolverhampton WV7 3HB
Angleterre
www.davidaustinroses.com

L'auteure

Paysagiste, Christine Breier dirige son entreprise, Monarda-Gartendesign, spécialisée dans l'aménagement des jardins privés. Ses projets sont empreints d'enthousiasme, de sensibilité et d'une connaissance de l'emploi des plantes qui lui permet de trouver les solutions adaptées à chaque jardin. Grâce à son travail, elle s'est largement familiarisée avec les problématiques et les aspirations des propriétaires de jardins privés au fil des années. En tant que photographe horticole, elle rassemble une multitude d'idées au fil de ses expériences et de ses voyages.

L'illustrateur

Johann Brandstetter est artiste et dessinateur naturaliste. Il a illustré près de 200 ouvrages. La zoologie, la botanique et la biologie sont ses domaines de prédilection. Beaucoup de ses contributions ont été primées par l'académie de la littérature jeunesse en Allemagne, Cresta International Adversiting Award/New York et les Lions de Cannes. Depuis 2014, il compte parmi les « 200 Best Illustrators Worldwide » nommés par la célèbre Lürzer's Archive. Ces dernières années, il s'est surtout consacré à ses projets artistiques. Vous en saurez plus sous www.top.illustrator.com.

Édition originale :

Titre original : *Einfach schöne Beete !*

Édition française :

Dépôt légal : octobre 2018
ISBN : 978-2-603-02590-1
Impression : Aprinta Druck, Allemagne

Traduction : Sabine Boccador
Préparation, mise en pages : Nord Compo, Villeneuve d'Ascq
Couverture : Nord Compo, Villeneuve d'Ascq